誠的力量

黃昆輝八十憶往

黃昆輝——口述
魏柔宜——撰文

右：一九五八年一月二十五日，於雲林縣土庫鎮馬光厝自宅舉行婚禮，同為國小老師的新郎、新娘，凝重的表情掩飾了內心的羞澀。

左上右：一九六九年八月二十三日，春風滿面赴美進修博士學位，妻子與大女兒、二女兒、三女兒及乾兒子，在松山機場送機。

左上左：一九七三年夏天，到雲林東勢鄉四阿姨家，快樂過暑假的二女兒、三女兒及么兒。

左下：一九七六年，蘇格蘭裔恩師與氣質高雅的師母來台囉！黃昆輝率同妻子及三女、么兒前往松山機場接機，陪同的還有瞿立鶴教授及其妻女。

右上：一九八九年，與母親、妻子歡度生日。
右下右：這是父親的第一張照片，也是最後一張……（攝於一九六一年）。
右下左：二〇〇一年，母親張忍女士當選「模範母親」。
左上：來一張親親熱熱的全家福吧！一九八八年十月七日攝於和平東路自宅。
左下：兒子一家五口，和樂融融。

右上：二〇〇〇年，師大教育研究所師生同遊琉球那霸。左二為賈馥茗教授；右二為黃昆輝教授；左一為呂木琳政務次長；右一為鄭熙彥教授。

右下：二〇〇二年，黃昆輝教授師生代表國家參加於智利首府舉辦之世界教師會議。右一為單文經教授；右二為駐智利代表黃瀧元；左一為楊深坑教授；左二為吳明清教授。

左上：師大教育研究所畢業生於任教之彰化教育大學，宴請恩師賈馥茗教授（左三）與黃昆輝教授（右三）；右一為王文科教授；右二為林幸台教授；左一為林義男教授。

左下：二〇〇八年三月三十日，師大教育系五二級甲班畢業四十五年同學會合影。

國立臺灣師範大學

右上：一九六七年赴印度新德里，參加「聯合國教科文組織亞洲教育行政與計劃」研究所研習，蒙印度總統接見。

右下：一九七一年八月，於美國北科羅拉多大學，獲頒教育行政博士學位留影。

左上：一九八〇年，時任教育局局長，率第四科專員康宗虎（右二）、總務室主任羅虞村（左二），與蘇格蘭裔恩師伉儷攝於亞利桑那州太陽城。

左下：一九九七年六月九日，受邀訪母校美國北科羅拉多大學，與指導教授 Dr. Partridge（前排右一）及敬愛的蘇格蘭裔恩師伉儷（前排左一及中間）餐敘合影。

右上：受邀參加母校美國北科羅拉多大學畢業典禮，與獲得博士學位的師大學生蔡崇振秘書（右一）、校長布朗博士（中）合影。

右下：拜訪科羅拉多眾議員。右一為美國北科羅拉多大學副校長黃茂樹；左二為時任駐堪薩斯代表沈呂巡。

左：母校美國北科羅拉多大學校長布朗博士（左三）與副校長黃茂樹博士（左二），拜訪總統府，與李總統及校友黃昆輝秘書長等人合影。

右上：一九七九年七月一日，台北市李登輝市長佈達黃昆輝任教育局局長。
右下：一九八〇年，與李登輝市長陪同蔣經國總統參觀圓山天象館。
左上：與台北市中小學校長於會議後合影。
左下：一九八一年九月，為所創之台北市教師研習中心掛牌。

右：一九八二年，陪同省主席李登輝先生，勘察台灣省立中等學校教師研習會興建地。左一為台中縣長陳庚金先生；左二為啟明學校校長謝水南先生。

左上：一九八二年，於台灣省高級職業學校推行能力本位教育研習會上，向高職校長、主任講解。

左下右：一九八二年九月二十八日，省教育廳首辦師鐸獎，省主席李登輝先生陪同其小學老師上台領獎。

左下左：一九八二年十一月二十七日，致感謝狀給教育廳前顧問卜修博士，感謝其為推動盲生走讀計劃獻力。右為台北市教育局局長毛連塭。

七十學年度臺灣省高級中等學校推行能力本位教育研習會

右：台灣省七十一學年度第二次地方教育行政會議，會後與省主席李登輝先生及教育廳所屬各地方教育主管合影。

左上：一九八三年四月三日，於籌建台中市省立美術館簡報會上，文建會陳奇祿主委蒞臨致詞。

左下：一九八三年四月二十八日，台灣省首屆孝行獎頒獎典禮記者會。

主席

台灣省政府
首屆孝行獎頒獎典禮
宣慰勞工大衆文化活動
記者會

右上：一九九一年六月一日，黃昆輝政務委員擔任新職行政院大陸委員會主任委員，由行政院王昭明秘書長（左二）前來監交。

右下：陸委會主委黃昆輝與海基會秘書長辜振甫（右），於兩岸政策專案會議前相談甚歡。

左：一九九三年二月二十六日，陸委會主委任內歡送副主委馬英九榮任法務部長，兩人握別合影。

右上：一九九五年，於內政部長任內，接見國寶級藝術大師黃海岱先生。

右下：一九九五年，頒授警察大學研究生畢業證書。

左上：一九九五年，金門國家公園管理處揭碑酒會，黃部長致詞。其左依序為內政部營建署黃南洲署長、台北市前市長黃大洲、金門國家公園管理處李處長。

左下：一九九六年三月，時任內政部兼中選會主任委員，代表全體中選會委員，致送總統當選證書。

內政部營建署
金門國家公園管理處
成立酒會

右：一九九六年三月，李總統高票當選第一任直選總統後，全體中選會委員與總統及總統夫人合影。

左上：一九九六年十二月二十六日，國家發展會議總結報告。由左到右依序為蕭萬長院長兼副召集人、李登輝總統、連戰副總統兼召集人、黃昆輝秘書長兼執行長。

左下：一九九七年一月十八日，於總統府與李總統合影。

總結報告

右上：一九九七年十月二十二日，應邀陪同呂佛庭教授（左二），捐存「長江萬里圖」於故宮博物院。

右下：一九九九年四月八日，國家統一委員會第十四次委員會議，主任委員、副主任委員暨委員合影。

左：一九九九年九月二十四日，為九二一大地震，呈請李總統簽署緊急命令。

右上：一九九八年二月二十一日，於聖彼得大教堂廣場，參加教宗授冠大典。
右下：一九九八年二月二十三日，教宗（右二）接見新任樞機主教單國璽（右二）及慶賀團黃昆輝伉儷。
左上右：一九九八年八月十三日，巴拉圭共和國外交部長梅爾珈雷賀，致贈黃昆輝特使「特種大十字國家功勳勳章」。
左上左：一九九九年十一月十八日，李總統於總統府頒授黃昆輝秘書長一等景星勳章。

右上：一九九七年，李總統夫人與黃秘書長夫人攝於總統府。
右下：一九九八年，三女兒結婚前夕，總統府秘書長黃昆輝伉儷，特地到相館拍張喜氣洋洋的照片留念。
左上：總統府秘書長黃昆輝伉儷及副秘書長黃正雄伉儷，攝於總統府。
左下：一九九九年五月二十三日，於總統府款待北區高中職學生班聯會代表。

右：李登輝學校國政研究班第一期畢業生與李登輝校長合影。前排右一為群策會副秘書長江文雄；右二為教育長黃昆輝；右三為教育部長杜正勝；右四為李鴻禧；左一為群策會蔡明華副秘書長；左二為台獨聯盟主席黃昭堂；左三為時任台聯黨主席黃主文；左四為李登輝之友會會長黃崑虎。

左上：台聯黨反服貿宣導活動第七六九場。右三為黨主席黃昆輝；右二為組織部主任蔡豐文；右一為台灣寢具團結連盟理事長黃光藝；左三為秘書長林志嘉；左二為台北市議員陳建銘；左一為組織部副主任張兆林。

左下：台聯黨主席黃昆輝與李登輝前總統，於與台聯黨律師團餐敘前晤談。

勿讓馬英九
偷渡服貿
第 769 場
台灣團結聯盟
中國服貿協議，
反服貿

二〇一五年八月三十日，台聯黨舉辦第一屆台聯青年營活動，一百多人參與。李登輝前總統受邀蒞臨授課勉勵。是日適逢祖父母節，大會準備蛋糕為李前總統祝賀。

誠的力量

黃昆輝八十憶往

目錄

【推薦序】一路走來　眞誠如一／李登輝　10
【自序】感恩在心頭／黃昆輝　12
【撰文者序】捨不得結束的訪談／魏柔宜　15

第一部　從庄腳小孩到知名學者

成長篇——純樸的庄腳小孩　20
・實務派教育家　21
・幸福滋味憶難忘　25
求學篇Ⅰ——差點圓不成的升學夢　29
・小人物的委屈　29
・吾少也賤，故多能鄙事　33
・乖孩子也有小任性　37

．回家種田吧！ 41
．第一志願當小學老師 47
．神氣又和氣的大隊長 51
．好老師終生爲父，好同學終生相伴 55
家庭篇——無後顧之憂的一家之主 60
．從同事到牽手 60
．我們不是「靠爸族」 64
．一百零一分好太太 68
．相隔四十年，父母天上重逢 72
．把吃苦當吃補——服兵役 76
求學篇 II——一流的學府，一流的師資 82
．向英語宣戰 82
．名師出高徒 88
．提攜同上康莊 92
．終生受用的教誨 96

・老師中的老師　101
・信奉「教育即生活」的美國學府　105
・「悟性」與「感性」兼具　108
教學篇——得天下英才而教之　116
・建構「教育行政學」　116
・舉足輕重的專案研究報告　120
・全方位的關懷　124
・永遠的學習典範　127
・獨鍾情於教育行政工作　130

第二部　從執政黨到在野黨

踏上政壇的第一步——台灣省政府委員　140
・試試看吧！　140
・中美斷交時率團宣慰僑胞　142
盡情揮灑教育專長——台北市教育局局長　147

・贏得眾人讚賞的創舉 147
・教育就是生活，就是實踐 151
・「軟硬兼施」推動文化活動 154
・一次成功的學生外交 157
・志在教育，無意參選縣長！ 161
綿延不斷的革新——台灣省教育廳廳長 166
・四項具前瞻性的教育政策 166
・別具教育意義的「能力本位」 169
・高中職入學考試改採聯合命題 171
・解決考績獎金發放不公的問題 174
・為偏鄉老師創辦「巡迴教學班」 177
・向人師致最高敬意——師鐸獎 180
・勇於承擔引咎辭職 183
重回政壇——文工會副主任、青輔會副主委、青工會主任、政務委員 188
・政府高層念念不忘的人才 188

・一趟難能可貴的歐日學制分流考察 190
・完成國內第一本教育行政學 195

有所爲，有所不爲——陸委會主委 200

・衆所矚目的全新政務 200
・躁進還是牛步？ 203
・九二香港會談始末 206
・「Agree to disagree」的假相 208
・何來「九二共識」？ 211
・首度辜汪會談 214
・千島湖事件後兩岸交流一時冷卻 217

維持與創新兼顧——內政部部長 224

・業務龐雜超乎想像 224
・革新與創舉 227
・撫平傷痕，促進族群融和 231

劃時代任務——中央選舉委員會主任委員 236

・爲民主參與一場寧靜革命　236
確立角色定位，謹守行事分際——總統府祕書長　242
・籌辦國家發展會議　242
・共識決而非多數決　245
・民主協商的典範　247
・達賴喇嘛首度訪台　251
・催生「兩岸關係策略小組」　253
・以「專業會議」整飭社會治安　256
・兩國論提出的時機　258
・李總統身先士卒，令人感佩　260
・君子坦蕩蕩　264
內外交迫——國民黨祕書長　272
・殫精竭慮輔選　272
最後一役——中國廣播公司董事長　277
・與國民黨漸行漸遠　277

凝聚「本土化路線」共識——群策會副董事長兼祕書長 281
・各類研習班與論壇、講座備受肯定 281
・「台灣民主之旅」意義非凡 285
監督政府不遺餘力——台聯黨主席 292
・在最困難的時刻扛起重任 292
・爲台灣再拼一下！ 295
・不得已的抉擇 298
・反ECFA之必要與重要 302
・選票肯定了台聯黨的存在價值 307
・爲反服貿再度走上街頭 309
・國際媒體讚聲連連 312
・小兵也能立大功 316
後記 325
・期許——扮演急統剎車板、弱勢代言人及教育捍衛者 325
・回顧——一步一腳印 328

・展望——繼續與台聯黨一起為台灣打拼 332

特別收錄：經驗分享五則 334

・天生的領導者？ 334
・決策須「拿得起、放得下、兜得轉、耍得開」 336
・危機處理與請辭下台的抉擇 338
・「學校不是失意政客的收容所」？ 340
・影響我一生的人與事 342

附錄 344

大事年表 344
主要著作 350

【推薦序】

一路走來 眞誠如一

黃昆輝主席應學生之求，請魏柔宜小姐替他撰寫傳記，書成行將出版之際，黃主席前來求序。昆輝隨我一起服務公職多年，對他的爲人處事知之甚深，很高興他能把過去的事蹟記錄下來，也將若干重大事件的眞相公諸於世。

魏小姐將這本傳記取名爲「誠的力量」，我覺得非常恰當，這正是昆輝的人格特質與處世態度。他的公職生涯中，有兩件帶給我很深刻的印象，其一，教育廳長任內處理「豐原高中禮堂倒塌不幸事件」，他一方面很誠懇地面對罹難與受傷學生的家屬，組織「安定撫慰小組」，陪伴安慰家屬；成立「危機處理小組」，妥善處理善後工作，讓家屬充分感受到政府的誠意，哀痛之情稍得撫慰。另方面，他勇於承擔，引咎辭職，也贏得社會輿論的正面評價。

其二，任總統府秘書長時籌辦「國家發展會議」，我知道政黨之間要凝聚共識是一件非

李登輝

常不容易的事。從前置作業、籌備會議到召開大會，必須秉持高度的誠意與耐心，不斷溝通協調，才能逐步凝聚共識，他的確發揮了誠的力量。

不過，在拜讀這本傳記之後，我最喜歡的卻是第一部：昆輝的成長過程與學者生涯。這一部分寫得真精彩，也非常令人感動。昆輝對他的老師、同學和學生，則完全展現鄉下人質樸眞誠的一面。從他的同學和學生在傳記中的描述，他如何照顧年邁的老師和師母，如何幫助同學和學生；而同學對他的稱讚、學生對他的景仰，讓人深深感受到這師生之情與同學之誼，實在難得珍貴。我看了，也非常羨慕。

傳記中，有學生惋惜他們的黃老師沒去當教育部長，否則台灣的教育會有更好的發展。我也知道，教育還是昆輝心中的最愛。不過，他在轉任一般行政，例如陸委會主委、中選會主委、內政部部長、總統府秘書長等職務，也都做得很好，反而對國家、社會有更大的貢獻。我相信任何一個眞誠、認眞的人在任何崗位都能把事做好、做出貢獻。

欣逢黃主席八秩華誕，又出版這本精彩的傳記，登輝也要特別藉此表達祝賀之意。

【自序】

感恩在心頭

台灣的學生從小到大，從課本到課外讀物，都要閱讀許多傳記，尤其，是偉人的傳記。這些傳記都很勵志，深具教育意義，可對學生產生潛移默化的功能。劉紹唐先生創辦「傳記文學」，且鼓勵國人出版個人傳記，我自己也非常喜歡閱讀傳記。

但當陳伯璋與黃政傑教授在他們出版個人傳記之後，建議我也考慮將一生的事蹟作一個回顧，並推薦傳記作家魏柔宜小姐撰稿，我還是相當的躊躇。當時我主要的考量是，我的個人傳記也能像自己讀過的傳記，具有同樣的教育價值嗎？同時也顧慮自己涉足黨政工作，會不會變成時下流行的爆料文章？經過數月的思量，也多方徵詢意見，最後才決定接受他們三個人的建議。

八十載的歲月，回顧起來雜沓紛陳，但歸結起來，只能用「感恩」兩個字，來表達內心深處的感受。我來自貧苦的農家，能有機會讀書上進，主要受惠於「國家公費制度」，考上

師範學校，保送師範大學，再出國進修，一路都是依賴國家公費的支持。求學的過程與畢業的工作，則有老師和長官不斷的教導與提攜，無論是三級學校的教學工作，或是教育行政和黨政工作，能有機會奉獻所學、貢獻社會，這也是要深深地感恩！我想，或許是這份鄉下孩子懷抱的感恩之心，才是這幾十年來，無論站在哪個工作崗位，都會有一股全力以赴衝勁的主要動力來源。

這本「八十憶往」分兩部分。第一部主要由魏小姐訪問同學、同事和學生，涵蓋求學與教學的過程。我覺得他們太愛護我了，太多溢美之詞，經魏小姐妙筆生花，描寫得讓我感到很不好意思。不過，藉這次機會，也讓我獲知一些過去不知的背後議論。

第二部則從教育行政、一般行政到黨政工作，由魏小姐直接訪談。這一段經歷比起求學和教學階段複雜多了，也增添一些波折和遺憾。教育是以愛爲核心，師生之情、同學與同事之誼，都很單純、很溫暖。我常想，如果能夠把「教育愛」注入政壇，或許政治會更和諧、更清明一些，政府行政效率會更高一些，讓老百姓的生活過得更好一些。在這一部分，我把過去推動行政工作的來龍去脈作一個說明，也將若干重大事件的眞相實實在在地呈現出來。我無意評論他人，也不願自我評價。所謂「是非審之於己，毀譽聽之於人」，無論是人或事，就留待後世論斷吧！

八十年來，要感恩的人實在太多了，父母、妻子、老師、長官、同事、同學，朋友和學生。這次，完成「八十憶往」，也要感謝很多人，魏作家耗費了相當長的時間和心力；同學、同事、學生接受訪談、參與工作；遠流出版公司慨允出版及吳清基教授居中促成。最後，還勞動李總統爲老部屬寫序。心中懷抱滿滿的感恩，昆輝都謹記在心頭。

【撰文者序】

捨不得結束的訪談

魏柔宜

還沒有寫黃昆輝主席的傳記以前，「黃昆輝」三個字對我來說，有著又敬又畏的神祕感。敬的是，在我爲兩位曾任國立大學校長的黃政傑教授及陳伯璋教授撰寫傳記時，他們對恩師黃昆輝的推崇溢於言表。我想，能夠讓他們如此崇仰的老師，不知具備了何等的懿德懿行！

然而，我也有些畏怯。近年來出現在新聞媒體上的黃昆輝主席，疾言厲色、詞鋒犀利，出乎我對文質彬彬的理解。

這兩種截然不同的觀感，讓我更期待，有朝一日能夠爲黃昆輝主席作傳，以一探究竟。

終於，機會來了。在一次黃老師與高徒們的餐敘中，學生們再度敦促老師出一本傳記。許是因緣已聚足，黃老師這次沒有回絕，於是，政傑教授與伯璋教授趁機爲柔宜美言，黃老師卻不置可否。

事後，政傑教授發函告知柔宜，並傳授他的絕招——先搜集、研讀黃老師的資料，然後擬一份傳記大綱毛遂自薦。文件寄出後，卻有如綁上石塊沉入了大海中。等到我不得不「隨順因緣」時，卻接到黃昆輝主席的來電。沒錯，他親自致電給我！黃主席先是爲他姍姍來遲的回覆致歉，接著表示，我的信讓他深受感動云云……。原來，我去信時正逢反服貿學運如火如荼展開，台聯黨也爲此事奔忙。

當合作事宜已有眉目，企盼了許久的夢想終於要實現時，我卻開始怯步。黃主席行事周延，慣於博采周諮，這讓一向「單打獨鬥」的我，嗅聞出幾許縛手縛腳的氣息。待跨過一些有形無形，存在與不存在的障礙後，沒想到，迎接我的是一條讓我樂此不疲，不忍劃下句點的訪談之旅。

主席的平易近人與幽默，常爲訪談帶來輕鬆愉悅的氣氛。每當主席捧出他很認眞找到的相關資料，或是密密麻麻手寫的許多資料時，總會調侃著說：「魏老師交代的功課，學生怎麼敢忘記！」

主席的慷慨分享不拘形式，讓訪談時時都有驚喜。無論是一顆小籠包、一顆大鳳梨；或是昂貴的茶葉、巧克力等，他都不吝分享。如此這般的大器能捨、與人爲善，眞教我自嘆弗如！

由於主席有問必答，答必眞誠，讓我筆下的傳記內容豐富誠懇；而他的厚道寬容，也讓這本傳記只有眞相，沒有怨艾。

與其說主席是個政治人物，我倒覺得他的學者風範更爲鮮明。除了公開宣講時必要的聲色俱厲，私底下他其實是個和顏悅色的謙謙君子。陳述事情不慍不火、鉅細靡遺；論起理來邏輯嚴謹、條理分明。尤其可貴的是，能言善道的主席，也擅於聆聽。這讓問題層出不窮的我，得以暢快淋漓盡吐心中疑惑。

傳記快完成時，我仍苦惱於茫茫字海中，找不到足以貫穿全書靈魂，並且最傳神代表主席的書名。就在某次訪談中，聽著主席不厭其煩的闡述，我突然福至心靈：「書名找到了！」誠！就像在我腦中輸入關鍵字「黃昆輝」時，跳出了「誠」字一般。一直以來，主席對上忠誠、對下眞誠、待人誠懇、爲人坦誠……。主席可以說是把「誠」發揮到極致！「誠的力量」造就了主席的一生，同時也成就了他人。

當我獻寶似的說出書名建議時，主席思索片刻後說：「正合我意。」語畢，他自我調侃著說：「這就像是有些主管明明自己沒有想到，但看到屬下提出一個妙點子時，卻說『正合我意！』」主席不僅肯定了我，也幽了自己一默。

一年匆匆過去，轉眼半年又將忽忽而過。這是第一次，我寫傳記歷時這麼長，卻又這麼短。

感謝主席讓柔宜一起回顧這精彩豐富的生命之旅，惟願這旅程繼續延展、發光發熱。

第一部

從庄腳小孩到知名學者

【成長篇】

純樸的庄腳小孩

「『忍阿』生的查埔囝仔，以後會很有出頭！」會看相的唐山嬤，接生後這麼告訴新生兒的外公。

那是一九三六年農曆八月二十八日，中秋節已過半個月，在秋高氣爽的節氣裡，剛剛與生產奮戰結束的張忍，卻汗濕了髮鬢、衣襟。

唐山嬤回家後，對張忍的父親說出她的這番論斷，但是當父親如是告訴張忍，張忍只淡淡一笑，她並非不相信，更非不高興，只是當下她只願，這個取名為「昆輝」的長子健康平安長大。

一直到昆輝仔從光著腳丫上學的農村子弟，到成爲國立大學教授、系主任、研究所所長，並進而被拔擢擔任政府要職，且步步高昇時，張忍才憶起當年唐山嬤似乎眞的是鐵口直斷……。

實務派教育家

天濛濛亮，夜色還來不及完全褪去，母親張忍就把睡得正酣甜的小嬰兒揹在身上，並帶著簡易的搖籃，坐上父親黃天福駕的牛車，搖搖晃晃駛向農地。

到了農地，母親把仍在熟睡的嬰兒，輕輕放在樹下的搖籃裡，然後埋頭在田裡工作，間或抬眼望望小嬰兒的動靜。在藍天綠蔭下醒來的小嬰兒，倒也不怎麼吵鬧，看看晃動的樹葉，抓抓空氣中暖暖的風，一直到肚子餓了才開始「哇～哇～」呼喚母親。

等到小嬰兒開始會坐會爬，母親在田裡工作時，就把他放在視線可及的地方，邊忙農事，邊瞄一眼小不點在做什麼。在花生田裡爬來爬去的小嬰兒，正在進行他的探險之旅，花生葉和泥土都是可疑份子，小手一抓，塞進嘴裡鑑定，結果吃得滿嘴綠葉和黃泥。

當然，花生葉和泥土並不是他們的主食。中午時分，母親利用簡單的炊具，在樹下烹煮從家中帶來的蕃薯籤和少許白米，再搭配自己醃的醬菜，草草吃過一餐。在烈日當頭的夏季，父親會在牛車底下的地面，鋪一層稻草隔熱，然後一家三口躺在牛車底下小憩。

到了昆輝仔年紀大一點，不需要有人特別照顧時，父母就不再帶著他一起到農田，而把他留在三合院，和叔叔伯伯的小孩一起玩。三合院裡除了他們一家，還有大伯、四伯、六叔的家人。

「那是一個ㄇ字型的宅院，我家和大伯家住在中間的『厝身』，四伯一家住在右邊，六叔家住左邊。」黃昆輝說。

四個家庭的孩子湊在一起可熱鬧了。「三合院的門口就是一條小河溝，我們常常去小河溝玩水，或是伸手在溝裡抓小魚。」打「甘樂」（陀螺）也是他們那幫孩子喜歡的遊戲。「看誰先把對方『釘』到千瘡百孔，甚至破裂成兩塊！」黃昆輝邊說邊比劃著。

「我們還喜歡用彈弓打麻雀，不過，這種遊戲並不足取……。」黃昆輝有點赧然的說。那時的人尚未建立環保觀念，加上麻雀數量繁多，又會危害穀物生長，所以，打麻雀是當時很普遍的行爲。

小小年紀的農村孩童，除了玩樂以外，也是有任務在身的。昆輝仔和堂兄弟及左鄰右舍的孩童，常各自牽著家中的牛沿著溪邊放牧。牛兒們安靜地在溪邊吃草時，孩童們也沒有閒著，他們分頭去撿拾已經乾硬的牛糞，及蕃薯田裡剩下來其貌不揚的小蕃薯，然後以牛糞當燃料，升火烘烤小蕃薯。當烤蕃薯的香味四溢，口水在孩子們嘴裡蠢蠢欲動，誰還在乎香噴噴的蕃薯，是用一坨坨硬牛糞烤出來的。

從昆輝仔懂事以來，父親的家族就已經分家，原本十七、八甲的農地，六個兄弟平均分配，每個人大致分得兩、三甲地。兩、三甲地雖然不是很大，但是單靠夫妻兩人耕種，辛苦自是不在話下。

「我媽媽出身自一個環境不錯的家庭，而且是手足之中唯一的女孩。」黃昆輝說。但是她自從嫁到黃家，非但沒有絲毫嬌氣，反而就像她的名字「張忍」般，擅於忍讓包容，且甘於做一名吃苦耐勞的農家婦女。

對於昆輝仔和其他的弟弟妹妹來說，母親不只是一位吃苦耐勞的農家婦女，更是一位重視孩子人格養成的「嚴母」。說是「嚴母」，其實昆輝仔從小到大，都不曾被母親打過，甚至連疾言厲色的責罵都不曾。她的嚴格表現在一些原則與堅持上，並且用以身作則與循循善誘的方式教導孩子。

「我唸小學四年級起，開始要幫忙家務甚至要跟著下田。」有時好夢正酣，賴床不想起來時，母親就會以一種平緩但堅持的語調說：「不工作哪有飯吃！」聽到母親這麼說，昆輝仔只好奮力把瞌睡蟲擊退。

更小的時候，大伯父嫁女兒時，送給他們一大塊喜餅。這塊看起來豐美可口，聞起來香味四溢的喜餅，對他和小兩歲的大弟，以及小四歲的大妹來說，是何等的誘惑！

母親將喜餅裝進一個大大的竹籃子裡，然後再把竹籃子高高懸掛在臥室的天花板上。「這麼做是爲了防螞蟻和老鼠。」

每當昆輝仔和弟弟、妹妹有什麼好表現時，母親就會站在床上，拿下籃子，取出喜餅，萬分珍惜地切一小塊獎賞他們。有一回，母親取出喜餅要切時，發現少了一大塊。母親暗忖，老二和老三還太小，就算拿張椅子放床上也搆不著籃子。那麼，應該只有老大昆輝仔拿得到籃子。

母親看一看喜餅，不動聲色地對三個垂涎三尺的孩子說：「喜餅好像被老鼠偷吃了，而且，這次來吃的老鼠還很大隻喔！」弟弟妹妹傻呼呼信以爲眞，只有昆輝仔忐忑不安，深怕被母親處罰，但是母親只是深深地看了他一眼，既沒有揭穿，也沒有處罰。

「不打不罵才厲害！我之後就不敢再偷吃了。」黃昆輝笑著說。

母親教育子女的智慧，還顯現在她擅於機會教育，並且引經據典。當時，農家大多會在自家空地栽種蔬果。有一回後院熟成的絲瓜被偷偷摘走，母親後來得知是鄰家孩子所爲，於是引用俗諺：「細漢偷挽瓠，大漢偷牽牛。」告誡他們兄妹，小時候如果不學好，長大後可能會做很大的壞事。

母親不曾上過學堂，因爲那個時代不時興女孩子受教育。但是，聰明的她，從受過教育的兩個哥哥以及一個弟弟身上，多多少少汲取到書本上的學問，以及做人的道理。

「英國哲學家羅素（Bertrand Russell, 1872-1970）曾經說過：『六歲以前人格發展大致已完成。』」黃昆輝說：「我母親雖然不懂得這些教育的大道理，但是從我們很小的時候，她就很注重我們人格養成方面的教育。」

說到此，黃昆輝又舉了「幼教之父」德國福祿貝爾（Friedrich Froebel, 1782-1852）曾說的：「要培養孩子的好習慣及好的人格特質，在他們小的時候，只要用很小的力量就可以做到；等到孩子長大了，用再大的力量，所能發揮的影響也只有一點點。」

沒想到，這些偉大教育家、哲學家的理念，沒唸過什麼書的父母親，早就以他們的方式在實踐了。父母親雖然無法在學識上教導孩子什麼，但卻很早就幫他們奠定良好的習慣與行爲。想到此，黃昆輝的笑容裡流露出對父母親的欽佩與感謝。

幸福滋味憶難忘

比起母親的「嚴母」角色，父親應該算得上是「慈父」。父親對子女的管教沒有母親嚴，要求也不多。雖然當孩子們太調皮時，父親也會撂狠話：「暗時乎恁呷一頓粗飽！」但都只是說說而已，不曾眞的動手體罰孩子。

「父親是個慷慨、慈悲又熱心公益的人。」黃昆輝記得，當原本家境富裕的三姑丈和四姑丈，在生意失敗，家道中落後，父親常常將田裡收成的花生、蕃薯，一袋袋扛去接濟他們兩家。「他不會因爲自己沒有錢而吝於幫助別人，也從來不曾和人家計較金錢方面的事。」除此之外，父親非常熱心參與村裡的事務。他主動花時間與體力練習宋江陣，甚至練到被選爲進香團的領頭人。

父親的身教，讓黃昆輝學習到慷慨、友愛、與人爲善。日後當父親過世，大伯提議他們兄弟分產時，黃昆輝也把自己那一份讓給二弟。因爲他認爲，自己在大學擔任助教，收入穩定，而二弟自從妻子早逝，獨力撫養六個孩子，日子過得頗辛苦。

當時，農村的盛事就是一年三大節：三月的媽祖生日，七月的普渡，十月的謝平安。在這三大節日，家家戶戶無論有錢沒錢，都要準備豐盛的菜餚敬拜神明，以及邀宴住在外地的親戚朋友。隨著三大節日，村子裡還會舉辦廟會、進香活動。

三大節日中又以七月份的普渡最過癮，「由於每個村子舉辦普渡的日期不同，我們有時候在這村的親戚家吃拜拜，有時候在那村的親戚家吃拜拜，幾乎可以說是從月中吃到月尾。」平日只能吃蕃薯籤稀飯配醬菜的農村孩童們，終於可以在這些日子嚐到肉的滋味。期待與喜悅的心情，幾乎和大人們的焦慮與擔憂同時醞釀。

大人們既要擔心阮囊羞澀，辦不出豐美的盛宴，又要擔心上門的親友太少，「輸人」又「輸陣」。「所以大人還會跑去野台戲的戲棚下，找尋有沒有親友正在看戲，找到就把他們半請半拉，拉回家中吃飯。」

隨著這三個節日應運而生的野台戲和布袋戲，不僅是孩子們的最佳娛樂，連大人們也常流連忘返。

黃昆輝從小學五年級起觀看的布袋戲，大多是黃海岱帶著兒子黃俊雄一起演出的。「我記得，每個人物出場時，都會先說一段口白，這樣觀衆就會知道他是好人還是壞人。」說著，黃昆輝吟誦起他記憶中的一段口白：「白紙白波波，黑筆拿起來亂亂塗，讀冊眞艱苦，做官好迌迌！」聽到台下觀衆的訕笑，唸小五的昆輝仔明白，這種胸無點墨，把做官當兒戲的一定不是好官。

每逢三大節日時，住得稍遠的二姑姑，不僅會邀請親戚們來家中吃拜拜，還會先準備好客房留宿親友，甚至幫甥姪輩們準備好明日上學的便當。

黃昆輝有感而發的說：「在那個交通不便、物質缺乏的年代，雖然親戚朋友間住的距離比較遠，但是心靈的距離卻很近；雖然孩童們吃的、穿的都很匱乏，但是精神和心理卻很富足。」

鄉下孩子的衣服上，唯一的裝飾往往是一塊又一塊的補丁。有的還穿著麵粉袋改製成的褲子，屁股部位兩側各自印著「中美」、「合作」四個大字。「中美合作」的小屁股算什麼，台西到麥寮一帶，多的是光著屁股的小男孩，而且一路光到上小學前。

屁股都可以光著，腳丫子更不用說了！「我一直到小學畢業典禮那天，才穿上生平第一雙白布鞋。」這雙白布鞋從上台領獎開始，一直陪伴昆輝仔到初一。潔白的布鞋，從捨不得踏上黃泥地，而三步併兩步快走，到最後洗得連白色都快褪去，以及大大小小歷經歲月而不斷蹦裂的開口，甚至差點圈不住愈來愈大的腳丫子，才終於讓這第一雙白布鞋功成身退。

在吃的方面，蕃薯籤稀飯配自製醬菜，是三大節日以外的尋常飯菜。有時候，母親難得偶爾會向騎著腳踏車沿街叫賣白帶魚的魚販，買一條醃漬鹹魚，那可就是下飯的絕美滋味了。小孩們十分珍惜的扒一大口稀飯，再舔一下鹹魚，舔得鹹味幾乎消失了，才萬分不捨的一小口、一小口把「淡鹹魚」吃下肚。

上小學以後，每天放學經過市場，昆輝仔的口水就分泌得特別旺盛，炸得香香酥酥的蚵嗲，煎得油亮金黃的芋頭粿、菜頭粿，怎不讓人垂涎三尺！沒有錢買來充饑，多吸幾口香氣總可以吧！

幸運的時候，昆輝仔就不只是聞一聞，而是能眞正嚐到那些食物香噴噴、熱騰騰的好滋味。父母親不太可能給兒女零用錢，這些「幸運零用錢」多半是外公外婆或唐山嬤給的。

從昆輝仔住的鄉間，走到學校要二十分鐘左右，赤腳走在碎石子路上的他並不以爲苦，反而因爲可以順道去外公外婆家向他們問候而欣喜。家境較佳且疼外孫的外公外婆，看到昆輝仔上門，總是會塞一點零用錢給他。幫他接生的唐山嬤也偶爾會給他一點零用錢。

唐山嬤是外公娶的第二個老婆，她從福州飄洋過海來台灣謀生，偶然的機會裡認識了外公。後來在外婆同意下，外公將唐山嬤娶回家。唐山嬤懂中醫又會看相，所以村子裡的人常常找她看病、開藥，甚至算命。沒有生養自己兒女的唐山嬤，對他們這些兒孫都非常疼愛，而外婆和唐山嬤之間也能相安無事、和樂融融。

【求學篇Ⅰ】

差點圓不成的升學夢

雖說外公家不曾掀起兩個女人的戰爭，但是，日治時代末期，台灣卻受到太平洋戰爭的波及，不僅摧毀農村社會和樂無爭的生活，甚至禍害整個台灣。

小人物的委屈

日本教育才受了一年半，二年級下學期起，日子就在家與防空洞來回奔波中度過。「有幾次我們還沒有跑到防空洞，炸彈就丟下來，在農民組合的農會穀倉、自家稻田附近爆炸。後來我和爸爸耕田翻土時，還犁出許多機關槍掃射的彈殼。」空襲最頻繁時，防空洞甚至取代了家的功用。「本來是一天轟炸掃射個一、兩回，後來空襲愈來愈密集，爸爸、媽媽和我，以及大弟、大妹（那時小弟、小妹尚未出世），乾脆把食物和寢具都帶進防空洞過生活。」

村子裡，幾乎每家都自己挖了一個防空洞，「我們家後院的防空洞，是爸爸自己一個人挖出來的。」他只花了不到一天的時間，就挖好一個安全又隱密的防空洞。每當空襲警報響起，不管白天或晚上，也無論醒著或睡著，大夥兒立刻以最快的速度，扶老攜幼躲進防空洞，一躲就是兩個小時左右。後來空襲實在太密集了，他們乾脆躲在裡面吃飯、睡覺。躲在黑漆漆的防空洞裡，母親總是憂愁的叨唸著：「這樣的日子不知道還要過多久？眞希望天下快點太平。」唯一值得高興的是，父親爲了餵飽一家人的胃，有時不得不偷宰豬、羊，煮好後再帶進防空洞，讓家人大快朵頤。

爲什麼自家養的豬羊還要「偷」宰呢？「作戰時期，日本政府規定，我們養的牛羊豬都要列管！」黃昆輝說。不但自家養的牛羊豬，不准飼養者殺來吃，連牛在哪兒排便都要限制。

有一回，父親牽著牛經過派出所，牛突然停下來不肯走，父親怎麼拉都拉不動，原來牠是便急。等到一坨牛糞落地，警察就叫父親進派出所，用籐條狠狠抽了父親好幾下。說是要維護街道整潔，怎麼可以讓牛隨地大便！

又羞又痛的父親，忍著身心的傷痛回到家，憤憤不平的抱怨：「這實在太沒有道理了，牛要大便，我有什麼辦法呀！」

不僅父親覺得日治時期這種警察沒有道理，小小昆輝仔也覺得日治時期有的老師是非不分！從不曾被父母打罵過的他，卻因爲老師不明事理，而讓他蒙冤受罰。這件事不僅讓他至今耿耿於懷，當時小小的心靈還受傷頗重，幸好隨著年紀日漸成長，這段不愉快的記憶，轉換成一面反面鏡子，提醒著他絕不重蹈那位老師的覆轍，更有甚者，他還因此領悟出爲人處事的要點。

這件事發生在小學二年級上學期。有一回，二姑媽的村子拜拜，二姑媽備了一桌滿是大魚大肉的佳餚，邀請伯伯、叔叔及昆輝仔全家去大快朵頤。父親帶著長子昆輝仔赴宴。酒足飯飽之餘，二姑媽特地幫晚輩們準備第二天上學的便當。孰知，才剛入夜，昆輝仔就開始鬧肚子，而且狂瀉了一整個晚上，幾乎快虛脫了。「我想，大概是因爲鄉下孩子久不沾油膩，猛然間吃下那麼多肉，腸胃受不了吧！」

翌日，虛弱無力的昆輝仔無法回村子裡上學，只好繼續留在二姑媽家休息。和他們同去二姑媽家吃拜拜的堂哥（四伯的兒子，只比黃昆輝大幾個月），看到唸同班的堂弟不去上課，也偷懶不去上學。

休息了一天，體力依舊沒有完全恢復。但是，面色如土、唇無血色的昆輝仔，還是振作起來和堂哥一步步走到學校。一進教室，級任廖老師叫所有昨日沒來上學的人出列。看到那麼多人缺席，老師臉色一沉，嚴厲地一一詢問缺席的理由。堂哥排在昆輝仔前面，當老師問堂哥：「昨天為什麼沒有來上課？」堂哥靈機一動，抱著肚子說，因為拉肚子肚子痛，所以無法上學。由於堂哥平日課業表現較佳，頗得老師喜愛，所以老師沒有進一步再問，就讓他回到坐位。

接下來輪到昆輝仔，當他一回答「因為拉肚子肚子痛」時，老師不以為然地挑一挑眉毛說：「聽到別人說拉肚子肚子痛，你就學別人那樣說。哼，把手伸出來！」結果，老師的籐條揮起來又落下，「刷～刷～刷～」結結實實打了二十下！這二十下所帶來的疼痛，不亞於狂瀉一整夜的痛苦。因為，它還包含了心靈上的痛。

「我又痛又生氣，因為我說的才是真的吶！」昆輝仔淚流滿面，手心固然痛，但是委屈、不公平的感覺，更加深他的痛楚。

黃昆輝既生氣老師不明事理，沒有好好瞭解真相就任意體罰學生。「老師看我們的樣子也分辨得出來呀！我身體虛弱、臉色蒼白，講起話來有氣無力，一點精神也沒有；而堂哥臉色紅潤，活力充沛。單是從外表，就可以判斷誰才是生病的人嘛！」同時他也氣老師以先入為主的觀念，循私包庇疼愛的學生。

「身體上的痛很快就消失，但是心裡的苦卻持續了很長久。」從那天起，一向乖巧順從的他，展現生平第一次的叛逆與對抗。「以後他的課我都不想上、也不願意聽！」

不久，戰火蔓延到台灣，學校被迫停課。也幸好學校停課了，否則真會斷送一個孩童求知的興趣。

「不要看孩子的年紀小，他們的心靈也是很容易受傷的。老師的一句話，一個行爲，都有可能影響孩童一輩子！」不過，那位廖老師對黃昆輝造成的負面影響，所幸因停課而終止，而且更衍生出一種正面的砥礪與警惕，使得他日後無論是授課或處理政務，不但不會草率行事，而且絕對要做到尊重與信任。

此外，那一次「先說的佔上風，後說的受災殃」的慘痛經驗，還讓他悟出「溝通要爭取機先」的道理。「無論是教育上的革新策略，或是政令宣導，一定要在第一時間主動說清楚，否則等受到質疑再提出說明，那就會倍加吃力，成效不彰了。」

吾少也賤，故多能鄙事

黃昆輝所受的日本教育僅到小學二年級上學期，下學期在戰火中完全停擺。等到日本戰敗退出台灣，他照說應該要唸三年級了，但因國民黨政府甫播遷來台，百廢待興，教育一時無法上軌道。於是，民間興起了漢學研讀。不希望子女學業中斷的家長們，集資找來懂得漢字（即中國文字）的人士，以閩南語教授孩子們漢字、漢文。

短短不到一年的漢學經驗，卻讓黃昆輝在七十年後的今日，依然記憶猶新。他一邊比手畫腳，一邊以閩南語唸：「人有兩手，一手五指，兩手十指，指有節，能屈伸。」唸完這句，又意猶未盡唸了一句：「門外有草地，草地上有牛羊，牛羊同吃草，牛大羊小。」多麼貼近生活的學習呀！簡單明瞭又不失趣味，難怪學生第一次接觸漢文，就能夠記憶終生。

升上小學四年級，教育初上軌道，但因老師每天下午要去進修注音符號，因此學生們一律上半天課。「當時老師們教的注音符號，是名副其實的現學現賣。因為前一天下午才學，第二天上午就要上陣教學生。」

不用上課的下半天，昆輝仔可沒有閒著，身為老大的他，被賦予為全家人煮晚餐要吃的蕃薯籤稀飯。

每天大約下午三、四點左右，他先進入竹子編織成的穀倉，從穀倉裡取出蕃薯籤乾，以及一小把白米。然後把蕃薯籤乾泡在水盆裡。「泡水的作用除了是要將它泡軟，同時也是要將它泡乾淨。」因為在三合院的院子裡曬蕃薯籤時，不但有飛沙、塵土，還有四處閒逛的雞鴨鵝等家禽，一時興起加料的排洩物。

泡了約三十分鐘之後，蕃薯籤大致已軟透，然後再換水清洗兩、三次。洗淨之後，就用曬乾的甘蔗葉當燃料，待火燃燒起來，昆輝仔搬來一張小凳子墊腳，站在大灶前，先在大鍋裡加水煮米，煮滾了再放蕃薯籤下去，等到一大鍋蕃薯籤稀飯煮熟了，再一勺一勺舀到盛飯的木製「飯斗」裡，放涼後的蕃薯籤稀飯，漸漸變得香軟黏稠，就算大功告成了。

當父親駕著牛車，在門外喞喞嘎嘎響起時，通常已經夜幕低垂，伸手不見五指了。天未亮就出門的父母親，總是在田野工作到什麼都看不見了，才肯打道回府。回到家，母親的工作還沒有結束，她除了要張羅一家大小的晚餐，還要餵食牛、羊、豬和雞、鴨、鵝。幸好大兒子已煮好一鍋粥放涼，也泡好餵養牲畜的蕃薯籤。

不等母親吩咐，昆輝仔就拿出稻桿或甘蔗葉餵養辛苦了一天的牛，也幫忙餵食家禽、家畜。等動物們都有的吃了，一家人才坐下來吃簡單的晚餐。

升上五年級以後，昆輝仔參與的農務更繁重。每到週末假日，一大早就被母親叫醒，跟著他們下田。「播種前要先除草、鬆土，做這些事要兩個膝蓋跪在泥水地裡。」夏天太陽當空掛時，即使戴了斗笠，還是被太陽曬得頭昏眼花，更慘的是，泥水經過烈日曝曬，變得滾燙，「兩個膝蓋常常因爲跪在燙水裡而潰爛，尖尖的稻桿也經常刺傷了眼睛。」

「『風頭水尾』這句話，正好可以用來形容雲林生活環境的惡劣。」黃昆輝回憶，雲林的「海口風」很強，每到秋冬，陣陣強風掃過，飛沙走石漫天飛颺。行人不但睜不開眼睛，甚且被風「打」得隱隱作痛。許多孩童的眼睛，在夾帶砂塵的強風肆虐下，經年累月總是紅紅的。「我們戲稱爲『紅目猴』。」

「水尾」指的是，農民灌溉稻田所仰賴的嘉南大圳流到雲林西部時，幾乎已成涓涓細流，能夠灌溉的稻田非常有限。因此，常常有農民爲了爭水而大動干戈。

「有時，半夜兩、三點才輪到我家的田有水灌溉進來。於是，睡到半夜我就被父親叫醒，陪他去巡田水，看看水有沒有依照我們挖的渠道流到田裡。」如果沒有，他們就要馬上動手另外再挖。被叫醒的昆輝仔，睡眼惺忪穿上長統雨靴，拿著「電塗」、圓鍬，跟在父親後面，走向闃黑一片的屋外。

鄉間的深夜是那麼的寂靜，卻又是那麼的不安寧。走在田埂上，常常聽到「啵」一聲，一條蛇驚慌地竄入水中；也有糊里糊塗迎著「電塗」而來的蛇，如果行人走避不及，很可能一腳踩上去。「有一次我差點踩到一條又粗又長的蛇，等我回神一看，原來是一條雨傘節！」還好他即時收腳，否則踩下去，雨傘節一定會自衛性地咬他一口。被毒性這麼強的蛇咬到，那可就麻煩了。鄉村地區常有人被毒蛇咬，甚至因此而送命。

由於嘉南大圳水量有限，因此插秧種稻採三年輪作，休耕時，農民就改種蕃薯、花生及甘蔗。「甘蔗成長期，要一節節地剝除葉子兩次，讓陽光照射，這樣不但能幫助甘蔗成長，也會增加甘蔗的甜度。」剝下來的甘蔗葉還可以當作燃料。剝甘蔗葉時，最難纏的就是野蜂，一不小心觸動到蜂巢，被傾巢而出的野蜂螫得全身紅腫疼痛，可以說是家常便飯。

辛苦了一年半，收成的甘蔗悉數搬運上虎尾糖廠的小火車，由虎尾糖廠自行過磅。糖廠製成蔗糖後再通知蔗農，這一期的甘蔗共榨出多少斤蔗糖，並由蔗農決定，是要領取其中幾成蔗糖，或者是兌換成現金。

由於送上小火車的甘蔗，全數由糖廠自行秤重，是否有偷斤減兩的情形，蔗農全然不得而知。因此，當地農民有個自我解嘲的俗諺：「做人有五憨，第一憨呷煙吸風；第二憨吃檳榔吐紅洪；第三憨弄球相撞；第四憨種甘蔗給會社自己磅；第五憨去酒家口袋給酒家女摸。」這個俗諺顯然反映了農民的智慧和自制能力。「自從有了選舉以後，第一憨就改成『選舉運動』。」黃昆輝笑著補充。

雖然常常要幫忙農務，但是昆輝仔的課業不但沒有受到影響，還以第三名的成績畢業。四年級開始，學校裡的課程包括有自然、算術、國語（細分爲讀書課、說話課和作文課）、地理……。「我當時最喜歡的是讀書課和自然課。」

每天早晨，青翠寧靜的校園裡，隨著小學生們進入校園，原本的蟲鳴鳥叫聲，慢慢被他們的朗朗讀書聲取代。全校各班的學生，不分年級，齊聲朗讀他們的書本。「那種讀書聲眞是好聽啊！」昆輝仔還因爲喜愛讀書課，小學四年級被老師選派參加演講比賽。

乖孩子也有小任性

在那個年代，大多數的農家子弟，都是唸完小學就沒有再升學。父親原本也希望身爲長子的他，不要繼續升學，留在家裡幫忙父母親耕作。但是，級任導師洪金龍老師到家中做家庭訪問時，勸告父親：「昆輝這個孩子很會唸書，應該要讓他繼續升學。」既然敬重的老師這麼說，父母親也就改變主意。

當時的老師對學生投注的心力非常多，不僅挨家挨戶勸說家長，讓孩子繼續升學，甚至貢獻出自己的時間，免費在課後幫學生複習課業，準備升學考試。「我們班除了教國語及社會科的級任導師洪老師以外，還有教自然、算術的廖長頭老師，兩位老師都很好，很認眞，會幫我們準備升學考試。」

準備升學的孩子們，放學回家吃過晚餐，大約七點再到學校自修，一直到九點才回去。學生到校晚自修時，兩位老師一定會輪流來教室輔導。

那時，農村裡最主要的娛樂就是「作大戲」（演歌仔戲）。唸了一天書的孩子們，晚自習下課後，還有一小段不收門票的「戲尾」可以看，他們通常會溜去看完戲尾再回家。

有一回，洪老師被當天上演的歌仔戲吸引住，幫學生們複習完功課後，囑咐學生繼續留在教室看書，九點的鐘響後才能回去，交代完他就先行離開教室看戲去了。誰知，洪老師前腳一走，班上大多數學生也跟著溜出校門，去看那場吸引人的大戲。

當洪老師跟著劇情哈哈大笑時，眼角卻瞥見自己的學生也來了，當下笑容頓失，他默默記下那一張張來看戲的臉孔。第二天上課，洪老師生氣地宣布：「昨晚溜去看戲的同學站起來！」大家低下頭默不作聲，既不敢看老師，也不甘願先站起來。於是老師點了幾個學生說：「×××，×××，還有×××，你們昨晚沒有去看戲嗎？」

被點到名的同學，訕訕的站起來。「只有這幾個人嗎？」洪老師繼續嚴厲地掃瞄其他溜去看戲的學生。在老師的逼視下，黃昆輝和其他學生們，一個個如雨後春筍般從座位上站起來。洪老師除了狠狠地打他們的手心，還喝令他們到走廊上罰跪。更丟臉的是，洪老師寫了「我昨晚偷看戲」的字條，一一貼在每個罰跪的學生背上。一整個上午，他們就在全校師生的指指點點下度過。

雖然，黃昆輝覺得洪老師的處罰太嚴厲，也沒有顧及到學生的尊嚴。不過，因為洪老師一視同仁，並沒有偏袒任何人，所以他並不會像小學二年級受到那位廖老師冤枉那般生氣，反而對洪老師犧牲自己的時間，免費幫學生補習的精神至為感佩。

細數昆輝仔童年時期的調皮搗蛋事蹟和叛逆行徑，一隻手數還綽綽有餘。可以說，他是個乖巧溫順的小孩。不過，乖孩子還是有脾氣的，尤其是對愈親近的人，發脾氣就愈帶有撒嬌的成分。

「大約是小學高年級的事吧，有一次媽媽牙痛，要我陪她去鎮上，給小舅舅看牙齒。」小舅舅曾到日本東京留學學醫，學成歸國後，就在虎尾鎮上開牙醫診所。

一趟路走下來要八公里，以他們母子的腳程，單程就要走兩個多小時。平常他去馬光國小上學時，只要走二十分鐘的碎石子路。想到要光著腳走兩個多小時，他有點視為畏途。母親看出兒子的不樂意，於是誘之以利，承諾他：「如果你陪媽媽去，回來的時候就買一打鉛筆給你。」有這麼好的事啊！昆輝仔雀躍不已，一路上完全感覺不到路難行，路途遙。

看完牙齒走出診所，隔壁就是一家「新生書局」。昆輝仔開心地拉著媽媽的手走進書局。媽媽拿起一打鉛筆，看了看標價後，搖著頭嘖聲說：「太貴了。」於是放下，接著又拿起另一種，還是搖著頭說貴，然後放下。他的心，隨著媽媽每放下一種鉛筆，就往下沉一次。直到所有款式的鉛筆都看完了，媽媽依舊下不了手買。此時，他雖然沒有到萬念俱灰的地步，但已在臉上密密麻麻寫滿了「失望」兩字。

「沒關係，我們再去另外一家找看看。」媽媽企圖緩和兒子的失望。結果母子倆在中山路上發現另一家「世界書局」。媽媽一走進世界書局，剛才的戲碼再度重演——拿起來—「嘖嘖嘖，怎麼那麼貴！」—放下。他一旁看得火氣一直往上冒，冒到後來竟然變成即將奪眶而出的淚水。

當媽媽走到他身邊小聲說：「太貴了，媽媽沒有帶那麼多錢，下次再買好嗎？」時，他噙著眼淚跑出書局，邊跑邊在心裡反覆埋怨：「媽媽怎麼可以騙人！媽媽怎麼可以騙人！」完全不理會在後面追得上氣不接下氣的媽媽。

「想到我那時氣得跑給媽媽追，覺得實在太不體貼媽媽了！」想起這一幕，黃昆輝搖搖頭赧然的說。

小學畢業後，班上四十八個同學中，有四個男生考上虎尾初中，二個女生考上虎尾女中，其他還有人考上虎尾初級農業學校。「我們那裡只有虎尾初中和虎尾初農可以唸。父親認爲，與其去唸農業學校學當農夫，不如留在家裡跟他學種田就好，既然要唸書，當然要唸初中！」因此，黃昆輝報考了競爭激烈的虎尾初中入學考試。

「我的好朋友，也就是第一名畢業的林湖，和我一起考上虎尾初中。」這位小學死黨，在初中一、二年級時恰巧也和他同班。「所以我們唸初中時，也常常相約一起複習功課，準備考試。」初中畢業後，林湖保送台南師範學校，而黃昆輝考上台中師範學校。師範學校畢業後，這兩個分開了三年的昔日同窗好友，又不約而同回到故鄉服務，「林湖在母校馬光國小教書，我在鎮上的土庫國小任教。」失聯的友誼於是再度串起。

在當時一個年級只有一班的馬光國小，他們這一屆升學率算是相當高的，「這都是因爲洪老師和廖老師，無私、用心地協助我們準備考試的結果。」這樣看來，洪老師那一怒，應該算是恨鐵不成鋼！

回家種田吧！

風風光光考進初中以後，才唸了一個學期，就被迫進入半休學的狀態。那一年是民國三十八年，國民政府播遷來台。小小的台灣，一下子湧進了大批人潮。「撤退來台的國軍，一時還找不到安置之處，因此大都進駐到學校紮營。」校舍被佔再加上師資不齊，學校被迫停課一學期。「老師出一些功課要我們寫，然後兩個星期返校一天，檢查和指導我們的課業。」

升上二年級以後，一切都改觀了！不僅駐紮的軍隊全數離開學校，甚至調派一位辦學用心的安徽籍校長凌孝芬到虎尾初中，凌校長還帶了一批素質很高的安徽籍教師與他一起赴任。學生們雖然不清楚這些老師們究竟有什麼來頭，但感覺得出他們的學識淵博，教學態度認真，而且充滿愛心。

「無論是導師還是科任老師，他們都很關心學生，和學生很親近，而且還會去做家庭訪問。」黃昆輝想起初三教國文的導師蕭惠，他知道學生當中有許多農家子弟，因此常常鼓勵這些農家子弟：「人窮志不窮。」

這句話聽在昆輝仔耳朵裡特別有感觸。唸馬光國小時，班上的同學幾乎都是鄉下的農家子弟，家境相去不遠。但是上了城市裡的虎尾初中以後，同班同學可是來自各種家庭，各個地區。在看到許多同學帶的「神氣便當」以後，昆輝仔開始每到中午就遮遮掩掩吃他的「自卑便當」。

「我吃便當的時候，蓋子都只有打開一半，因爲我不想被同學看到我帶了什麼菜。」蕃薯籤飯上面鋪了幾塊蘿蔔乾和蔭瓜等醬菜，還有豆腐乳，偶爾一顆荷包蛋或一小塊鹹魚，就是最頂級的菜色了。

「記得有一個晚上，吃過晚飯，媽媽面露煩惱的說：『昆輝仔，你明天的便當沒有什麼可以帶……。』」過了一會兒，媽媽又說：「不然你去摸一摸母雞的屁股，看牠是不是快要下蛋了？」昆輝仔照媽媽教他的方式，觸摸母雞屁股，感覺沉甸甸的。於是他開心地向媽媽報告，明天早上母雞應該會下蛋。第二天一早，母雞果眞下蛋，媽媽揀起蛋馬上下鍋煎，然後在便當裡的醬菜旁邊，擺上一顆黃澄澄的漂亮荷包蛋。

有時候連著幾天沒有雞蛋，也沒有鹹魚，媽媽就會給他五毛錢當作加菜金。「學校附近的廟口有賣蚵仔湯的攤販，午休用餐時，我就帶著只有飯而沒有菜的便當，向攤販買一碗蚵仔湯配著吃。」僅是一碗漂著兩、三顆蚵仔的蚵仔湯，就能帶給他很大的滿足。

一年三節是他可以大大方方打開便當蓋吃飯的日子。因爲那幾天他的便當，也是屬於「神氣」級的。

「其實，對於那些同學帶的便當，我雖然羨慕，但並不會妒嫉或是因此埋怨父母。」乖順的昆輝仔，只回家形容過一次那些讓他心生羨慕的便當後，就再也不提了。「因爲我知道，父母和弟妹們在家裡吃的更差！」

蕭惠老師不僅體貼到農家子弟的心情，而且把所有學生當成小弟弟般的互動、來往，「這種做法在那個威權時代實在很不容易！」國文造詣頗深的蕭惠老師，其實是中醫師，後來他離開教職，專職當中醫師。

初二教國文的徐俊老師，更是奠定了黃昆輝古典文學的良好基礎。「他講課生動精采，口齒又清晰，我們不但聽得懂，而且印象深刻。最重要的是，他要求我們背古文。」黃昆輝說著，開始背起李密的〈陳情表〉，其他如諸葛亮的〈前後出師表〉、〈李陵答蘇武書〉……。他也都記憶猶新。

對於徐俊老師要學生們背誦《古文觀止》、《中華文選》裡的文章，黃昆輝是充滿感激的。「如果是把教書當作知識的傳授與販賣的老師，教完課、講過就算了，但是徐俊老師還會關心我們懂不懂，以及花時間要我們背給他聽。」

雖然黃昆輝興致盎然地從學養豐富的老師們身上，盡情汲取學識的養分，也和其他同學一樣，做了升學的準備。但是，爸爸面有難色對他說的那番話，卻讓他突然感到前所未有的挫折。

升上三年級的某一天，爸爸把唸書唸得正起勁的他叫到身邊，以沉重的語氣對他說：「昆輝仔，我們家的經濟不好，你又是長子，我看，你唸到初中畢業就好了。反正我們家以後也沒有錢讓你上大學，你就留在家幫忙種田，栽培弟弟妹妹唸書吧！」

雖然父親說的是事實，他無法、也不能和父親爭辯，但是失望的感覺不斷從心底蔓延出來。和學生情同手足的蕭惠老師，也許接收到他的失望電波，猜出是怎麼回事，於是到他的家中訪視。
蕭老師為了拉近與父親的距離，在國語中夾雜著幾句蹩腳的台語，努力勸服父親讓黃昆輝繼續升學。蕭老師說：「這個孩子很不錯，值得栽培，應該要讓他繼續唸書。」父親當下不置可否，但心中多少有點動搖。
黃昆輝也想出自力救濟的辦法。他游說父親：「您只要花一趟路的錢，讓我一次去考兩個學校：台中高工和台中師範。」他並且進一步向父親說明，考上台中高工的話，一畢業就可以去台電工作；而如果考上台中師範，不但畢業後可以當老師，這三年唸書的學雜費都是免費的。」父親心動了，懷疑地問：「考得上嗎？」「試試看就知道了。」黃昆輝充滿信心地回答。
父母親雖然因為經濟的因素，一度希望他打消升學的念頭，但是一旦決定讓兒子試試看，他們就盡全力支持他。
原本每天下課後要幫忙家務，週末假日要一起下田的昆輝仔，升上初二以後，因為課業繁重，加上一個多小時的路程佔去不少時間，所以父母親要他只有在假日才一起下田。到了初三下學期，因父母決心讓他參加升學考試，不僅暫停他幫忙農務工作，以爭取更充裕的時間唸書，甚至央請在虎尾鎮上開診所的小舅舅，讓他借住在他們家一學期，以省卻舟車勞頓的時間。

「我那時每天去虎尾初中上課，必須先從家裡走三十分鐘的路，去搭虎尾糖廠提供給蔗農子弟搭乘的小火車（這是蔗農唯一的利多，可以辦免費月票，搭乘載甘蔗用的小火車）到虎尾車站，然後再從車站走十幾分鐘的路到學校。」搭小火車的時間大概是三十分鐘。算起來，每天上學的通勤時間，單程就要花掉一個多小時。如果住在小舅舅家，從小舅舅家走到虎尾初中，只需二十幾分鐘，來回省去兩個小時路程。「感謝媽媽為我設想周到，更感謝舅舅、舅媽讓我住在他們家一個學期。」

驗收苦讀成果的日子到了，黃昆輝就像是古時候進京趕考的書生一樣，收拾了簡單的行囊和一堆書，搭乘平快火車抵達台中火車站，並且就近找了一家廉價旅館入住。旅社門口有一條小河溝，河溝上有個賣蚵仔麵線的攤販，昆輝仔的三餐，幾乎就靠這一碗五毛錢的蚵仔麵線打發了。

台中高工的考試比台中師範先舉辦，他前一天先向當地人打聽好，如何搭車去位在偏遠郊區「樹仔腳」的台中高工。當晚，草草吃過晚飯後，就開始進行最後的複習衝刺，複習得差不多了才躺上床準備就寢。薄薄的木板隔間，隔壁說話的聲音近得就像是坐在身邊說話似的，甚至連說話的內容也被迫聽得一清二楚。躺了一會兒睡意來了，他就把這些響在耳邊的說話聲，當成催眠曲帶入夢鄉。

第一志願當小學老師

翌日到了位在「樹仔腳」的台中高工，發現虎尾初中有七、八位同學都來參加考試。黃昆輝高興起來，答題特別順利，尤其是考拿手的國文科時，因爲太有把握，一下子就答完所有題目。

提早交卷後，他開心地在考場外等待其他同學。這時，遠遠傳來「饅頭～饅頭～」的叫賣聲。肚子開始唱空城計的他，想買顆饅頭果腹，又想到其他同學一定也餓了，於是掏出十元，跑出學校向騎著腳踏車、沿街叫賣饅頭的外省阿伯買饅頭。

沒想到十元買了一大袋！從來沒有吃過饅頭的他，看到白胖微溫的饅頭，忍不住拿起一顆先嚐爲快。「哎呀，怎麼沒有味道啊？」咬了一大口後，他對著這個無滋無味的饅頭皺眉，再咬一口試試看……「眞是的，不但沒有味道，而且裡面什麼東西都沒有包！」此時他有一種受騙上當的感覺，心想：「這種沒味道又沒包東西的『饅頭』，我自己都吃不下去了，怎麼好意思請同學吃！」台中高工附近有一大片甘蔗田，黃昆輝拎著那一袋饅頭向甘蔗田走去，然後趁四下無人，把整袋饅頭丟在甘蔗田裡。

這就是黃昆輝與饅頭的第一次接觸！雖然因爲文化差異，而對饅頭造成誤會，但是，這個誤會日後不但冰釋，饅頭甚至還成爲黃昆輝的最愛。在他唸台中師範學校，以及服兵役時，饅頭都是他最珍貴的糧食。「甚至到現在，我還是非常喜歡吃饅頭，尤其是沒有摻糖的饅頭。饅頭要一口一口慢慢嚼，才會愈嚼愈香、愈嚼愈甜。」饅頭達人黃昆輝如是說。

兩天的考試結束後，再過四、五天就要考台中師範。雖然自覺台中高工考得不錯，應該可以考上，但因台中師範才是他心中的第一志願，所以不敢掉以輕心，繼續留在木板隔間的廉價旅社認眞複習。「小學時，看到老師都很崇拜，所以我當時最大的心願就是當小學老師。」對農家子弟來說，學醫、當醫生是完全不敢奢望的；而公務員在鄉下也很少見。能夠當一名受人敬重的小學老師，那就非常了不得了！

台中師範考到第二天時，台中高工已經放榜。因此，黃昆輝一考完就衝到台中高工看榜單。果然不出他所料，考取了！而且考上最高分的機械科前幾名。這下安心了，至少有台中高工可以唸。

結束爲期十天的「進京趕考」，黃昆輝終於如釋重負返回家鄉，累積了十天的疲憊和緊張一鬆弛，他沉沉地墜入夢鄉。醒來後卻聽到父親跟大堂哥說：「昆輝仔睡覺時說了一些夢話，好像是台中師範沒考好……。」是這樣嗎？他的心一緊，但願夢和事實相反。

台中師範放榜那一天，懷抱著忐忑不安的心情去看榜單，當他在白紙上的一長串名單中，搜尋到「黃昆輝」三個黑字時，興奮得差點跳起來！旋即又發現，這只是初試，還有複試那一關，且複試還要淘汰一半，興奮的心情於是又滲進一絲不安。

後來去複試才知道，初試的成績大致就已經成定局，複試只是要看一看學生的健康狀況及說話清楚與否。

複試通過了以後，台中師範寄來一張通知單，上面載明開學後要備妥的衣物。「除了繡好姓名、學號的灰色卡其制服和長褲，還要準備一張矮板凳，一個正方型小箱子……。」

看到要準備衣褲，喜不自勝的父親，忙不迭趕往服裝店，一口氣花了七十八元，爲昆輝仔買件亮亮軟軟的灰色西裝褲。這幾天走在路上，不斷有人向他們夫妻道賀。考上師範學校對農村子弟來說，可是一件光耀門楣的大事哩！爲了獎勵這個爭氣的兒子，當然要買件好一點的褲子給他。

看到這件「金爍爍，風吹了會飄動」的高級西褲，昆輝仔一點也高興不起來，他皺著眉說：「嘸是這款布料啦！」因爲學校規定的是卡其褲。父親豪氣地回答：「難得穿好一點，有什麼關係！」解釋半天，父親才很遺憾的拿回去退。

那一年，虎尾初中的畢業生當中，不止黃昆輝考上台中師範，還有其他二、三十個畢業生，都考上他們心目中的第一志願——師範學校。「光是台中師範就考上十幾個，台南師範也考上十個左右。升學率高達百分之九十六！」在那個年頭，家境好成績又好的初中學生，大都以大學的跳板——公立高中爲首選；而家境不好但成績很好的學生們，由於不敢奢望日後唸大學，因此以免學雜費，畢業後又能在小學教書的師範學校，作爲升學的第一志願。

這麼高的升學率可以說是凌孝芬校長一手促成的。他在接任虎尾初中的校長前，虎尾初中僅一、兩名畢業生考上師範學校。但是凌校長接任後，即以幫助學生考上好學校爲目標，定期舉辦週考、月考、期考、模擬考等大大小小的考試。「可以說，虎尾初中的讀書風氣是凌校長帶起來的。」

數年後，治校有方的凌校長，被擢升至建國中學擔任校長，後來張其昀先生擔任教育部長時，又請他擔任主任祕書。

「我的人生可以說是有了凌校長，才能有一百八十度的轉變。其他許許多多的學子，也是因爲凌校長而受惠。」懷著這份感恩的心，當黃昆輝北上唸師範大學時，一得知凌校長住在附近的雲和街，隨即帶了兩瓶家鄉的特產——醬油去拜訪他。

「虎尾初中的學生眞的很幸運，不但有凌孝芬這麼好的校長，而且凌校長還帶來那麼多位兼具『經師』和『人師』的優秀教師。」

那些年，虎尾初中的確是臥虎藏龍，這些讓學生們「望之儼然，即之也溫」的教師們，其實都是學養豐富的專家學者，只因爲剛逃難到台灣，一時找不到合適的職務，於是暫居中學教書。

「後來，政府的行政、教育工作比較上軌道，這些老師就調遷到符合他們專業素養的職務。」像是教數學的王樅老師，後來受聘師範大學數學系系主任；教地理的賀忠儒老師（他是地理學泰斗沙學俊教授的得意門生），被聘爲師範大學地理學系系主任；教英語的陳永英老師，後來擔任過虎尾女中、台南女中的校長……。「難怪我們當時覺得這些老師不但很有學問，氣質也不一樣，原來都是大學教授啊！」

神氣又和氣的大隊長

就讀台中師範後，黃昆輝開始嶄露頭角。不僅學業成績優異——以全班第一名的成績畢業；而且領導能力也突顯出來——獲選擔任全校升降旗發號口令、報告出勤狀況與佈達校方規定、負責各類校外活動等的「大隊長」。「其實，我在中、小學時，無論是課業方面或其他表現都不是特別突出。而且，我也是在當了大隊長之後，才發現自己有領導能力。」

大隊長的職務是學校教官們一起推選指派的。「我也不知道爲什麼，教官會指派我當大隊長。」黃昆輝雖然如此謙稱，但從他在課業上的表現，以及合群、守紀律、體魄強健、高壯等特質看來，成爲教官們心目中「大隊長」的第一人選，一點也不意外。

「對呀，他的成績很好，喊口令也很響亮，而且體格、外形都不錯，是『大隊長』的理想人選，他甚至連任了兩年大隊長。」施天佑（台中師範同班同學，退休教師）說。「黃金鰲校長還因此笑稱：『黃昆輝是我這輩子，向我敬禮最多的學生。』」楊金鐸（台中師範同班同學，退休教師）接著補充：「他相當受師長們信任。難得的是，他當了大隊長以後，一點也不會驕傲，週末假日還是會和我們一起去街上逛，並且會替我們爭取福利。」讓楊金鐸印象深刻的日月潭之旅，就是黃大隊長聽了同學們的建議後，努力向學校爭取而來的。

在這兩位老同學的心目中，黃昆輝是一位「乖乖牌」的好學生。「他讀書很認眞，成績很好。」施天佑說。「他做人很和氣，而且合群。」楊金鐸說。聽起來，這位乖乖牌好學生，可是IQ與EQ俱佳的喲！

台中師範學校是一所軍事化管理的學校，學生們一律住校，每間寢室約七張榻榻米大，睡十個學生。每天早晨六點半吹起床號，七點升旗，七點半吃早餐。八點上課到中午十二點，下午兩點再上課到六點。六點半吃晚餐，晚上七點到九點是晚自習的時間，可以溫習功課，也可以看課外書。九點以後回寢室梳洗，十點左右熄燈。

雖然規律得像在服兵役，但是大部分的學生都不以爲苦。對於這些來自窮鄉僻壤的學子來說，「能夠每餐都有飯吃就很滿足了。」施天佑說。何況不但有飯菜吃，菜色也還滿不錯的。至於規律到近乎死板的作息，正好讓他們鍛鍊出強健的身體，以及培養閱讀的習慣。

在就讀台中師範之前，黃昆輝的閱讀範圍僅限於教科書，一直到上了台中師範，他才開始接觸到課外書籍。「小學和初中沒有錢買課外書，而且要幫忙農事和家務，也沒有時間看課外書。」初中時受到國文老師徐俊的薰陶，奠定不錯的國學底子，加深他閱讀古典章回小說的興趣。「學校圖書館的藏書有限，所以我都是放假到台中街上閒逛時，站在書店翻閱《七俠五義》、《紅樓夢》、《古文觀止》等書。」偶爾也會狠下心買幾本愛不釋手的書回去看。

對於每週從週一到週六上午都要上課，即使下課也要留在學校自習的台中師範學生來說，每週六下午到週日，是最寶貴的自由時間。同學們通常三五成群出去逛，街上的商家看到他們，就會戲稱：「放監了呀！」

關了一個星期，在這段能夠充分放鬆的自由時光，這群個性老實安分、家境普遍不優渥的準老師們，最大的享受就是到街上嚐嚐和學校的大鍋菜不同的美味。「我最喜歡買饅頭來吃，也喜歡吃牛肉麵。」這些帶有「文化差異」的食物，黃昆輝那時不僅已懂得品嚐，而且吃得不亦樂乎。「偶爾去看一場電影，或是幾個人相約到台中公園玩，然後在第一市場吃個八寶冰，那就是非常享受的事了。」施天佑說。

每學期開學前，父親會給昆輝仔一百元以內的零用錢。這筆「零用錢」除了用來打打牙祭，買課外書，還包括學校和家裡的來回車資，爲了節省開銷，即使想念家人、想念家鄉，他也不敢在學期中的放假日返家。在他的計劃性花費下，錢倒也還夠用。只不過，有一個學期，一不小心把錢花得連回家的車資都不夠了。

他不好意思請父親寄車資來，正不知如何是好時，突然靈機一動，想到學校訂的《新生報》上有一欄「學府風光」在徵稿，而且有稿費。於是他試著投稿兩則，沒想到兩則都被錄取。「我一下賺了二十元稿費，比車資十八元還多！」至今說起這件事，他依舊笑得非常燦爛。看來，賺得回家的車資固然欣喜，然而文章被刊登在報上的感覺亦很美妙。

雖然黃昆輝很能適應軍事化管理的嚴格與紀律，且以考上這所學校的強烈榮譽感，盡心盡力把每件事都做好，但還是有適應不良或是個性較叛逆的學生，觸犯了校規。「凡是寢室內務沒有整理好，或是偷偷翻牆外出的學生，都會被罰週六下午禁足。」

當時的黃金鰲校長，還有一件讓學長們傳誦的神勇事件。據說，某次黃金鰲校長撞見有個學生翻牆出去，他立刻發揮當時仍是「全國四百公尺中欄紀錄保持者」的矯健身手，奮力把學生給追回學校記過。

黃金鰲校長治校的嚴格，還反映在不允許男女學生私下交談這件事上。「如果有事要講，必須在教官面前講。」這項規定對於當時已情竇初開的一些學生，難免心生不滿，甚至還私下抱怨：「台南師範都沒有這項規定！」

黃昆輝基於大隊長的職責，常常有機會跟女同學說話，其他男同學對於他的這項「福利」羨慕不已，他卻不曾動過追求哪個女同學的念頭。「頂多只是默默的欣賞罷了。」

相對於大隊長的「默默欣賞」，許多大膽的男同學，早已採取「傳紙條」的實際行動。「我們那一屆有五個男生班，還有兩個女生班。每個班級所有的人，都會輪流擔任伙食委員，伙食委員常有機會聚在一起。聚在一起時，身負班上男同學紙條傳情任務的伙食委員，就會把紙條傳給女生班的伙食委員，請她代傳。」施天佑說。原來，這些祕而不宣的青春情事，已經在「茶餘飯後」的間隙中找到出口。

雖說黃金鰲校長治校非常嚴格，但也培養出學生的上進心與守紀律。「黃校長治校時期畢業的學生，後來在教書時，許多都進修考上律師高考，或繼續深造。」黃昆輝說。學生們畢業後，慢慢懂得感謝與懷念黃金鰲校長恩威並施的教育方式，因此常有校友返校探望校長，或是擺一桌「謝校長宴」。黃金鰲校長八十大壽時，黃昆輝還邀集了台中師範的校友們，撰文集印成冊為校長祝壽。

好老師終生為父，好同學終生相伴

除了黃金鰲校長令學生們感念，還有多位老師也讓學生崇仰不已。「二年級和三年級教我們國文的導師崔蘊蘭，他教書可以說是文以載道，經常會在文章中，教我們做人處世的道理，而且他非常關心學生。可以說，他是一位兼具『經師』和『人師』特質的老師。」崔老師常引用名言教導學生，在這些名言當中，影響黃昆輝最深的莫過於顏淵說的：「願無伐善，無施勞。」以及「設身處地」、「當老師不要獨善其身，要兼善天下。」

施天佑也說，崔蘊蘭老師是他這輩子最欽佩的老師。「他把我們看成像是他自己的孩子，不但教我們書本上的知識，也教我們做人的道理。我對他常常掛在嘴上的『己所不欲，勿施於人』印象最深刻。」楊金鐸補充說：「他很維護學生，聽說別屆的學生觸犯校規，要被學校記大過時，他挺身而出，極力爲學生說情。」當崔蘊蘭老師老年因爲車禍過世時，學生們都既難過又不捨，「有位同學還寫了一篇眞摯感人的文章紀念他。」

崔蘊蘭老師是東北遼寧人，他原本是一名律師，來台灣後在台中師範覓得教職。他以「願無伐善，無施勞」教導學生做任何事不要強調自己的功勞、貢獻。日後黃昆輝從事政府公職時，常以這句話自勉；崔老師並以「設身處地」，提醒學生要站在對方的處境、職務去評論對方的行爲，而不要僅以自己的主觀、主見去評論。

黃昆輝在一九七〇年代到美國留學時，正值美國盛行嬉皮運動。因此，崔蘊蘭老師當年的教誨，讓他有了進一步比較的機會。「在嬉皮運動中，自我意識抬頭，只想到『自我』的存在，而忽略『他人』的存在。但是人畢竟不能離群索居，過分強調自我而忽視他人，是會產生問題的。」黃昆輝闡釋：「後來有一派第三勢力心理學，也就是『認知心理學』（Cognitive psychology）興起，他們和嬉皮運動強調自我的個人主義不同，甚至主張書中提到『我』字時，應該由原本的大寫『I』改成小寫『i』，以作爲對過分強調自我的一種省思。」

說到西方社會文化強調自我的個人主義，黃昆輝又舉了西方人寫信的例子。「他們寫地址時，是從收信人開始寫起，接著是最小的門號、巷弄，再來是市鎮、州、國，正好和我們相反。」對此，黃昆輝認爲，東西方存在著文化的差異。西方人的想法是：「沒有個人，哪來團體？」但是東方人則認爲：「皮之不存，毛將焉附。」可見，西方思想富個人主義色彩；而東方思想則較傾向於集體主義。

另外還有一位教美術，自號「半僧」的呂佛庭老師。「呂老師之所以綽號『半僧』，是因爲他年輕時曾經出家，但是廟裡的師父看出他的繪畫天分，於是對他說：『你不要把天分給埋沒了，還是去社會上好好作畫，揚名立萬吧！』在師父的多次勸告下他才還俗。但是他後來一直都是吃素。」楊金鐸說。

呂佛庭是河南人，北平美專畢業。他的書畫藝術成就斐然，據說，有一天知名書畫家、鑑賞家張大千宴客時，賓客突然發問：「以您現在的（國師）地位，將來百年之後，誰可以接替您的位子？」張大千未加考慮，便說：「台中的呂佛庭。」張大千曾經收購過呂佛庭的畫作，並稱讚他的畫是「眞文人畫也」。

呂佛庭老師不僅才華洋溢，在教學方面也非常認眞。「而且，他對學生關懷備至。」黃昆輝舉例，呂佛庭老師在台中師範任教時，棲身在走廊盡頭，樓梯間隔成的小房間裡。每到假日，他喜歡買燒餅油條當早餐，「當他在住處用餐時，遇有學生來訪，他一定會拿出燒餅油條，力邀學生與他共享。」

「呂老師對學生眞的很慷慨，學生在課餘時間帶畫去請他指導，他都很熱心地教他們。」

楊金鐸說。想來這些學生眞有福氣，他可是大師級的畫家哪！有繪畫天分的施天佑，曾經受到呂佛庭老師鼓勵。「他說我畫得很好，是可造之材，鼓勵我要多畫、多練習。」受到鼓勵的施天佑，也曾畫了幾張圖請呂佛庭老師指點。呂老師用心指點後，勉勵他要多畫。「但是當時我的興趣太多，所以沒有繼續畫下去。」楊金鐸接著說：「其實，畫畫對當年的窮人家來說，哪裡是可以養家活口的職業！」要像呂佛庭老師一樣，以畫作揚名立萬，何其不易！

「二〇〇一年，當我從公職退下來時，呂老師告誡我三件事：一要保持身體健康；二要多接近宗教；三要積存老本。」呂老師說這番話時，關愛之情溢於言表，讓黃昆輝至今依舊感動萬分。

台中師範的優秀教師實在很多，許多老師光是一件小事，或是一小段話，就讓黃昆輝受益匪淺。一年級時，某天正在教數學的導師徐可昌問學生，誰有粉筆？黃昆輝發現自己的抽屜裡有一枝，不假思索地抓起來丟給老師，老師隨即正色指出，這樣的行爲不恰當。「雖然只是一件小事，但是我謹記在心，日後在教學時，也非常注意學生的品行。」

二年級的數學老師張奉珍，寬宏、幽默的處事態度，也讓他引以爲效法的對象。「某次有位對數學缺乏興趣的同學，上課時自顧自的畫圖。張老師發現後，抽起他的圖畫看了一下，原來是在畫她的畫像。她不慍不火的說：『我張奉珍沒這麼漂亮，謝謝你把我畫得這麼美！』」輕鬆幽默的處理方式，既保留了學生的顏面，也讓他此後願意專心上課。

台中師範三年，受到好老師的薰陶固然可喜，同學間歷久彌新的堅固情誼，更是此生不可多得的珍寶。「那種朝夕相處，一點一滴累積而成的相知相惜、相互扶持的情感，是我們一輩子也不可能遺忘的。」至今，當時的同班同學，每年都會排除萬難聚會一次。「遺憾的是，全班四十七個同學中，近年來已經走了十四位。」黃昆輝語帶唏噓的說。

而對於這位成就卓越，公而忘私的老同學黃昆輝，楊金鐸也有話要說：「快八十了，飲食、起居要多注意，要好好保健身體。」施天佑插口說：「他應該是我們班目前身體最強健的，不用擔心啦！」

楊金鐸的小學好友們，都向他稱讚黃昆輝：「他對人非常忠誠。前總統李登輝先生當年的左右手當中，像他一樣忠誠的，恐怕找不到第二人了！」但是他們也感嘆：「可惜他當年沒有做到行政院長，如果他當行政院長，台灣的政治一定會好很多。」

楊金鐸認爲，同學們對於有這樣一位同學，大都以他爲榮，即使政黨理念不盡相同，但是站在好朋友的立場，還是很支持他。就連當初因政黨理念因素，與他保持距離的施天佑，現在也非常欣賞黃昆輝的廉潔。施天佑自承，像他這樣的反對派，是班上的絕對少數。不過，看到他願意從高官退下來，爲了台灣的前途，扛起台聯黨主席這個吃力不討好的工作。「我現在開始欣賞、欽佩他。並祝福台聯黨能夠日益壯大。」施天佑說。

【家庭篇】

無後顧之憂的一家之主

台中師範畢業後，黃昆輝分發至雲林家鄉的中心學校——土庫國小教書。當小學老師是他自小立下的志願，如今心願已償，而且又是雲林土庫鎮最受矚目的示範小學。父母親及他本身，都覺得非常滿意。

從同事到牽手

初執教鞭，就擔任五年級的導師。十八歲的老師，對十一歲的學生來說，不像是高高在上的威嚴老師，倒像是一個大哥哥。而對其他的資深老師來說，他又是一個聽話、好使喚的小弟弟。

由於土庫國小是鄉鎮裡的中心學校，所以每年都要舉辦一次示範教學，供督學評鑑，同時也供其他來參觀的小學老師們觀摩。資深老師們公推菜鳥老師黃昆輝負責這一年的示範教學，他不知道要如何推辭，只好硬著頭皮上陣。

教學觀摩那一天，教室後面站了滿滿的本校和其他學校的老師，還有督學。黃昆輝沉住氣把該上的課，四平八穩的上完。示範教學結束後，校內老師都很捧場的稱讚他教得很好。

到了下午的教學研討會，一位廖姓督學向他提出質疑：「酒眞的是百害而無一益嗎？」黃昆輝不知道廖督學爲何有此一問，反射性回答：「課本上是這樣寫的呀！」廖督學又問：「你們家冬天沒有進補嗎？進補不需要用酒嗎？既然酒百害而無一益，那爲什麼還要用酒？」他被廖督學一陣搶白，頓時啞口無言。廖督學好整以暇接著說：「盡信書不如無書。」

事後黃昆輝從其他老師口中得知，廖督學一向嗜好杯中物，所以忍不住替酒說話。雖然被督學當面指責有點下不了台，但是仔細想想，廖督學說的話也不無道理，教書不要只是照本宣科，還要懂得靈活運用。

當時，台灣的衛生條件較差，身爲小學老師，不僅要教導孩童書本上的知識，還要照顧他們的健康。鄉下孩子感染最多的疾病是砂眼和蛔蟲症，老師除了發打蟲藥讓學童帶回家吃，還會在課堂上爲學童點砂眼藥膏。

長期受強烈海口風侵襲的雲林地區，小學老師會規定孩童們上下學必須戴口罩。「每天早上，老師都會檢查小朋友有沒有帶口罩？口罩乾不乾淨？」

學童的出勤狀況也是小學老師非常關心的。「老師們每天都會計算，今天的出席率是百分之多少？哪些學生沒有來上學？」對於沒有到校上課的學生，老師會去他們家中一一訪視。「這在當時稱為『出席督勵』。」如此重視出席率的原因是，縣政府教育科常會舉辦各校出席率競賽，督學也會到校抽查學生的出席率。「義務教育就是這樣慢慢推展開來的。」

土庫國小裡，和黃昆輝年紀相仿的年輕老師，還有一位教一年級的代課老師林滿。林老師畢業自虎尾女中高中部，她和黃昆輝除了教學工作外，同時還兼辦學籍股的工作。「剛開始，我們對彼此並沒有什麼特殊的感覺，一個學期共事下來，只覺得還滿聊得來的。」林滿老師很上進，黃昆輝去服預備士官役那四個月，她也參加了國小高年級級任老師「試驗檢定」，並且通過檢定，成為合格老師。至此，兩人都是土庫國小的專任老師，還一起兼辦學籍股的事務，工作的同質性高，可以聊的話題就更多了。

在兩人之間的好感逐漸加溫，同事情誼因為摻入不同元素，而開始起化學變化之際，雙方的親戚長輩適時為他們敲響了邊鼓。「我們是從相識到相知，然後是相互欣賞，再到相愛。」相識到相互欣賞的過程，是兩人在近水樓台的情形下自然發展的；之後是在雙方長輩的撮合下，才進展到相愛。原來，黃昆輝的父親和林滿大姐夫的大哥是好朋友，閒暇時兩人經常相約泡茶聊天。某一天，兩人聊著聊著，發現他們的後生晚輩同在土庫國小教書，年紀又相仿，於是有了撮合他倆的念頭。

林滿有四個姊姊、一個弟弟，家裡的女孩除了她，其他都已出嫁。林滿的父親在土庫鎮上有幾塊農地，但是她們姊妹自小到大，都沒有參與過農務。林滿的父母對於這個很會唸書的小女兒非常疼愛，當她從虎尾女中畢業時，因為成績優異，保送高中部。初中畢業時，林滿本來想要報考師範學校，但是她的母親擔心女兒師範學校畢業後，萬一分發至窮鄉僻壤、山巔水湄教書，他們會有多心疼啊！因此勸她打消這個念頭，留在虎尾女中唸書就好。

在大女婿的大哥極力推薦下，林滿的父母也對這門婚事樂觀其成，不過，開明的他們，並不想單方面決定女兒的婚事。徵詢了女兒的意見後，才知道兩個年輕人在學校已經互相熟識，並且頗聊得來。

「我父親去她家下聘時，我和她都照常在學校教書，既沒有請假，事後也沒有張揚。」訂婚後兩人才開始約會，下了課一起去看電影、吃飯。可以說，他們是在訂婚之後才開始正式交往，也才開始談戀愛。「所以我說，我和太太既是媒妁之言，也是自由戀愛。」這一對年輕未婚夫妻，在訂婚半年後結婚。結婚以前，學校的同事們都不曉得他們兩人早已是未婚夫妻，只當是交往中的男女朋友。

說起來，在那個年代，女生唸到高中，是很不得了的事。「土庫鎮上三、四個唸到高中畢業的女生，眼界都非常高。」林滿嫁給同是高中程度，在同一個小學當老師的黃昆輝，並不算是嫁得特別好。

新嫁娘住進夫家第三天就暗自啜泣。「她說，一看到廚房的灶上那麼大一口鍋，三合院裡人又那麼多，每天不知道要煮多少飯菜？還有牛、羊、豬、雞、鴨要餵，她擔心自己能不能適應這樣的生活？」不只老婆為自己未卜的前途哭泣，歸寧那天，幾個姊姊也是抱著她垂淚。結婚那天，疼愛小妹的姊姊們擔任「伴嫁」，陪小妹嫁到夫家。當她們看到小妹夫家和自己娘家及自己夫家差距甚大的環境，不禁心涼了半截，心疼小妹嫁過去可能要吃苦了。當下姊姊們雖擔心難過，卻又不好說什麼，歸寧那天，姊姊們抱著小妹，流下不捨的淚來。

「不知她們是因為同情妹妹嫁得不好而哭，還是覺得她嫁得太好了，所以喜極而泣？」黃昆輝自我解嘲的說。不過，後來他也曾以玩笑的方式向老婆抗議：「欸，當初是妳自己大步小步邁上迎娶的轎車，又沒有誰逼妳嫁，幹嘛還哭得那麼傷心！」

如果當初林滿的姊姊們料得到，日後這個妹婿的成就那般出類拔萃，那麼，當年那些淚水就真的是喜極而泣了！

我們不是「靠爸族」

婚後，小倆口一大早就各自騎著一輛腳踏車，去鎮上的土庫國小教書。一直到妻子懷有身孕，不太適合再騎著腳踏車，在顛簸的碎石子路上來回騎一長段時間，於是徵得雙方家長同意，小倆口暫時搬到土庫鎮上的岳家住，每週回老家一、兩次。

那時，黃昆輝已在土庫國小教了四年書。幾次和台中師範的好友相聚，他們都勸他再繼續升學：「唸師範大學以後的出路更廣，除了教書，還可以當督學，或是從事其他教育行政工作。」看著老同學們一個個都進了師範大學，他的確有些心動。「何況你的成績那麼好，不升學可惜。」還有同學提醒他：「你可以申請保送看看，每年有十二個名額。」

當他把升學的念頭告訴妻子時，妻子不但同意，還非常的鼓勵與支持。於是他先回到台中師範申請成績單，看看是否符合保送的資格。「成績單拿到手後才知道，原來我的畢業成績是班上第一名。」這樣的成績不但有保送資格，甚至保送到最高分的師範大學教育學系。

「民國四十八年，我要去師範大學唸書那一年，正好遭逢八七水災，開學日從九月延後至十月十五日。」開學後兩週，大女兒呱呱墜地。聽到女兒出世的消息，任憑心中有多麼的記掛，也只能等到週末，才能兼程趕回雲林。

五年後，民國五十三年，黃昆輝已自師範大學畢業一年，白天在萬華女中任教，晚上苦讀考研究所。才考上研究所開始上課時，二女兒也來報到了。「這兩個女兒出生時，我都不在太太身邊。」

兩個孩子已經相繼來人間報到，夫妻兩人卻仍各居南北兩地。他心想，既然還要繼續留在台北唸書，以及在台北教書，不如讓太太也調到台北教書，一家四口才能團圓。

爲了幫太太找尋調校的機會，黃昆輝竭盡全力到處打聽，終於打聽到台北市延平國小有教師缺額。「記得我去拜訪延平國小當時的校長楊文淵時，楊校長得知我正在唸師大教育研究所，還開玩笑說：『你在唸師大教育研究所喔？那以後你可以當台北市教育局局長了！』」沒想到這句玩笑話日後果眞應驗！

民國五十四年，太太辭別這些年來照顧、安置她及女兒的娘家，北上和先生團圓，自此結束了將近五年異地而居的婚姻生活。

平穩的婚姻生活才過兩年，當時已拿到碩士學位，並應聘在師範大學教育學系當講師的黃昆輝，於民國五十六年九月，受到教育部推薦，參加聯合國教科文組織（UNESCO）設立於印度之「亞洲教育計劃與行政研究所」（Asian Institute of Educational Planning and Administration）爲期五個月的培訓課程。動身前往那天，三女兒出生才第三天。

等到么兒出生那年——民國五十八年，他又遠在美國攻讀博士學位。「我出國時，太太已經懷有六個月的身孕。」他每週寫一封信給妻子，關心一下家中大大小小的狀況。預產期接近時，太太去函問他，打算給腹中胎兒取什麼名字？「我說，如果是男孩兒，就取名『嘉行』；倘若是女孩兒，就取名『芝行』，一語雙關，既可紀念芝加哥之行，又有『嘉言懿行』之意。」結果，這胎終於爲三個女兒添了一個小弟。

想到這四個孩子出生，或出生後不久，他都不在妻子身邊幫忙照顧、撫育，不禁面露愧色。「四個孩子的『養』和『育』，都是妻子一肩挑起，我在這方面，的確對她有所虧欠。」妻子的賢慧能幹，讓他能在學術上不斷精進，在仕途上全力以赴。縱使另一半心繫學生，乃至國家社會福祉，無法常相伴，也無法在家務上分憂解勞，她還是很稱職地在辛勤理家之外，把每個孩子教育得各擅勝場。

大女兒伶玲和三女兒韻姍，隨夫旅居美國，並各自在國際性的大企業擔任要職，二女兒馥莉和么兒嘉行留在國內任事。四個子女的發展，全靠自己的實力。「我的孩子們都很謙虛低調，而且有自己的主見，自己的安排，完全不是『靠爸族』！」他們從小就不喜歡沾染父親的光環，不依靠特權。無論父親位居多麼大的官職，他們都竭盡所能的低調，不讓別人知道「那位當大官的某某人」，就是他們的父親。

他們不僅不依靠父親的光環，而且也不認爲父親有什麼特別之處。在家中，子女和父親幾乎沒有什麼距離，「他們甚至還常常當面批評我，指出我哪裡做得不好。」疼愛子女的他，完全扮演不了嚴父的角色。「比較起來，孩子們還是比較怕媽媽，畢竟是媽媽管教得多。」

這四個有自己想法的子女，不但謀職靠自己，連求學也不會乖乖依照教育專家父親的建議。他曾試著鼓勵三個女兒從事教職，「女孩子當老師，工作穩定又較能照顧到家庭。」結果大女兒嗆他：「何必要一家子都當老師呀！」不過，大女兒當下雖不以爲然，但是師大英語系畢業以後，她也曾在松山高中教過英語課，後來因爲隨夫遷居美國，才離開教職。

三女兒當年捨棄台大的學系不唸，挑她有興趣的政大資訊系就讀時，的確讓他們夫妻感到很訝異。「不過，我們還是尊重她的決定。」後來，她又修了會計系的課，是政大當年唯一唸雙學位的畢業生。畢業後，課業表現出色的她，申請到美國常春藤盟校之一的康乃爾大學，繼續攻讀企管研究所。

這些孩子們低調、謙沖的行事作風其來有自，因爲他們的母親本身就是這樣的一個人。

一百零一分好太太

當黃昆輝出任台北市教育局局長時，太太不僅沒有「妻以夫爲貴」的神氣，反而告訴他：「你當了教育局局長以後，我在古亭國小要更認眞，付出更多，不能有半點特權。」而且，她從不過問也不介入先生的工作。只有一回，她以來自教育第一線者的反應，提供先生一個參考的意見。

妻子曾聽到剛從教育局開會返校的陳校長，以玩笑的語氣說：「我又去標工程回來了！」於是委婉提醒他：「你的革新計劃雖然很好，但有時也要考慮一下，校長和老師做得來嗎？」

妻子的正直、不忮不求，也讓他非常感動，而且非常感謝。「我感謝太太和我同心，且能配合我的原則。」黃昆輝感慨的說，許多政治人物守不住，大都是因爲太太的關係。「太太如果貪財，先生一定會敗！」此外，太太也不能干預先生的職務。「有些太太會建議先生讓這個人、那個人升職，誰知道這是太太自己的觀察、判斷，還是背後有人對她關說？」

妻子不但在官夫人的身分上，分寸拿捏得很好，做為一位名教授的夫人，她更是贏得許多學生的敬愛。當黃昆輝在師範大學教育研究所擔任教授、所長及教育系系主任時，常常邀學生來家中討論論文，太太對於這些莘莘學子，總是周到的做出一些飯菜、點心或宵夜讓他們打打牙祭。

當她聽到先生提起，一位以新加坡政府公費來台進修碩士學位的中學校長，因爲新加坡一年四季都是三十度左右的高溫，不曉得台灣竟然有冬季，因此沒有準備厚暖的被褥過冬。她心軟之餘，從家中翻出一床還沒有用過的棉被，要先生送給那個學生。

此外，先生的學生中，有不少是從國外來師範大學進修的，爲了溫暖這些異鄉學子的心和脾胃，每逢端午節，她就會多包些粽子，送給這些學生。

性喜廣結善緣的黃昆輝，無論是在杏壇或政壇，總是交遊廣闊，而且他喜歡把好友們帶到家中餐敘。對於突然冒出來的客人，做妻子的其實有過怨言，倒也不是因爲她教了一天書回到家，還要鑽進廚房忙得昏天暗地；而是她怕臨時端不出像樣的菜招待賓客。「我沒有要她烹調出什麼山珍海味呀，我的想法是，既然是好朋友，就不必介意和我一起粗茶淡飯。我日常吃什麼，他們就跟著我吃什麼就好了。」但是妻子總是會擔心招待不周，她嗔怪著：

「你這樣做會讓我『漏氣』！」她希望先生要事先告知，好讓她有時間計劃一下做什麼菜，買什麼食材。

後來有聽妻子的話改進了嗎？「有啦有啦，慢慢有在改啦……」黃昆輝露出罕見的調皮笑容，愈說愈小聲：「但是……本性難移啦！」就是因爲有那麼賢慧、通情達理的妻子，才能讓先生享有一點點耍賴的特權。

妻子不但要照顧老公，和老公的學生、好友的五臟廟，還要照顧老公的口袋。黃昆輝把薪水袋全數交給妻子後，就不再過問她怎麼運用。甚至零用錢的發放，也由妻子全權處理。「她會查看我口袋裡的錢還剩多少，發現錢快要不夠用了，就會自動補上。」妻子知道先生重視朋友，因此一定會在先生口袋塞進可以請三、四個朋友一頓飯的錢。

這是妻子的體貼，也是夫妻間的默契。有一次，妻子帶孩子回南部家鄉過暑假，她準備安置好孩子就先返回台北。太太和孩子出門的翌日早晨，黃昆輝一人到學校附近的早餐店用餐，吃完香酥可口的燒餅油條和豆漿，抹抹嘴，伸手往口袋裡掏錢，掏了半天，卻只掏出口袋的白色襯裡，這下糗大了！

就在他無計可施時，正巧瞥見台中師範的一位老同學陳重嶽。黃昆輝喜出望外，趕緊招手叫他。陳重嶽進入早餐店後，兩人愉快地寒暄。原來他此番北上，是爲了來師範大學暑期進修。黃昆輝招呼老同學一起吃早餐，同學表示他已經吃飽了。黃昆輝訕訕的撓撓頭說：

「那……來幫我付錢好了！」

那是太太唯一一次的失誤，因爲她想，很快就會回台北，所以忘了查看先生口袋裡的錢還夠不夠。不必操心錢的事，固然很有福氣，但是像碰到這種事，可就很洩氣囉！

黃昆輝在師大任教時，每個月的薪水包括土黃色紙袋裝的本薪，還有紅色紙袋裝的導師津貼，以及白色紙袋裝的超支鐘點費。無論拿到幾包紙袋，他一律向老婆大人雙手奉上。他常戲謔的說：「妳看，我賺的大包小包都交給妳了……。」

薪水全數交給太太，是他顧家的表現。除了「顧家」，太太讚賞他的還有「上進」、「誠懇」……。那他讚賞太太的地方呢？「她一輩子爲家庭、爲子女無怨無悔的付出。尤其我從事公職大半輩子，她一直都很守分、低調。總而言之，她是個能夠讓先生無後顧之憂的典型賢妻良母。」

這位牽手半個多世紀的賢內助，在他心中已不是滿分足以描繪。「我不只想給她打一百分，甚至還想打一百零一分！」在官場上看過那麼多官夫人後，黃昆輝覺得，他的牽手可以說是其中非常優秀的。「希望不要被人說是老王賣瓜。」言談中流露著幸福。看來，他對這段姻緣非常滿意。「何止滿意，是非常的幸福！」他嘴角上揚的說。

由於婚姻幸福美滿，常有新人渴望他爲自己的婚姻見證、祝福。當他受邀證婚時，總是不吝分享他的幸福婚姻觀：「涓滴成河的愛情最可貴；雲淡風輕的婚姻最幸福。」

遺憾的是，這百分之一百零一的幸福，現在卻添上了幾許「嘸甘」。妻子這兩、三年來，漸漸出現失智的跡象。爲了減緩妻子日漸褪色的記憶，全家人發揮愛的力量，努力釋放出關懷。他每天中午，儘可能從忙碌的公務中，抽空趕回家陪老伴吃個午餐、聊聊天；而遠在美國的大女兒，每週至少打一次電話回家，陪媽媽說說話；么兒一家則每週回家三、四次，跟爸爸媽媽共進晚餐。

當妻子看到他經常將幾個月大的孫女兒抱在懷中，還會對兒子酸老爸一下：「這個孫女，你爸爸抱最多了。你們姊弟小時候，你爸爸都沒有抱這麼多。」

此外，每兩年全家大小一定組團到世界各國旅遊，妻子雖然嚷嚷：「不要讓兒女花那麼多錢！」但看到她在旅遊途中心滿意足的笑靨，一切都值得了。

但願女主人漸漸失去的記憶，能被這些美好的新記憶塡補上。

相隔四十年，父母天上重逢

民國五十年初夏，大學才唸第二年，還來不及爲父親分憂解勞，他就因爲工作過度勞累，罹患重病。聽到父親病倒的消息，是他大二下學期開學不久的時候。「一得知父親罹患重病，我每週都會趕回雲林家鄉，一方面探望父親，一方面幫忙農事。」每次南下返鄉，旅途中，總是淒然想著父親的病情是否又加重了；而每次北上返校，又擔心父親孱弱的身軀，抵擋不住病魔的肆虐，而等不到他下次的探望……。忐忑不安的心情延續到暑假，終於可以全天候留在家鄉陪伴父親。

當他在烈日下拉牛車載「甘蔗種」時，常常淚水混在汗水中一起掉落。難道這片甘蔗田，這麼快就要失去父親耕作的身影了嗎？「爸爸是積勞成疾病倒的。他買來曬乾的花生，再將花生送往工廠脫殼，然後出售花生仁賺取差價。這份工作讓他成天被花生殼上的粉塵淹沒，又加上因爲生意不順，被親戚倒帳而煩憂，才會在身心受創的情形下罹患重症。」父親被診斷出罹患肝癌時，已經是末期了。

爲了減輕父親的痛楚，每隔一、兩週，他就會搭堂哥北上賣豬的卡車，前往衡陽路一家藥房買藥劑。堂哥的卡車在夜晚出發，黑黝黝的漫漫長路，黃昆輝了無睡意，有的只是無盡的哀思。這個藥方是家鄉鎭上的診所醫師開的，藥劑無法救治父親，只能減輕他的疼痛。

兩人披星戴月到了台北，堂哥把豬載到市場後，再將買好藥的他，一刻不停留地載回雲林。「想起父親病重這一段，眞會讓人流淚……。」哽咽的預告聲中，淚光已禁不住閃現。

深深的嘆了一口氣，黃昆輝忍不住想起，冬天夜裡，那個忍受著寒風，外出買麵線回來，煮一大碗香噴噴、熱騰騰的麻油麵線，幫妻子兒女暖暖胃的父親。「他煮的麵線眞是香啊！」那是父親唯一的拿手菜，那樣的香味濃濃的滲入記憶中，再也沒有人煮得出來。

暑假還沒有結束，父親就已經結束他短短五十歲的人生。「父親這一生，一點福都沒有享受到，他都是在吃苦。而且，他總是盡最大努力滿足我的需求。」黃昆輝想起那條閃亮、輕柔的西裝褲……。其實，父親早在他考上台中師範，當小學老師指日可待時，就已經體驗到父以子貴的福氣了。

相對於父親在不滿五十歲即因生活困頓殞沒，九十歲壽終正寢的母親，這一生可說是苦盡甘來、先苦後甘。「不過，卻是苦長甜短。七十五歲以後，媽媽肩上的擔子才慢慢卸下。」黃昆輝一直很心疼，個頭嬌小的母親，卻扛下了一家子的重擔。「媽媽的肩膀眞的很硬！」他感慨的說。「她的個性就像名字『張忍』一樣，很能忍！」

父親過世時，小弟才上小學，小妹甚至連上小學的年紀都還不到。已經結婚生子的二弟，本來還能幫母親分憂解勞，但因弟媳產後枉死於結紮手術，母親遂「阿嬤代母職」，幫忙照顧這五個年幼失恃的孫兒女。「媽媽眞是辛苦，自己的兒女好不容易拉拔大，又要從頭照顧五個稚齡孫兒女。」

幸好這五個阿嬤一手帶大的孫兒女，長大以後對阿嬤非常孝順，即使嫁娶了，仍然常常回家鄉探望、陪伴阿嬤。「有孫兒、孫女陪伴，所以媽媽都不太願意來台北和我一起住。」黃昆輝既欣慰又有點無奈的說。難得點頭讓長子載到台北的母親，大都只待一、兩個禮拜就回家鄉，「最長的一次，也只住了一個月。」

這也難怪，雲林的家鄉是她生長一輩子的地方。陌生的台北，車水馬龍，行人匆匆，連大兒子、媳婦，還有孫兒女們，也都早出晚歸，要她一個習慣天寬地闊、綠樹阡陌迤邐，鄰居見面從「呷飽未」聊到孫子「娶某未」的老人家如何住得慣？母親回家鄉後，他總在心裡念著：「媽媽下次不知道什麼時候才會再來台北？」有一次他想到以探望小舅舅的理由，勸誘母親北上。

以前在虎尾鎮上開牙醫診所的小舅舅，後來舉家搬遷到日本行醫。等到兒女成家立業，小舅舅和舅媽又搬到美國與當醫生及事業有成的兩個兒子同住。上了年紀以後，小舅舅愈來愈想念家鄉的土地和親人。就在大兒子受聘回到花蓮門諾醫院擔任副院長時，他也乘便返台定居。但是大兒子任期屆滿返回美國時，小舅舅卻不願再隨他去美國。

於是，身為虔誠基督徒的女兒和女婿，就幫父親爭取入住雙連基督教長老教會所屬的養老院。這所養老院設備完善，環境幽雅，小舅舅住得很是滿意。但是看在母親眼裡，卻十分心疼。「媽媽一看到舅舅就說：『和東啊，你有兒子媳婦，為什麼一個人住在這裡？』然後就和舅舅相擁而泣。」在母親那一輩鄉下人的觀念裡，父母理應和子女住在一起。不過，從這樣的喟嘆也感覺得出，母親對於她自己兒孫環繞膝下，爭相噓寒問暖的老年，甚是滿意。

「母親堅忍不拔的精神，在鄉里間頗受好評。一九九〇年，母親還當選『模範母親』，受到省政府的表揚。」母親一直享壽到九十歲才壽終正寢。「母親突然覺得呼吸不順，隨即失去意識，不到十分鐘就往生，可以說一點痛苦也沒有。」

母親往生時，黃昆輝刻在美國擔任訪問學者。他匆匆趕回台灣處理母親後事，不想驚動任何高層，但是當時的行政院長游錫堃、立法院長王金平及前總統李登輝等政要，都上門弔唁，可說是備極哀榮。

過了幾年，黃昆輝在石門附近的西華山，新建了一座家族墓園，並將埋葬在荒煙蔓草中的父親，和葬在墓園的母親，一起移往景色幽靜的家族墓園。相隔四十年，父母終於又能夠相依相伴了。

難能可貴的是，幾個早已嫁作人婦的姪女們，始終不曾忘懷阿嬤的養育之恩，每逢清明節，一定會攜家帶眷前來祭拜。比起父親驟逝那年的痛心疾首，母親的辭世，黃昆輝在哀痛中還有更多的祝福。相信母親此去應該能含笑九泉了。

吃苦當吃補——服兵役

在土庫國小教了一個學期以後，民國四十五年二月，黃昆輝收到服役通知單，於是前往高雄鳳山的陸軍官校，服預備士官役。雖然只是短短四個月的預備士官役，但是軍中特有的各項魔鬼訓練，一樣也不含糊。

南部的太陽，過了三月就非常強烈。「我們幾乎都是在大太陽下出操。」在那般熾熱的陽光下，光是走幾步路就熱得幾乎中暑，他們卻還要全副武裝，穿戴一身厚重，荷槍在溪邊的碎石子地，或是在起伏不定的高地匍匐前進、奔跑跳躍。

有時，在高地曬了一整個上午，解散後，卻要他們立刻跑向校門口集合，最晚到的三分之一，週日就要被禁足，並且罰洗廁所、整理花園等勞動服務。「營區裡的清掃、整理花圃等工作，就是靠這些倒數三分之一的阿兵哥們完成的。」

「最折磨人的就是，出操回來開始沖澡時，全身剛抹上肥皂，就傳來要我們緊急集合的哨聲！」如果不立刻把衣服套在滿是肥皂的身上，那就得成爲倒數三分之一了。

還有，「夜間緊急集合」也是一項讓大家神經緊繃的訓練。當大夥兒睡到半夜，迷迷糊糊之際，突然響起了「三分鐘內整裝完畢，到部隊門前集合！」的哨聲。當然，倒數三分之一又要被禁足了。有些比較機伶的同袍，想出了半夜先穿戴整齊就能高枕無憂的妙招，沒想到，「道高一尺，魔高一丈」。經驗豐富的長官們，早就料到每年都會有一些玩小聰明的人，於是想出了整人的奇招——當緊急集合的哨音一響，就要求他們把衣褲全都反過來穿。這下那些已經穿戴好的「聰明人」，就得花加倍的時間整裝了。

在每一次的訓練中，體力過人且動作迅速的黃昆輝，從來沒有落入倒數三分之一的行列。尤其是汗如雨下的操練之後的課程，大多數人都累得昏昏欲睡，而黃昆輝卻始終抖擻著精神認眞聽講，遇到長官提問，他還能舉手對答如流。「我還因爲三度答對問題，而放了三次特別假！」

除了得到振奮人心的特別假，在結訓前國防部教育總考評時，他還被指派爲演習時的總司令。能夠擔任總司令，可是一項高度的肯定。「大概是因爲我的動作都做得很標準，上課也很認眞，所以長官對我有印象吧！」

看來，農村子弟吃苦耐勞的生活體驗，加了不少分。雖然他也會和大夥兒一起發發牢騷，抱怨一下長官們「整人爲快樂之本」的行徑，但他完全沒有適應不良的問題，「我很認同軍人就是要服從，而所有的訓練就是在訓練軍人服從，所以我並不會覺得不合理。」

「不過，頭兩個月完全不能離開營區，也不能會客，的確很難熬！」此外，常常吃不飽，也讓他不太好受。

「每天吃早餐的時候，大家都會爭著坐在離稀飯桶最近的位置。」一桌八個人的餐桌，饅頭一人一顆，稀飯只夠盛十二碗。開動後，大夥兒唏哩呼嚕把稀飯囫圇吞棗下肚，爲的是趕緊去盛第二碗。第二碗稀飯到手後，才能放心的吃饅頭。碰到同袍輪值伙夫時，他們就會把廚房剩下的饅頭拿回來分享弟兄。對於這多出來的一顆饅頭，他們可是把它當寶貝一樣，小心翼翼藏在衣櫃裡。「每次出操總是又累又餓，回到營房如果有饅頭可以啃，那就太享受了！」一直到現在，他還是想不透，爲什麼稀飯不多煮一些？「至少要讓每個人都可以吃兩碗呀！」

在投擲手榴彈演習那次，差點釀成可怕的悲劇，幸虧英勇的排長力挽狂瀾，才有驚無險度過。那次，排在黃昆輝前排有位弟兄，在與他們有一小段距離的隔鄰山凹處投擲手榴彈，他因爲過於緊張，手榴彈沒有丟出去，就這麼掉落在腳邊。千鈞一髮之際，一道黑影跳下來，以迅雷不及掩耳的身手，快速撿起手榴彈，用力丟出去，抓著那位弟兄壓在地上，自己也跟著趴下。就在他倆剛趴下，手榴彈應聲爆炸！

兩人除了沾滿被炸起的塵土，毫髮未傷。那位嚇傻了的弟兄，激動得不停抽搐，繼而失聲痛哭。而那位身手矯健、反應靈敏的英勇排長，受到了軍中表揚。他那番在幾秒鐘內完成的連續動作，不僅救了那位弟兄的命，「也救了所有近在咫尺的我們。」那位弟兄的父母得知這件事後，特地做了匾額，敲鑼打鼓來軍中向這位英勇排長致敬。

四個月的預備士官役服畢後，黃昆輝覺得自己的體能又增進不少，並且更能夠吃苦耐勞。「也建立了國家觀念。」

1

3

2

4

5

6

7

8

9

1 一九六九年八月二十三日，赴美進修博士學位，妻子在松山機場送機。

2 一九六九年，特地在出國留學前，與妻子去相館拍照留念。這張相片帶在身上，以慰相思之苦。

3 父子倆笑得多開心！攝於一九七二年，雲林東勢鄉四阿姨家附近。

4 瞧瞧這兩個小天使！三女兒及么兒，攝於一九七六年。

5 像不像爸爸呀？攝於一九七八年。

6 手足情深。四個子女攝於家中。

7 一九八五年，大女兒出閣。

8 大女兒伶玲，陪妻子參加三女兒韻姍的高中畢業典禮。攝於一九八六年六月十二日。

9 一九九八年，三女兒於美國維吉尼亞州舉行婚禮。

【求學篇Ⅱ】

一流的學府，一流的師資

民國四十八年，台中師範畢業四年後，黃昆輝又重拾書本，進入師範大學教育學系繼續求學生涯。過去這四年間，他已經在土庫國小教了四年書，也服過兵役，甚至已娶妻生女。

向英語宣戰

和同班同學比起來，他不僅年長四歲，也跨入下一個人生階段——結婚生子。如今能夠重回學生身分繼續求學，他分外珍惜。因此，當其他同學們放鬆因拼升學而緊繃的神經，開始享受海闊天空的大學生活時，他不但比別人更認眞唸書，還承擔起爲同學、老師服務的班長職責。而且一當就是四年，後來還贏得一個「永遠的班長」封號。「其實，有一個學期我沒有當班長。」

「我之所以稱他爲『永遠的班長』，主要是因爲他不僅在大學時期爲班上的同學服務，畢業後的同學會也都是他在召集、連絡。在國外任教、定居的同學一回國，都是先找他，他再連絡大家相聚。」簡茂發（師大同班同學，現爲師範大學榮譽教授，曾任師大校長）說。

除了班長這項無給職的工作，他還利用課餘時間打工。進大學不久，親戚就幫他介紹了一份家教的工作。每個星期擔任家教三天，就不需要妻子貼補他生活費了。「做完家教回到宿舍，已經晚上十點了。師大的宿舍規定十點關燈，我只好到學校的餐廳唸書、寫報告。」

後來因爲要補習英文，賺來的家教收入正好全數用來繳交補習費。說起黃昆輝的英文奮鬥史，就要從大一的第一堂英語震撼課講起。當時那位畢業自師大英語研究所的屈承熹老師，上第一堂英語課時，一進教室就以英語嘰哩呱啦講個不停。一些畢業自明星高中的同學，或點頭或微笑，一副了然於胸的表情，看得黃昆輝心裡暗自發慌。和他一樣像傻鴨子聽雷的學生，大概還有幾個，想必也是從不重視英語教學的師範學校畢業的。

講了一長串以後，屈老師想要驗收看看，學生們到底聽懂多少？由於那時點名簿還沒有做好，於是他從桌上滿滿一堆上課證中隨機抽選。一抽就抽到正在拜託阿彌陀佛，不要讓他被抽到的黃昆輝。當屈老師以英語問他聽懂了多少時，「老實說，我連他問的這句話都沒有聽懂！」說到這兒，黃昆輝不好意思的笑起來。

下課後，那些畢業自明星高中的同學，圍繞著屈老師，一會兒中文，一會兒英語，愉快地和老師交談著。黃昆輝站在離他們一段距離的角落，悽苦地想著往後的英語期中考、期末考……，不禁在心中嘆息：「唉～大學要怎麼過呀！」

不過，沒關係，英語程度雖然不如人，吃苦耐勞的精神可是不輸人的。他下定決心要和英語奮戰！於是選了一家口碑不錯的美語補習班，開始每週補習英語三天。

有次騎腳踏車去補習班時，遇到台南師範畢業的蘇鴻壬也騎著腳踏車，和他往同樣的方向。他們邊騎邊聊，聊開了以後才知道，蘇鴻壬也是要去那家美語補習班上課。「他比我還慘，他考上的是師大英語系，英語的要求比我更高。」於是兩人約定好，以後補習時要結伴而行，在往返的途中，練習以英語交談。

從那天起，每週三天，兩個騎著腳踏車的年輕人，一路上以只有他們兩人才聽得懂的英語，邊騎邊對話。

黃昆輝除了在校外補習英語外，平時也加倍努力，苦讀老師規定的書，遇有不懂的地方，就利用下課時間，拖著英語能力好的同學，爲他釋疑解惑。這麼努力的結果，期中考一舉考了八十幾分，連許多曾被他拖著問問題的同學，都沒有他考得好。「但我心裡明白，會背、會寫，不等於英文的聽、說程度好。」

爲了提升英語的聽力，他買了錄音機、錄音帶，一有空就反覆聆聽誦讀。遇到附近教會舉辦外籍修女的英語佈道，他也一定會把握時機，上教堂練習聽力。

日後當他負笈美國攻讀博士學位時，老師在課堂上講了一個笑話，他也很「合群」的跟著笑。老師問他：「What are you laughing about?」他俏皮地回答：「I am laughing what you are laughing about.」這次他聽懂老師的問題了。不過，至於笑話的內容，他其實似懂非懂。

「說到學英語這件事，我忍不住要說，他的眼光真的比別人看得遠，總是走在別人前面。」陳奎憙（師大同班同學，師大退休教授）說。陳奎憙雖然也被英語老師震撼到，但是當他還在猶豫，究竟是要去兼家教賺錢，還是去補習英文時，黃昆輝同學已經率先補習去了。後來看到黃同學的進步，他才趕緊跟進。

「師範學校畢業的學生是自認爲英文程度不好，其實他們後來大都超越了我們。」簡茂發說。從嘉義高中畢業的簡茂發，雖然大一的英語並沒有跟不上的問題，但是慢慢發現，普通高中畢業的學生，英語進步的程度不及師範學校畢業的學生，「他們不僅迎頭趕上，甚至還超越我們。」

「那是因爲，我們整個大學期間，幾乎花一半的時間在苦讀英文。」陳奎憙接著說。陳奎憙和黃昆輝在台中師範學校同屆但不同班，師範學校不及普通高中般重視英文教育，英語課不過是聊備一格，「我們等於是以初中的英語程度在唸大學。」但是不服輸的陳奎憙和黃昆輝，並沒有選擇師大爲師範學校畢業學生而設的「英語特別班」，而是參加一般程度的英語班來向自己挑戰。

儘管英文追得很辛苦，但是有項科目黃昆輝倒是非常的傑出。師範大學的文學院、理學院和教育學院聯合舉辦「三民主義會考」時，他得到全校第一名，還獲得一千元的獎學金。這項會考可不是所有的學生都能夠參加的，而是由任課的三民主義老師，先選出該學院各系成績優秀者，再與其他學院各系成績優良者角逐前三名。黃昆輝不但在教育學院榮獲第一名，更是擊敗了文學院和理學院的強手，得到全校第一名。

「黃昆輝除了會唸書，更是多才多藝。他寫的稿子，在一個廣播電台廣播過，這篇稿子不但被電台選播，還因此得到『佛學獎學金』。因為有這樣一段因緣，黃昆輝日後更被《慧炬雜誌》聘為榮譽董事。」簡茂發說。

黃昆輝補充說明：「當時，大學的社團並不普及，周宣德居士在台大、師大和中興大學，都創辦了佛學學術化的社團。他在師大創立的是『中道社』，我們都是創社學員。」宗教思想一向與心理學、哲學息息相關，這些求知若渴的青年學子，當然不願錯過學習的機會。「浴佛節前舉辦了徵文比賽，我寫的題目是『佛學與人生』，很幸運地，我的文章不但入選前十名，甚至得到第二名。因此被正聲廣播電台邀請上節目誦讀我的文章。」想到自己在二十歲出頭，對佛學「只懂得一點皮毛」的情形下，竟然敢寫「佛學與人生」這麼廣博、深邃的主題，黃昆輝忍不住笑了。

在體育運動方面，喜愛籃球的黃昆輝，常常帶領同學們去看籃球比賽。「我記得，當時亞洲各國的籃球比賽，都在『三軍球場』*舉辦。只要有籃球比賽，身爲班長的黃昆輝，就會召集大家一起去看。」簡茂發說。

「我們教育系五十二級的讀書風氣特別好，歷屆很少能超越我們。」黃昆輝的同班同學中，出了好幾位大學校長（如簡茂發、毛連塭等），還有幾位台北市教育局局長（如毛連塭、黃昆輝等），以及幾位教育廳廳長（如陳英豪、黃昆輝等）。「而且我們班的溫世頌，尚未進入師大，就已經參加高考。師大開學後不久，高考放榜，他考中了高考狀元。劉安彥和葉文堂也在大二考上高考。」溫世頌和劉安彥日後赴美攻讀博士學位後，即留在美國大學任教。而在美國留學，和黃昆輝再度成爲同學的毛連塭，是黃昆輝口中的特教界翹楚。「他在台南師範學院任教時，實施『盲生走讀計劃』，教導盲生克服眼盲的學習障礙，回歸一般的學習管道。」毛連塭過世時，黃昆輝特地寫了一篇文章悼念他，標題即是：「盲生之友，特教推手」。

在同班四十七個同學中，師範生佔了十八位。「師範生比普通高中畢業生的社會歷練

* 三軍球場位於總統府對面右側介壽路旁，現改名爲凱達格蘭大道。三軍球場曾有一段輝煌的歷史，四〇年代舉辦的四強籃球比賽，競爭非常激烈，風靡了所有的籃球迷。四強比賽的球隊有七虎、警光、鐵路、籃聲等。遇有精采比賽，球迷們爭先恐後排隊買票。買不到票的球迷大失所望下，只有從收音機收聽現場實況轉播。

多，也更珍惜再次唸書的機會，因此求知欲非常旺盛。」也許是在師範生的影響、帶動下，全班的表現才會如此傑出！「不過，我們除了會唸書，也懂得玩。」黃班長常常在假日辦活動、辦郊遊，除了調劑身心，也製造機會讓同學們結交男女朋友。

會玩會唸書外，還有一件讓黃昆輝津津樂道的事，「我們四一二寢室得到全校宿舍整潔比賽第一名！」看來，同寢室的劉安彥、葉文堂、陳英豪、黃昆輝等幾個大男生，當時一定大大顛覆了「男生宿舍像豬窩」的刻板印象。

「我們那一班的感情不但在大學四年非常融洽，一直到現在，都還常常舉辦同學會。」惜情的黃昆輝欣慰的說。

名師出高徒

黃昆輝在師大就讀期間，深深感受到名師如雲，「受到這些名師啓發，更加深我對教育的興趣，願意終生爲教育奉獻。」

在這些如雲的名師當中，他有幸親炙其中幾位的諄諄教誨。

剛唸大一，就遇到一位大師級的教授孫亢曾。「我後來發現，原來他就是台中師範時期唸的教科書《教育概論》的作者。」這位令他仰之彌高的作者，如今不僅就在眼前，還教他們大一新生的「教育概論」。黃昆輝認爲，教育概論最不容易教，因爲如果老師教得好，就能夠奠定學生當老師的興趣，如果教得不好，就會減損學生從事教育工作的熱情。「所以學校通常都會安排最具教學經驗，教育見解最爐火純青，而且講課簡明扼要、引人入勝的老師來擔任。」

孫亢曾老師果然是教「教育概論」非常稱職的老師。他以淺顯易懂的辭彙深入分析，「而且他的教材每年都與日俱進更新，不是一本教材用十年那種教授。」雖然孫亢曾老師的教材不是一本用十年，但是他的教學熱忱與投入，卻是數十年未變。「他常常愈說愈起勁而忘了要下課。」

「不過，大一剛接觸到孫老師時，常會對他不怒而威的神態敬畏三分。」等到升上大四，再上孫亢曾老師教的「比較教育」時，敬畏已完全轉變爲敬佩。「孫老師是國內『比較教育』的泰斗。他從社會文化背景、政治制度、經濟發展、國際教育思潮來評論各國的教育。」受到孫亢曾老師的啓發，黃昆輝在研究教育課題時，常會拿各國的教育作比較。「孫老師最常以《中庸》的『致廣大而盡精微』來提點我們。」

從孫亢曾教授身上，黃昆輝耳濡目染了「學不厭、教不倦、充滿熱忱、眼光放大」的教學精神。

大二時，教育系開的「西洋教育史」課程，來了一位儀表出衆、氣宇不凡的楊亮功老師。「楊亮功老師的儀表、談吐、風範，讓人看了打從心底欣賞、喜歡，而且他和藹可親又不失威嚴。」

楊亮功（1895-1992），安徽省巢縣人。早年赴美留學，一九二七年獲美國紐約大學哲學博士學位。曾任安徽大學校長、監察委員、二二八事件調查委員、監察院祕書長、考試院長、逢甲大學董事、東吳大學董事長等，公餘之暇抽空到師範大學兼課。

「楊亮功老師上課使用他自己編的講義，講起課來旁徵博引，特別強調西洋教育史的『史實』部分。他的教育理念是以『人文主義』爲中心，他認爲，一部教育史等於一部人文主義教育的活動記載。」

楊亮功的理念深深影響了黃昆輝，日後他就讀研究所，即選定楊亮功做爲他的論文指導教授。「唸教育研究所時，所長田培林教授鼓勵研究生研究教育思想，因爲他認爲，教育思想是研究教育最重要的一環。」

黃昆輝想起，楊亮功老師常在課堂上闡釋約翰・杜威（John Dewey, 1859-1952，美國哲學家和教育家），以及威廉・赫德・克伯屈（William Heard Kilpatrick, 1871-1965，美國教育學者，約翰・杜威的弟子、同事，且是杜威在哥倫比亞大學的繼任者）的著名教育思想——「進步主義的教育方法」。「楊亮功老師在美國唸書時，正逢杜威和克伯屈的教育思想，在美國最昌盛、得勢的時期。」杜威寫了一本《民本主義與教育》（*Democracy and Education*）（或譯為《民主主義與教育》)，在美國教育界蔚為思潮。

「楊亮功老師闡釋起杜威的學說，可以說是極盡精微，而且淋漓盡致。」黃昆輝非常認同杜威和克伯屈所提出的「教育即生活」、「教育沒有目的，成長就是目的」等論述。

考量到研究杜威學說的論文已汗牛充棟，黃昆輝決定另闢蹊徑，以「克伯屈的教育思想」做為碩士論文的題目。論文主題一決定，黃昆輝最大的期望就是，楊亮功老師能夠擔任他的指導教授，因為他對杜威和克伯屈的研究最深入、透徹。但是楊亮功公務繁忙，不知是否請得動？沒想到，甚少擔任指導教授的楊亮功，一口就答應了黃昆輝的請求。

「我那時擔任教育系助教，楊亮功老師下課時偶爾會到教育系的系辦公室坐一坐，他大概是想，能夠當助教的人，程度應該不差。而且我研究的題目正好是他所擅長的，所以才願意當我的碩士論文指導教授吧！」不過，楊亮功也坦白告訴他，由於公務繁重，可以指導的時間有限，論文指導完成的時間可能要比別人長一些。「反正我當助教，必須比一般研究生多唸一年才能畢業，所以正好有時間讓楊亮功老師慢慢修改我的論文。」

楊亮功一開始就將關於克伯屈的許多私房資料提供給他，並做重點指引，讓他尚未動筆，就已經在心中有了大致的方向。有了方向以後，寫起來自然順利許多。每當他寫完一部分，就打游擊式的逮住楊亮功任何有空檔的時間就教。有時是利用楊亮功到師大授課的下課時間；有時是捧著論文，登門造訪楊亮功位在長安東路的家。

「楊亮功老師雖然忙，可是指導我的論文卻一點兒也不馬虎，甚至是字斟句酌。」最讓他印象深刻的兩次是：「我將 Dynamic process 譯為『動態的歷程』，楊亮功老師卻認為『動的歷程』較貼切。」又如，黃昆輝在論文的緒論中，用了「千巖競秀，萬河爭流」來形容當時繁多的教育思潮派別。「楊亮功老師說我的形容詞用得重了一些，但精神正確。」也就是雖不滿意，但還可以接受。

在楊亮功嚴謹精闢的指導下，黃昆輝終於完成一篇不流於俗，而且頗具參考價值的碩士論文。

「我特別要提的是，大家不要只看到黃昆輝先生在教育行政的貢獻與輝煌成就，還要肯定他在教育思想（理念）的貢獻，因為自杜威、克伯屈、楊亮功到黃昆輝的一脈相傳，是非常難得的。」簡茂發說。「學術是行政的基礎，他是學而優則仕。」

提攜同上康莊

黃昆輝升上大學二年級時，遇見日後聘他為教育系助教的貴人——林本教授。講授「中等教育」的林本教授（字本僑，祖籍寧波，1898-1989），是留學日本的學者，林本教授的專長在於中等教育的制度與課程。「林本老師曾說，中等教育的制度與課程最難安排，因為它涉及了學生的分流。也就是分爲前期的初中和後期的高中、高職和五專前三年。」

「林本老師影響我最深的理念有三個：一是，中等教育的功能包括『試探』（exploration）與『分化』（differentiation）。」黃昆輝進一步闡述，所謂「試探」，就是學生到了初中階段，要開始爲他們進行試探、諮商、輔導，以瞭解學生畢業後是要走升高中、大學的路；還是走技職教育的路，習得一技之長後，與社會接軌；而高中分爲文史、數理、音樂、體育等組別，以及技職教育分成美術設計、家政護理、商業、農業、工業等技職學校，就是中等教育的「分化」。

「第二個影響我的理念是，教育人才的培育應該兼具『通才』（To know something about everything）與『專才』（To know everything about something），且專才要建立在通才之上，由博而精；最後一個是，做爲一個老師，最重要的是，要懷抱著『教育信念』和『教育熱忱』。缺乏信念與熱忱，就會淪爲一名販賣知識的教書匠。」

在黃昆輝眼中，林本老師本身就是一位兼具「教育信念」和「教育熱忱」的良師。

大學畢業後，黃昆輝被分派至萬華女中任教，當時他已有在政府機關從事教育行政工作的打算。「如果去教育局做事，影響的層面將會更廣。」於是他白天教書，晚上自修準備考高考。知道他在準備高考的陳進福學長建議他：「高考和研究所考試的科目差不了多少，不如兩種考試一起準備。」他想想也對，於是從善如流，兩種考試一起參加。

高考放榜時，他以不錯的成績考上教育行政人員。有一天，他在位於廣照宮附近的二樓租屋處時，樓梯間傳來雨傘「叩！叩！叩」敲在階梯的聲音。聲音在門口停止後，接著門鈴聲響起。一開門，原來是雲林同鄉林清江（一九九八年曾任教育部部長）登門造訪。林清江當時在師大社教系擔任助教，他雖然在畢業當年即考上教育研究所，但因服兵役而保留學籍一年，服完兵役再回到師大，修習研究所課程。

閒話家常之後，林清江恭賀黃昆輝考上師範大學教育研究所，即將與他成為同學。看黃昆輝一臉茫然，林清江又問：「你不知道自己考上研究所了嗎？」黃昆輝搖搖頭說：「我覺得考得很差，不敢去看放榜單。」沒想到，他不但考上，而且和高考一樣都名列前茅。

「我和黃昆輝同一年考上教育研究所。聽說，那一年的命題老師認為，教育研究所的學生，英語也要非常突出，因此，我們的英語考題和英語研究所的考題一致。」簡茂發笑著說：「結果，四位考上教育研究所的學生當中，英語成績最高的是三十三分。」看到這樣的結果，教育研究所的教授們才瞭解到，這樣的想法陳義過高，此後遂改成和英語研究所不同的英語考題。

自認為考得很差，沒有信心去看榜單的黃昆輝，大概就是被一問三不知的英語試題打擊到了。

黃昆輝當初只是抱著「高考和研究所兩種都考比較划得來」的心態考考看，一旦都金榜題名，他倒不知如何抉擇了。後來，一些已經在唸研究所及考上國外留學的學長們，紛紛給他建議：「教育研究所一年只錄取四個人，能夠考上非常不容易，而且畢業後既可以留在師大當講師，也可以去當中學校長，或者是出國留學，發展的路更寬廣。何況，高考考上了，資格可以保留，以後想從事公職還有機會。」

就這樣，黃昆輝捨高考而繼續攻讀研究所。進入研究所後，他還不忘鼓勵同窗好友陳奎憙繼續進修。「說到這裡，我又要再次稱讚他，他眞的是眼光看得比我前面。」陳奎憙說，當他分發到家鄉的員林高中教書時，本以爲日子就這麼過下去，再加上已經成家，心想，就這樣平平順順的過日子也沒有什麼不好。但是，老同學黃昆輝卻認爲，以他的成績，就這麼中斷學業太可惜。

在黃昆輝同學的鼓勵與肯定下，陳奎憙心中那股奮發向上的念頭終於被激起，決定重拾書本苦讀，就在那一年，他以第一名的成績考上教育研究所。「黃昆輝還熱心的把他自己準備高考和研究所的資料，全部都提供給我。」陳奎憙語帶感謝的說。

黃昆輝進入研究所的第一年，把原先在萬華女中日間部教學的工作，改調至夜間部，因此，他白天上完研究所的課，傍晚必須接著趕往萬華女中教書，晚上十點左右下課後回到家，還要繼續研讀資料、撰寫研究所老師規定的報告。可以說是蠟燭三頭燒。

升上研究所二年級時，大二教過他的林本老師，時任教育系系主任，林本老師看了他優異的課業成績後，決定聘他擔任教育系助教。「非常感謝林本老師聘我當助教，讓我白天一邊唸書，一邊還有工作可做。」

「我也很感謝黃昆輝，當我考上教育研究所時，他向系主任推薦我擔任教育系助教。」陳奎憙說。師大教育系、教研所聘任的助教或助理，若非教育系第一名畢業，就是第一名考上研究所的學生。黃昆輝得知老同學以第一名成績考上教育研究所後，自是不遺餘力推薦。

日後當陳奎憙自英國取得博士學位歸國，時任教育研究所所長及教育系系主任的黃昆輝，繼續發揮愛才與照顧老同學的熱忱，聘請陳奎憙擔任教育系副教授。「沒有黃昆輝的鼓勵與推薦，我不可能繼續唸博士，也不可能成爲教授，這是我一輩子都要感謝他的事。」

簡茂發在黃昆輝之後接任教育研究所所長，他說：「也許我接任教育研究所所長，也是黃昆輝推薦的。他暗中幫了我們，我們都不知道呢！」簡茂發笑稱，師大畢業的人，常會對優秀的師大人「提攜同上康莊」。

終生受用的教誨

在黃昆輝研讀研究所三年期間，與他關係最密切，以及從他們身上得到最多私淑學習的，除了林本教授和碩士論文指導教授楊亮功外，還有教育研究所所長田培林教授，以及甫從美國留學歸國的賈馥茗教授。

田培林（1893-1975），字伯蒼，河南省襄城縣人。民國二十四年留學德國。田培林在德國柏林留學時，師從愛德華・斯普朗格（Eduard Spranger, 1882-1963），他是德國文化教育學派的主要代表人物，曾任柏林大學哲學和教育學教授長達二十五年，建立文化教育學派的教育主張與理論基礎。

田培林獲柏林大學哲學博士學位後，返回中國大陸，並曾任西南聯大師範學院教育系教授、國立同濟大學教授、國立河南大學校長、西北農學院院長。民國三十八年，田培林隨政府遷臺，出任臺灣省立師範學院教育學系教授兼系主任；師院改制爲臺灣省立師範大學後，擔任教育學院院長。一九五五年創辦師大教育研究所並兼任所長；一九七一年九月退休，一九七五年五月逝世。

黃昆輝唸師大教育研究所時，年高德劭、學術地位受人尊崇的田培林教授，除了繼續在他一手創辦的師大教育研究所擔任所長，以及在教育學院擔任院長外，已鮮少授課。「田老師算是我們師公級的老師，我雖然沒有機會受教於他，但還是有幸聆聽他的演講。田老師說話簡明扼要，邏輯嚴謹。」

黃昆輝在台中師範唸的教科書《教育史》，就是田培林教授所著。「田老師用字遣辭淺顯易懂、層次分明，不會賣弄艱澀的文字，讓人一讀就懂，而且印象深刻。只要唸通教育史，就一通百通了。」

田培林所提出的「教育之愛」（黃昆輝擔任教育研究所所長時，簡化為「教育愛」），對教育系所所有的學生，產生極為深刻的啓發與影響。

黃昆輝接著娓娓道出田師教育之愛的主要意涵：「教育若缺少愛就沒有熱情，沒有影響力。教育之愛有別於父母子女間親情之愛，也別於男女情愛，它是愛所有的受教者。人固然有上智下愚，賢與不肖之分，但都具有發展的潛能與生機，有未來能貢獻社會的可能，所以要愛所有受教者的發展潛力。教育愛是一種不求回報的給予，只有『施』而沒有半點『受』的成分。學生的潛力發揮出來，就是對老師最好的回報。」

黃昆輝雖然沒有機會受教於田培林的門下，但卻因為兼任教育研究所助理，有幸得到他更直接、更親近的教誨。

有一次，田培林所長要黃昆輝整理出歷屆研究所畢業生的通訊錄。黃昆輝埋頭忙了好一陣子後，很有信心的把自認為整理完善，甚至近乎完美的通訊錄呈給田培林所長。田所長看了以後問：「每一屆有三到四位畢業生，這幾位畢業生的先後順序，你是依據什麼排列的？」黃昆輝被問得愣了一下，想一想後回答：「按照往例。」「往例是什麼？是畢業屆次？姓氏筆劃？還是出生年月日？或是成績優劣？」所長的聲調，隨著一個接著一個的問號，不斷地往上提，黃昆輝一時張口結舌，無言以對。田培林所長繼續教誨：「做事情要有原則，不可以隨隨便便跟著做。」

田培林老師這麼一提點，讓他有如茅塞頓開，充分瞭解到「原則」的重要性。日後當他榮任教育研究所所長暨教育系系主任時，曾到田培林老師家中向他請益，田培林老師語重心長的告誡他，擔任行政工作，一定要「堅守原則，廣結善緣。」「而且，廣結善緣一定要在堅守原則的基礎下。『廣結善緣』是爲了維護『堅守原則』。不能爲了建立人際關係而犧牲原則。」

「堅守原則，廣結善緣」這八個字，黃昆輝謹記在心，日後從事行政工作時，更是感同身受。「做行政工作如果想討好每個人，而沒有堅守自己的原則，到最後反而會得罪所有的人。」這不啻是田培林老師，爲他個人所上的最寶貴的一課。

教育研究所所長田培林教授的得意門生賈馥茗教授，自美國取得博士學位返台後，即被田培林教授聘爲研究所教授。「我在研究所一年級修習的『心理學史』，就是賈馥茗老師拿到博士學位回國後，所開的第一堂課。」一起修這堂課的同學還有林清江、簡茂發。

賈馥茗教授（1926-2008），一九五八年到美國進修，先後取得奧立岡大學教育科學碩士、加州大學（UCLA）教育博士，一九六四年返國，一九七〇年籌設教育研究所博士班。一九七三～一九九〇年受聘擔任考試委員，一九九六～二〇〇〇年擔任總統府國策顧問，協助推動國家教育與學術發展。

賈馥茗教授是一位「望之儼然，即之也溫，聽其言也厲」的老師。她看到學生不對的地方，總是不假辭色，直言不諱。因此，不夠瞭解她的學生，會對她心生敬畏，甚至產生距離。「賈老師的嚴格其實是愛之深，責之切，恨鐵不成鋼。」她不僅要求學生嚴格，本身的治學態度也很嚴謹，非常重視文字使用的確當與否。「賈老師的桌上常會放一本《大英百科全書》和《康熙字典》，只要學生有任何疑問，她就會立即翻開書本，求真、求證。」

雖然，當時大部分的學生都對賈馥茗教授又敬又畏，但是黃昆輝非但不畏懼，反而和她很親近。「所以我說，第一印象最持久。」黃昆輝一開始就給賈馥茗教授留下很好的印象。

研究所一年級時，黃昆輝白天上課，晚上教書，要到深夜才有時間伏案寫報告。「我的第一份報告『行動心理學』，就是賈老師的課堂規定的。」那份報告，黃昆輝花了一整夜才趕工完成。「我熬夜寫報告，寫完後刻鋼版印發給老師和每位同學一人一份。等我終於大功告成時，天也已經亮了。」盥洗完畢後，徹夜未眠的他，瞠著兩顆熊貓眼，強打起精神到學校上課。

賈馥茗教授聽完黃昆輝的報告後，覺得很滿意；得知他是在白天唸書，晚上教書的情形下漏夜完成報告的，更是感動。於是她當著所有研究生的面稱讚他：「像黃昆輝這樣白天上課，晚上工作，還要熬夜做功課的學生，眞是不簡單！」第一次的報告，就這樣拉近了師生倆的距離。

老師中的老師

等到黃昆輝在研究所研讀了三年，從教育系助教被聘為講師，並調派到研究所協助所務後，和日漸擔負教育研究所重責大任的賈馥茗教授，又多了共事的機會。

無論是教育部委託師大教育研究所編製的「國民中學適用測驗」，或是賈馥茗教授接過田培林教授的棒子，擔任教育研究所所長後，首開先河創設的「教育從業人員暑期碩士學分班」，黃昆輝都恭逢其盛，傾全力協助。

賈馥茗所長設立的暑期學分班，讓許多基層教師，甚至國中小校長，有機會利用四個暑假的時間到師大進修，取得碩士學位。她提供教育人士的這個機會，也正是她對「教育之愛」的體現。

而她對學生的愛具體而微，「她真的很疼學生，聽到有學生出國留學經費不足，她就自掏腰包資助。」當所長期間，她常常擔心學生畢業後的出路。「我在研究所工作時，常聽她叨唸著：『一年畢業七個學生，要往哪裡送才好呢？』而且，她幫學生安排出路，完全不會讓學生知道。」

致力幫學生安排出路的做法，其實從田培林擔任所長時就已經開始；接任的賈馥茗所長，繼續發揚光大；日後黃昆輝擔任所長時，依舊是想方設法，提供學生最適合的出路。黃所長甚至還邀請歷屆「公務人員高等考試」成績優異的畢業研究生們，回師大參加座談會，分享準備考試的要訣。

「賈馥茗老師可以說是『老師中的老師』。而且她是我見過，卸下教職以後，學生往來最頻繁的老師，可見她多麼受到學生愛戴。」黃昆輝由衷的說。

賈馥茗教授八十歲大壽時，黃昆輝邀集她的高徒、愛將們，為她編印了五本叢書祝壽。黃昆輝並在每本書的首頁，寫下賈馥茗老師的教育中心思想：「愛，是宇宙的本體，萬物生生不息的動力。教育則根源於愛，是一種理性調節的愛。人類藉由年長、成熟者，培植幼稚、不成熟者的教育歷程，而得以綿延不絕，不斷發展提升。教育的目的，則在於『教人成人』，教育是『成己成人』的志業。」

一九六七年六月，黃昆輝獲得教育研究所碩士學位後，林本教授立即升任他為講師，並兼辦教育研究所所務。

當時，具博士學位的大學教師可說是鳳毛麟角，而且許多學有專精，著作及研究論述成果斐然的資深學者們，也都未取得博士學位。因此，系主任林本教授打算依循時下普遍的升等管道栽培黃昆輝，也就是先聘他為講師，三年後，他只要提出論文，獲教育部審查通過，即可升等為副教授。黃昆輝雖然感謝林本老師的栽培之情，但是唸完研究所後，他還是決定向學術的最高峰——博士學位邁進。

1 一九七七年，恭請田培林教授夫人程毅志前立委，頒發「田培林教授獎學金」。

2 一九八七年，邀台中師範校友為老校長黃金鰲慶賀八十歲大壽。

3 一九九八年，為書畫大家呂佛庭老師慶賀八十七歲大壽。左為時任教育部政務次長楊國賜。

4 二〇〇四年，師大教育研究所學生代表，為賈馥茗老師慶賀八十歲大壽。前排中為賈馥茗教授；前排右一為前師大校長簡茂發；後排右三為前教育部長吳清基。

一九六七年，黃昆輝的碩士論文已提出，尚未正式拿到碩士學位時，教育部來函，希望學校推薦人員參加聯合國教科文組織設立於印度之「亞洲教育計劃與行政研究所」研習五個月。教育系系主任推薦最資深的一位助教參加，但是，教育部來函指明還要多提一位遞補人選。「林本老師不好意思找其他助教陪榜，所以就跟當時最資淺的我商量，請我充當陪榜人。」沒想到，第一人選沒有通過英文能力測試，於是輪到他這個陪榜人上場，而且一試即中。「眞是人算不如天算啊！」

六月底拿到碩士學位，九月初就要赴印度上課。「才剛接下教育研究所助理的工作沒多久，就要出國進修五個月，對田培林所長和賈馥茗教授眞不好意思。」對妻子應該也很不好意思吧，因爲出國那天，三女兒才出生第三天。

但是機會稍縱即逝，只有硬著頭皮把握住了。五個月的課程，不僅來自各國的授課老師學經歷完整，參加的學生也都學有專精。「每堂課都要討論、做簡報。」一班二十幾個學員當中，多半是教育行政機關的高階人員，「像我這種在學校服務的很少。」

這一趟遠赴印度的訓練課程，對他日後在從事教育行政工作上有很大的助益，同時也讓他深深體認到，教育是整個國家大系統中的次系統。「我的教育計劃觀念，許多是來自這次的訓練課程。」尤其日後他所著作的《教育行政學》一書，其中「計劃理論」單元的「人力發展計劃」，即是受到這趟訓練課程的啓迪。

信奉「教育即生活」的美國學府

結束了爲期五個月的訓練課程返國後，黃昆輝立刻投入師大教育系講師的教學工作，以及研究所助理的行政工作中。在教育系擔任了兩年的講師，直到一九六九年八月，獲得國科會公費，黃昆輝遂動身前往美國北科羅拉多大學，進修博士課程，主修教育行政。

北科羅拉多大學是由師範學院升格而成，以「教育」爲專長。黃昆輝的大學同學中，先去那所學校留學的人曾向他推薦該校，因此他從善如流申請到北科羅拉多大學深造。「日後當我猶豫要去哪個大學留學時，黃昆輝也極力游說我去北科羅拉多大學。」簡茂發說，黃昆輝以「好朋友一起唸書，也好互相有個照應」說動了他，於是他放棄另外兩所更大規模的大學，選擇到北科羅拉多大學攻讀博士學位。

北科羅拉多大學位在純樸、美麗的大學城內，城鎮裡的居民親切友善。剛開始，黃昆輝一接觸到路上識與不識的人，親切的笑容與問安時，靦腆的東方性格馬上顯現出來，經過幾次的「訓練」，終於也能在別人友善的問安後，僵僵的擠出一個笑容，道一聲早安。

「那裡的人不但親切，而且熱心、有人情味。」即使是貴爲大學教授，也一樣隨時能夠「捲袖相助」。黃昆輝有次搭指導教授的車，赴外地參加某個座談會，回程時下起了滂沱大雨，迷濛的水霧中，隱約看見一輛轎車停在路邊，並擺出故障的標誌。指導教授毫不考慮就把車子開到故障車旁，搖下車窗問車主："May I help you?" 得知是對方的電瓶沒有電之後，指導教授馬上冒雨下車，掀起自己的車蓋，從電瓶接電給對方。

舍監 Mrs. K 的古道熱腸，更是撫慰了異鄉遊子的孤單寂寞。「Mrs. K 對台灣留學生特別照顧，所以被我們稱爲『台灣留學生媽媽』。」大概是因爲從台灣去唸博士學位的留學生，大都在大學教過書，氣質和談吐深得她的好感，因此對台灣留學生特別友善。有時候，她想到這些留學生可能待在宿舍裡唸得昏天暗地，於是就打電話邀請他們出來吃個冰淇淋解悶兒。「就是那種三十一種口味的冰淇淋。」黃昆輝意猶未盡的說。碰到週末假日，Mrs. K 常會邀他們一起去野餐。

「我們畢業回國以後，還常常跟 Mrs. K 連絡，而主要負責連絡的人就是黃昆輝。」簡茂發說。他們還曾經幫 Mrs. K 籌措旅費，邀請她造訪台灣，以回報她當年的照顧之情。

除了 Mrs. K 對他們關懷備至，學校也爲每個留學生徵求接待家庭，接待家庭都熱心地爲這些異鄉學子提供家庭的溫暖，尤其是感恩節、聖誕節等節日，他們一定會邀請留學生到家中過節。

黃昆輝除了受到當地濃濃的人情味寵愛，學校教授們更是對他另眼相待。「說到這裡，我不得不再說一次『第一印象最持久』！」

「同班同學共有三十八個人，大部分都是中小學校長、行政人員，甚至還有同學後來成爲芝加哥教育局局長。每個人都有相當的歷練，思想成熟、能言善道。」班上唯一的東方人博士生"Mr. Huang"（黃昆輝），雖然限於語言的關係，無法像其他同學那般口才便給，但是人緣卻很不錯，說起"Mr. Huang"，那可是班上響叮噹的人物！

博士班一年級第一次考試，黃昆輝的表現就讓全班同學及老師刮目相看。那次考的科目是「行政理論」，該科採取的評分方式是，每位學生的卷子，要讓其他三十七位同學評分，並且還要給三位教授評分。然後所有學生和三位老師的評分平均後，加起來就是你的得分。沒想到，在如此客觀、嚴格的評分基準下，"Mr. Huang"竟然拔得頭籌，榮獲全班第一高分！

之後他在學業上的表現依舊非常亮眼。「黃昆輝升上博士班二年級時，我也進入北科羅拉多大學，並且再度成爲他的同學，我們一起修一門『統計推論』的課，當時他的英語會話能力已經遠超過我，所以他擔任我們這一組的組長。」簡茂發說。眞是想不到，大一還在煩惱往後的英語課不知要怎麼度過的黃昆輝，透過他爲自己安排的「英語魔鬼訓練」，果然功力大增，連當年讓他忘塵莫及的明星高中學生，後來都自嘆弗如了。

簡茂發接著說：「他以流利的英語上台報告，而我的專長正好是統計、計算方面，相輔相成的結果，我們這組得到A；有位娶了台灣太太的美國籍學生，只得到B，他感到很不服氣，後來我們拿報告給他看，他才覺得心服口服。」

這樣一位各方面表現都非常突出的優秀人才，自是受到教授們器重，往後無論他選什麼課都無往不利。而且，教授們也都樂於帶這位高材生到處參與校外會議、座談會等。

黃昆輝的指導教授受政府委託，進行「學區教育發展計劃」。當指導教授兩度必須在座談會上簡報時，都不遠千里開車載黃昆輝同行。「指導教授希望我能夠從實際經驗中，學習到他們的決策過程，以及溝通協調的方式。」此外，指導教授還帶他去法院，瞭解一下違反教育法的實例有哪些。

另一位對他也很照顧的蘇格蘭裔教授，帶他去參加扶輪社的聚會。「他想要讓我瞭解美國中堅份子關心些什麼，以及對社會有影響力的社會團體是如何運作的。」

其他學科的教授也曾帶他們班參加校長會議、參觀農場。「學校的教授大都受到杜威學派的影響，抱持『教育即生活』的精神，主張除了課堂上、書本上的學習之外，還要走出教室，從實際生活中學習。」

「悟性」與「感性」兼具

不同於其他邊研讀博士學位，邊辛苦打工的早期留學生，黃昆輝因爲有公費補助學雜費和生活費，所以能夠專心一志修習課業，撰寫論文。不過，要在沒有寒暑假的兩年內，修畢博士課程並完成論文，可以說是刻不容緩、分秒必爭的事。所以，他常常待在宿舍焚膏繼晷與論文奮戰。寫到精神不濟、腸枯思竭時，原本不抽煙的他，也不由得點起一根細細長長的淡煙。煙霧裊繞中，精神終於提振了一些，但也引來合租房屋的同學，半調侃地告誡他："Mr. Huang, smoking is a bad habit." 他還很俏皮地回應："No, no, no, you should say, no smoking is a good habit."

在他緊鑼密鼓的趕論文時，還是沒有放棄對運動的喜好。簡茂發記得，那一年，「全美大學角力比賽」在北科羅拉多大學的體育館舉行。趕論文趕到通宵達旦的黃昆輝，還不忘拉著他，一起衝到體育館觀賽。「我們一直擠，擠到最前面，我看到別校的選手人高馬大，我們學校（北科大）的選手比較矮小，一下就被對方壓在地上，但是他動作敏捷，沒多久就反敗為勝。」簡茂發記憶猶新的回憶著。這場比賽對黃昆輝來說，除了能放鬆、調劑因為日夜趕論文而繃緊的神經和枯竭的靈感外，也是「重溫舊夢」。「一九六七年，我去印度參加聯合國教科文組織舉辦的研習課程時，曾經看過國際性的角力比賽。」

在短短的兩年留學生涯中，黃昆輝經歷過兩次難得的打工機會。一次是，房東想找人重新油漆他和三位同學合租的兩層樓住屋，於是他們毛遂自薦當起油漆工，整棟房子刷下來，總共賺得美金一百六十元，四個室友平分，一個人分到四十元油漆費；另外一次是，論文完成時，指導教授推薦他擔任「泰國教育人員進修班」的講師。一節課的收入是五十元美金，一拿到講師費，黃昆輝忍不住在心中歡呼：「哇，待遇怎麼那麼好！」但是，若非他的能力受到指導教授肯定，恐怕也沒有機會體驗這麼優渥的講師費吧！

主修教育行政的黃昆輝，博士論文是以社會科學組織理論，探討我國的教育行政制度發展，「由於我國和美國的文化、體制、價值觀等都不相同，我主要是學習他們的理念和運作精神，以批判、檢討我們自己的制度；而不是學習、仿效他們的制度與形式。」

由於黃昆輝很清楚自己的學習目標與宗旨，而教授們也都樂於傾囊相授，因此他很順利地在公費補助兩年的期限內完成博士論文，取得博士學位。

「大學同窗中，拿到博士學位後返回母校師範大學任教的，只有黃昆輝、我和陳奎憙三個人。」簡茂發說。對於這位同窗多年且共事過的老同學，簡茂發和陳奎憙的感覺是：「一路走來始終如一」。

簡茂發追憶，剛進入師大就讀時，由於他的個頭較小又比黃昆輝小四歲，總覺得，黃昆輝是個體格魁梧，做事認眞，又非常有智慧、有領導才能的「大哥哥」。而在台中師範和黃昆輝同屆但不同班的陳奎憙，早就對這位當了兩任大隊長的全校風雲人物印象頗佳。「我們雖然不同班，但常有互動。到了唸師大成爲同班同學，對他更瞭解以後，益發覺得他是一個做事很有毅力、耐力和衝勁，而做人很有親和力的領導型人物。而且，日後無論他升任多大的官，都一點架子也沒有。」陳奎憙說。

說到黃昆輝沒有官架子，簡茂發順口舉了一個例子：「他當教育廳廳長時，我們幾個老同學去拜訪他，他竟然拿出甘蔗和花生招待我們。」那時，黃廳長一邊說：「呷甘蔗顧肝。」一邊率先拿起一截甘蔗「喀嗤！喀嗤！」啃了起來。看廳長這麼隨興，訪客也就不再感到拘束。於是，整間廳長辦公室，此起彼落響起啃甘蔗的聲音。就在大夥兒啃得不亦樂乎時，昔日的同窗情誼，再度鮮活地流竄在充滿甘蔗香甜滋味的氛圍中，黃廳長又變回以前那個「永遠的班長」、「大哥哥」了。

不只對老同學如此，昔日的學生因公造訪他時，他也是談完了公事後，就和學生閒話家常，藉以瞭解、關心學生的近況。

「他實在是一個很誠懇、周到的人。」陳奎憙感性的說，有次黃昆輝自美國出差返國，特地爲某位校長帶藥回來。「他人在美國，還會想到那位身體不太好的老校長，眞是難得。」對僅有數面之緣的老校長尚且如此，那麼，對既是多年老同學又是好友的他們，就更不用說了。「我準備考研究所時，只要一上台北，黃昆輝就會請他的夫人睡小孩房，他和我睡在主臥室。如果我太太一起北上，那麼他自己也去睡小孩房或客廳，而把主臥室留給我和太太。」陳奎憙說。

說到老同學夠義氣的一面，簡茂發忙不迭地把話接過去：「我初到北科羅拉多州的丹佛機場，人地生疏，幸好黃昆輝和他的朋友開車來接我，否則我人海浮沉，眞不知何去何從。而我學成歸國時，他還開車載我太太一起到機場接我！」（簡茂發強調，這一點是太太交代一定要提的。這麼多年來，她對於黃昆輝的熱忱和體恤，始終感念在心。）

簡茂發雖然和黃昆輝同一年考上研究所，但因他畢業後服兵役一年，所以比黃昆輝晚一年出國留學。「他不但到機場接我，也幫我安排好住的地方，連枕頭、被子都準備好了。」受到「大哥哥」照應的簡茂發，就這麼舒舒服服的住進了黃昆輝和同學合租的那棟房子。「後來，那棟房子成了台灣留學生的據點。而黃昆輝在連任好幾屆『UNC（University of Northern Colorado）在台校友會』理事長後，被聘爲榮譽理事長。」簡茂發戲稱，黃昆輝除了「永遠的班長」封號外，還有「永遠的理事長」封號。「目前，自北科大拿到博士學位回國服務者，已經有一、兩千人。黃昆輝是第一位獲頒UNC國外傑出校友獎的人。」

關於黃昆輝的第一，簡茂發如數家珍般，又補充了好幾個。「他是第一位接棒研究所所長及系主任的本省籍學者；也是同學中第一位從政，且一路亨通的人。」說到這裡，簡茂發分享了一個笑話：「他每換一個新職，我們老同學就送他一面銀盾，後來，職務實在換得太快了，因此有人打趣說：『乾脆送一面大一點的，每換一次新職，就直接鐫刻在上面。』」

在老同學心目中，黃昆輝不僅學業、事業獨佔鰲頭，恐怕黃夫人的賢慧，也是老同學心目中的第一。「黃夫人非常賢慧，她的個性友善、和氣，每次去他們家聚會，她都很熱忱地招呼我們，還會端出她的拿手好菜炒米粉、砂鍋魚頭……。寫黃昆輝的傳記，一定要好好幫黃夫人加分！」黃昆輝都已經幫太太打了一百零一分，不知簡校長還想爲她加幾分？

「我們幾個老同學以前聚在一起時，會聊一聊自己的羅曼史，據我所知，黃夫人的家世比他好，但是因爲他的岳父岳母非常喜歡他，所以把那麼優秀的女兒嫁給他。」

「那是因爲他口才好，嘴巴又甜嘛！」陳奎憙除了點頭附議，也加上他的註腳。看來，黃昆輝娶到這樣一位秀外慧中的賢妻良母，老同學們可眞是羨慕得不得了！

簡茂發以他教育心理學的專業術語：「悟性」（即認知）和「感性」（即情義）兼具，來形容黃昆輝。「他這一生過得很充實，對個人、對社會國家都很有意義。他將教育專業的知識和人生的智慧結合，是相當難得的，希望能夠透過傳記的撰寫流傳下去，讓後人瞭解這個時代的情形，及分享他的人生智慧、專業智慧。這不僅能增長他個人的人生意義，更能提高對國家社會的貢獻。」

「我倒是希望，他再奮鬥一陣子，還是要退休享享清福。畢竟是快八十歲的人了，還這樣南北奔波，太辛苦了！」陳奎憙掩不住心疼的說。

1 一九六七年赴印度新德里，參加「聯合國教科文組織亞洲教育行政與計劃」活動後，與旅印華僑合影。右一為時任台北語文學院院長何景賢；左二為旅印僑領葉幹中。

2 於美國北科羅拉多大學攻讀博士學位時，在租屋處與同學Dr. Hannon（中，前芝加哥市教育局長）、Dr. Day（左，後任南達科達大學副校長）。

3 一九七六年，敬愛的蘇格蘭裔恩師伉儷訪台時，在黃昆輝家中與全家人合照。

4 返回母校北科羅拉多大學訪問時，與指導教授伉儷（右一及二），以及最照顧台灣留學生的Mrs. K合影。

5 受北科羅拉多大學台北校友會之邀，返回母校與學弟、學妹留學生們合影。右五為校友會理事長徐中雄。

6 一九七七年，返母校北科羅拉多大學，趁空與妻子在留學期間的住處留影。

7 應邀參加母校北科羅拉多大學畢業典禮，對應屆大學畢業生演講。

5

7

6

【教學篇】

得天下英才而教之

一九七一年九月，黃昆輝學成歸國後，旋即被已膺任為師範大學教育研究所所長的賈馥茗教授，聘為研究所副教授，並且協助她兼辦所務，負責行政工作以及與各單位溝通協調。

建構「教育行政學」

兩年後，賈馥茗教授出任考試院委員，黃昆輝接任教育研究所所長，翌年（一九七四年）八月，再兼教育學系系主任。「我上午去所長辦公室辦公，下午則在系主任辦公室坐鎮。」他是師範大學創校以來，教育系所第一位所長兼系主任。

黃昆輝在所長任內，致力於三項工作，包括：建構「教育行政學」理論體系；承接教育部及其他政府單位所委託的專案研究；安排學生的出路。

過去的「教育行政」，大都集中在各國的行政教育制度與適用的教育法規（如大學法、中學法、國民教育法），尚未將教育行政理論化及系統化。從黃昆輝開始，「教育行政」不再只是硬梆梆的制度和法規，而加入了組織、領導、決定、溝通等理論。

「教育學原本的三大支柱是哲學、心理學和社會學，但是它們都屬於觀念性的學科。如何發展、推動、實踐這三項，就要靠組織、行政。因此，我將行政學加進來，成爲教育的第四大支柱。」日後，黃昆輝利用公餘時間，將他的「教育行政學」論述付梓成書，「這是國內第一本，將『教育行政』視爲一門學問的書。」

「黃昆輝老師是讓台灣教育行政現代化的大師。」吳清基（師大教育研究所學生，台灣教育大學系統總校長，前教育部部長）說：「過去，教育行政都只談法規、制度等靜態結構，黃老師開的『教育行政學』，加入了領導、溝通、做決定，讓教育行政動態化。」

吳清基接著補充，一九七八年獲得諾貝爾經濟學獎的經濟組織決策管理大師赫伯特・亞歷山大・賽蒙（Herbert Alexander Simon, 1916-2001），在一九四七年出版《行政行爲》一書。書中談到做決定的歷程，也談到行政要動態化。「一九七一年，黃老師學成歸國，把做決定、領導、溝通的理論帶回台灣，首開『教育行政學』的課。雖然起步晚了西方二十五年，但他卻是讓台灣教育行政動態化的第一人。台灣教育行政品質能有所改善，黃老師可以說是居功厥偉。」

黃昆輝在美國留學時，研讀過備受美國各界肯定的「高倡導、高關懷」論述，甚至在研討會上也常常引用。當他回到台灣，在師大開「教育行政學」的課程時，談到「領導理論」這個章節，即將「高倡導、高關懷」論述介紹給學生們。

「傳統的領導方式，不是民主就是極權，這兩種領導方式是互爲消長，單層面（one dimension）的，但是『高倡導、高關懷』理論的關懷與倡導間，卻無消長問題，是屬於雙層面（two dimensions）的。」他進一步指出，用四象限法則來說，有「高倡導、高關懷」、「高倡導、低關懷」、「低倡導、高關懷」、「低倡導、低關懷」四種領導方式。

「我日後在擔任行政工作時，領導的方式不脫此概念。」黃昆輝接著闡釋：倡導指的是推動改革與制定新策略；而關懷則是給予鼓勵和肯定，這可以從精神和物質兩方面著手。最佳的領導方式是「高倡導、高關懷」，在這樣的領導方式下，團隊不僅能夠進步，更能夠凝聚向心力。但也要視實際情況，評估倡導與關懷間的比重。「如果一個學校的校長，和學校的行政人員及老師們的關係和諧，但卻沒有任何建設學校的作爲，那他就是『低倡導、高關懷』，必須以『高倡導、低關懷』來平衡。」

「黃老師是一位真正能夠讀通教育行政，並且付諸實踐的人。他所引進的『高關懷、高倡導』，兼顧了理論與實務。」蔡崇振（師大教育研究所學生，總統府祕書）說。「記得中小學校長參加學分班時，不但把『高關懷、高倡導』掛在嘴上，更帶回學校運用，可以說，改變了校長的領導風格。」

吳清基在大學任教時，常在課堂上講述黃昆輝對教育界的三大貢獻。「除了建立教育行政現代化以外，他所提出的偏鄉老師的考績不要淪爲二等，以及首創師鐸獎，都對台灣的教育界有莫大的貢獻。」二〇〇〇年政黨輪替時，民進黨政府一度取消師鐸獎，「但是到了二〇〇八年，換成國民黨執政，我擔任教育部部長時，向馬英九總統建議恢復『師鐸獎』，馬總統採納了我的意見，恢復『師鐸獎』的頒發。」

在黃昆輝所建立的學術思想與理論中，老同學簡茂發最推崇的莫過於「高倡導、高關懷」，以及創立師鐸獎。「黃昆輝眞是一個名副其實的教育行政專家，他在教學和著述中所提出的領導理論『高倡導、高關懷』，適用的範圍極廣，無論是長官對下屬、老師對學生，或是父母對子女等都運用得上。」簡茂發在講授「教育心理學」時，也常引用。

「另外，他在教育廳廳長任內所創設的『師鐸獎』更是意義非凡。教育效果雖不能立竿見影，但能慢慢發酵，一旦產生效益，就能夠源遠流長。『師鐸獎』在教育界起了見賢思齊的作用，並造就了許多優秀的教育人才。可以說，它在教育上產生莫大的效益。」簡茂發說。

「師鐸獎其實也是『高倡導、高關懷』的體現。」黃昆輝說。當初他有「師鐸獎」的構想時，曾就教於他所景仰的孫亢曾教授，孫亢曾對於他的構想及獎項名稱都大表讚賞。

舉足輕重的專案研究報告

黃昆輝擔任師大教育研究所所長時的另一項特色，即承辦了有史以來最多的專案。「師大教育研究所承接政府研究專案，是從賈馥茗所長開始，而且她曾經接了一個影響深遠、鉅大的專案：『國民中學適用測驗』。」黃昆輝接任所長以後，所接的專案數則是歷任所長中最多的。「專案最多的時候，曾經一年有十幾個，平均每位研究生都參與一個。」陳伯璋（教育研究所學生，花蓮師範學院校長，現任台南大學講座教授）說。

對於黃所長來說，接專案有三個意義：「首先，我們可以提出幫助主管機關處理問題的參考資料；其次，可以提升學校的聲望。但是，最重要的還是讓研究生能夠參與專案。學生在參與專案的過程中，學習到研究方法與研究態度。」黃所長認爲，對研究生來說，這是非常寶貴的實作機會。「學生參與專案，學習取樣，對實證研究很重要。而且，每個專案的要求都比碩博士論文更嚴格，學生在參與專案中，得到相當大的歷練。」再者，學生在參與專案的過程中，也能夠得到研究經費，以補助個人生計。「可以說，這也是一種『高關懷、高倡導』。」

吳清基認爲，接專案對研究生來說，不但有學習成長的機會，而且，在研究生們正式寫論文前，專案還可以啓發他們選擇論文題目的靈感，以及作爲寫論文的參考。「總之，研究生參與專案有許多優點：包括增加學生獨立研究的能力、增加學生的收入。」吳清基說。按月支領的專案助理研究費二千元，雖然爲數不多，但對於簡約、樸實的研究生來說，已足以補貼大部分的生活所需。

「說到研究能力，做專案常要設計問卷，老師會帶著我們一起檢視問卷的信度、效度，以及用字遣辭、概念有沒有偏差。無形中，學生就能夠學會以正確的態度設計問卷，這對寫論文是很有幫助的。」陳伯璋補充說：「此外，因爲教育研究所專案接得多，所以有經費可以添購研究所的設備。我們那時的圖書可以說是非常的完善。」

「我也從做專案中得到許多收穫。」黃政傑（師大教育研究所學生，台南大學校長，靜宜大學講座教授）說：「我瞭解到，學術並非僅來自書本，做專案反而能夠對做學問瞭解得更深刻，而且，學術必須和實務結合。同時，在做專案時，學術機關和委託機關的良性互動很重要，人與人之間的互動、配合等研究倫理也很重要。」

「師大教育研究所是從賈馥茗老師開始走出象牙塔接專案，黃昆輝老師將它發揚光大，還締造了前所未有的專案數量。」蔡崇振說。

在這些數量之豐空前絕後的專案中，黃昆輝自己印象最深刻的是「國中校長任免遷調權歸屬之研究」。那時，由於教育廳和縣市長對於國中校長任免遷調權，究竟該歸屬於哪個單位有所爭議，因此委託師大教育研究所進行專案研究。經過嚴格縝密的分析研究後，他們把研究成果做成專案報告。

不久，所長黃昆輝竟受到時任行政院院長的蔣經國先生召見。當他正襟危坐，在院長室等候經國先生時，看見院長辦公室有副對聯：「得意事來，處之以淡；失意事來，處之以忍。」他記憶猶新隨口吟誦而出。「我想，這副對聯不僅是用來提醒他自己，也是要提醒所有的訪客吧！」

蔣經國院長來到辦公室後，開始與他討論研究的結果——「任免權歸屬於省政府教育廳；考核、遷調則應尊重各縣市長。」他向院長報告：「如果將國中校長的任免遷調權，完全歸屬於各縣市長，那麼，不同縣市間的國中校長將不容易調遷；而且在選舉時，容易受到縣市長的地方派系身分影響，無法維持教育中立。反過來說，如果將國中校長的任免遷調權，完全歸屬於教育廳，那麼，身在該縣市的國中校長辦學良窳，縣市長都無法置喙，那也說不過去。因此有『任免權歸屬於省政府教育廳；考核、遷調權則歸屬各縣市長』的結論。」蔣經國院長聽了黃所長的分析，頻頻點頭表示贊同。

教育研究所接的專案絕大多數來自於政府的教育單位，不過，他們也接過行政院研考會委託的「國中教育實施成效的檢討與改進」專案。「我們做的研究專案中，被引用最多的就是『大學入學考試是否符合教育機會均等的精神』專案。」

專案研究固然奠基於取樣、統計等客觀資料，但是，「任何研究最後都不離主觀的成分，只不過，這裡的『主觀』，指的是依據教育觀念所做的判斷。」黃昆輝並且強調，「做專案研究，絕不能迎合主辦單位的既定立場，學術上該怎麼做就怎麼做！」正因爲黃所長忠於學術的嚴謹作風，爲師大教育研究所立下「値得信任，客觀、權威」的形象與口碑，才有教育單位絡繹不絕將專案委託給他們進行研究。

雖然專案研究小組討論的時間，都是利用週末假日。不過，這些應接不暇的大型專案，對既要上課，又要撰寫研究報告、論文的研究生來說，還眞是有點分身乏術，使他們不得不挑燈夜戰，日以繼夜。「甚至有研究生乾脆在所內掛蚊帳，席地而眠。」

所長當然也沒有閒著，他不論白天、晚上，平日、假日都待在研究所，且所長室的門洞開，學生們隨時都可以進去找他。所長有時看學生們累得面如槁木，就吆喝大夥兒放下手邊的工作，出去吃吃牛肉麵，喝喝啤酒。「我和學生幾乎是工作、生活都在一起，完全沒有代溝。而且，所內的學生，每一個我都很瞭解。」疼愛學生不亞於所長的師母，也常常端出拿手的炒米粉和砂鍋魚頭犒賞這些莘莘學子。端午節時，好吃的師母牌粽子，更是人手一顆。

「沒有哪一位所長像黃老師這麼照顧學生！當時身兼所長和系主任的黃老師，有時在系辦公室處理完事情趕到所長辦公室時，已經到了晚飯的時間，老師就自掏腰包請我們一起去用餐，無論是一碗牛肉麵或是一份快餐，在物質條件不佳的當時，簡直就是我們學生的一頓美味大餐！」吳清基說。

全方位的關懷

以在校成績優異，被時任教育研究所所長兼教育系系主任的黃昆輝，聘為教育系助教的黃政傑，非常感謝黃老師的知遇之恩，讓他的家庭經濟不致因爲就學而無以爲繼。

考上研究所那年，黃政傑才新婚沒多久，爲了專心學業，不得不辭去國中的教職，正愁收入銳減之際，獲知系主任黃昆輝任用他爲助教。「在此之前，我沒有上過黃老師的課，也和他沒有任何交集，可以說是素昧平生。只因爲我以系上第一名的成績畢業，黃老師就願意給我機會。」師大教育系任用助教向來有個傳統，即是任用系上第一名畢業或第一名考上教育研究所的學生。用意是，助教將來都會升等爲講師、副教授，甚至教授。既然將來要當大學教授，當然必須是表現最優異的學生。

不過，黃政傑也有些納悶，學業成績優異，不見得做事的態度與能力一定值得信賴。黃昆輝老師難道不會有所疑慮？事實上，處理事情周延、縝密的黃老師，早在查出他是教育系第一名畢業的學生時，即探聽出他在台北市忠孝國中任教，而忠孝國中當時的張校長，正好是他在萬華女中服務時的總務主任，於是他立刻向老同事打聽黃政傑在校的表現。張校長非常肯定與讚賞黃政傑，因此黃老師就更加放心地聘他爲教育系助教。

黃政傑說：「黃老師只看能力，不問關係的做法，讓我及所有教育系的學生體認到，只要努力，就一定有機會出頭。」深受感動的他，將黃老師這種做法視爲典範，日後無論他擔任大學校長或是教育行政機關主管，也都要求自己要效法黃昆輝老師正直、不徇私的做法。

碩士論文及博士論文都是黃昆輝指導的吳清基說：「在我們的心目中，黃老師對學生就像對子女一樣好，甚至有過之而不及。黃老師永遠以學生爲重。」當黃昆輝擔任台北市教育局局長時，由於公務繁忙，常常忙到晚上十點以後才進家門。一進門，看到學生吳清基爲了博士論文來訪，他馬上放下帶回家準備批閱的兩包公文，先指導學生的論文。「他永遠以學生的學業爲優先考量。」

對於這一點，黃政傑也感同身受。「黃老師爲了讓已經考上公費留學的我如期出國留學，非常認眞、費心地改我的碩士論文，甚至連標點符號、修辭都不馬虎，務使我的論文盡善盡美，他眞的是很愛護學生。」

同是黃昆輝指導碩士論文的陳伯璋，也對老師治學嚴謹的態度印象深刻。「黃老師對於學術研究的要求很高，謹愼、不馬虎，連標點符號都改，而且他修改論文時寫的字體非常工整。」

談到黃昆輝老師的嚴謹，蔡崇振想起一件往事。「有一次我們要發信給中小學校長，信件已經打好並且印好，正準備裝入信封時，黃老師檢查了信件，發現我們的稱呼用『你』，於是要求我們改成『您』。他說，用『你』不夠尊重對方。就爲了一個『您』字，所有的信件統統重打、重印。」

黃昆輝對事的要求雖然如此嚴謹，但是對人卻給予很大的空間。「跟在老師身邊做事那麼多年，他對我的要求卻只有：『桌面整理整理』和『衣服穿正式一點』。」個性直率、不羈小節的蔡崇振，批評長官的聲音從來沒有小過，但對黃昆輝老師卻是心服口服。他不僅佩服黃老師對事的細膩，更欽佩他對人的尊重。「我代他擬的演講稿，他看完後並不會直接在上面修改，而是找我一起討論，聽聽我的意見再修改。連他自己擬稿時也會徵詢我的意見，他那時已貴爲總統府祕書長，如此位高權重還是那麼謙沖、細膩，實在很難得。」

黃昆輝老師的細膩、周到與關懷，是這幾位高材生、愛將們最津津樂道的。「我出國唸書那天，黃老師不但到機場爲我送行，還幫忙安慰淚眼婆娑的妻子，和我的父母。黃老師擔任台北市教育局局長時，有一次到芝加哥考察，我去看他時，他頻頻關心我的博士論文進展狀況，還表明會幫我留意回國後的工作。」黃政傑說。

「黃老師當指導教授不僅指導論文，還會幫我們安排、介紹工作。」陳伯璋說。「是啊，我們每個人的工作幾乎都是黃老師安排的。」吳清基接著說。

「黃老師和學生的互動方式充滿關懷，而且是全方位的關懷。他不只關心學生的學業、工作，還關心學生的家人。」陳伯璋說，他的婚事還是黃昆輝老師做的媒。「我們結婚生子以後，老師的關心又延伸到我們的孩子。這和我以前理解到的權威式師生關係截然不同。」

吳清基也說：「我女兒結婚時，黃老師還親自送紅包到我家。」對於黃老師的細膩、周到，吳清基自嘆弗如。「這是很少人做得到的。」

身爲學生輩的他們，不僅自身受到黃老師關懷、照拂，同時也看到老師對他的師長是如何的心存感恩與敬重。「黃老師對他的老師賈馥茗和田培林等師長的關心，可以說是無微不至，甚至當田老師過世，他還時不時抽空去探望、陪伴田師母（程毅志，卸任立委）。」陳伯璋說。

「黃老師去省政府工作以後，由於距離較遠，無法再像之前一樣對獨居的田師母晨昏定省，於是託我和伯璋一起照顧年老無依的田師母。」吳清基說。

「賈馥茗老師八秩大壽時，黃老師還和簡茂發老師等共同籌設『賈馥茗教授教育基金會』，讓她永遠名垂教育界。」蔡崇振說。（而田培林教授獎學金，是由賈馥茗教授所籌設。）

永遠的學習典範

黃所長任內第三項要務是——安排學生的出路。他一方面鼓勵學生報考高考，邀請歷屆高考成績優異的畢業生，返校參與座談會，分享他們準備高考的祕笈。「看到這些研究生，後來都以優秀的成績考上高考，讓我覺得很安慰。」另一方面，他也到處找尋合適的學術機構，為學生安插工作。「務必讓這些研究生，一畢業就有工作做。」

黃昆輝指導過的研究生大約四十多位，「所謂『得天下英才而教之，一樂也。』」看到這些傑出的學生，日後在社會上都卓然有成，他更是與有榮焉。

其實，許多學生都是經由他的鼓勵，才決定奮發圖強，繼續攀登學術高峰——博士學位。「黃老師是改變我人生的重要貴人。」吳清基表示，他大學畢業時的生涯規劃是：唸碩士，考高考，然後到教育廳當科員、股長，或是到國中當校長。「但是黃老師鼓勵我唸博士班。他說，現在唸到碩士學位的人已經很多，想為國家多做點事，還是要唸博士。於是我才決定再考博士班。」

「我也是因為受到黃老師關懷，才下定決心報考公費留學考。」黃政傑在教育系擔任助教時，有一次陪同系主任黃昆輝到教育部開會。回程在車上，黃老師主動問起：「這次的公費留學考試，你有沒有去報名？」黃政傑點頭說有。黃老師接著說：「既然報名了，就要認眞準備。」原本因為分身乏術，而想放棄的黃政傑，聽老師這麼一鼓勵，當下改變心意，決定再怎麼忙都要抽出時間，好好準備考試，以免辜負了老師的期望。

吳清基在人生的旅途中，只要碰到困難都會請教他永遠的黃老師。「而且，我擔任行政工作時，許多做法也都是跟老師學習的。」尤其老師外圓內方的處世哲學，最教吳清基佩服。「老師當教育局局長時，遇到有人請託的事涉及法律問題，老師並不會擺出高高在上的姿態斷然拒絕，而是委婉的告訴對方，會儘量想辦法，但絕對要謹守法律規範。」日後吳清基擔任教育局局長和教育部部長時，遇有請託，也會學習老師圓融以對。「我會說，好，我努力看看，但是有些事還需要再考量。倘若眞的無法幫上忙，我也會幫對方想想其他可行的辦法。」

陳伯璋也一直努力從黃老師身上學習「廣結善緣」和「關懷」。「黃老師擔任教育廳廳長時，爲了推動中小學校長、教師在職進修計劃，還爲偏鄉學校開設四十學分巡迴班，請教授們到花蓮、台東、新竹等地授課。我就是到花蓮授課，才結下日後到花蓮師院擔任校長的機緣。」志趣不在行政工作的陳伯璋，當年爲了是否要去花蓮師院擔任校長而猶豫不決時，也曾請教黃老師的意見。

「我們許多同學碰到工作轉折方面的問題時，都會去請教黃老師的看法。」蔡崇振說。在花蓮師院擔任校長期間，陳伯璋學習黃老師「關心遍及家人」的做法，協助教職員的配偶調派至花蓮，因而成就了許多教職員與家人團聚，夫妻不再分隔兩地。

此外，黃老師基於「高倡導、高關懷」的原則，常常會對勞苦功高的人，給予精神或物質上的獎勵。有時即使對方不是勞苦功高者，但爲了讓「倡導」順利進行，還是得給予「高關懷」。「當年我在擔任教育研究所助理時，人事主任和會計主任特別喜歡刁難，黃老師爲了讓事情順利進行，總是對他們禮讓三分，甚至會『略施小惠』。」這些人際運作上的「眉眉角角」，對單純的研究生陳伯璋來說，不啻是上了一堂課。「以後我在處理人際問題，也會學習老師的『略施小惠』，果然讓事情進行得順利許多。」

「我從黃老師身上學習到積極、認眞的態度。而且我也儘量調整自己的個性，向老師學習周到、圓融。」自承個性剛毅、耿直的黃政傑，最大的體悟是：「人應該因爲角色不同而調整人際關係。」也就是，在學術上，必須嚴格要求學生的學術成果，但在行政管理工作方面，則要廣結善緣。

「我最佩服黃老師的廣結善緣，但這是我一輩子都學不到的。」直言、敢言的蔡崇振，跟在黃昆輝身邊任事多年，愈熟悉黃老師的爲人處世，就愈讓他看到自己的不足。

陳伯璋有感而發的說：「我們那個時代的教育研究所學生眞的很幸運，都有大師級的老師教導我們。像教育行政學有黃昆輝老師，教育社會學有林清江老師。」「而教育心理學則有郭爲藩老師。」吳清基補充。

獨鍾情於教育行政工作

黃昆輝回想起這一段在師大任教及擔任研究所所長、教育系系主任的歲月，嘴角不由得微微上揚：「這段期間對我個人無論是學術生涯的成長，或是之後的行政工作，都很有幫助，我很滿意。」

專長在教育行政的黃昆輝，興趣也偏向教育行政。對他而言，做教育行政工作，比教書更能發揮影響力。「我覺得，教育是致用之學，能夠實踐的學術理念，才是有用的學術理念。」雖然，與純粹的教學工作相比，他還是喜歡從事教育行政工作，但若是純粹的政治工作，「那就不如回學校教書。」重視誠信的他始終覺得，教育界人士比較講誠信。

不僅黃昆輝鍾情於教育行政的工作，學生們對他在教育行政上的建樹也多所肯定。「我認爲，台灣教育界的兩大遺憾就是：黃昆輝老師沒有當教育部部長，還有林清江部長英年早逝。否則，台灣的教育就會有更佳的發展局面。」吳清基說。蔡崇振也深表同意。

「黃老師在從事教育行政工作時，的確是一位能夠將理論轉化爲實際的典範。不過，對於老師晚年政治取向的轉變，我卻感到不解。」陳伯璋說。

「我想，黃老師並非對政治有野心，他只是看到李登輝老人家如此愛台灣，爲了愛台灣的理念而孤孤單單離開國民黨。黃老師受過李前總統提攜，願意陪在他的身邊，把他老人家的心願實現。黃老師是爲了這份責任感，而不是爲了個人或政治野心，接下台聯黨黨主席的重責大任。」吳清基說。

既是黃老師的學生，也是部屬的蔡崇振，對這整件事的瞭解最爲透徹。他表示，黃老師離開國民黨，加入台聯黨時，許多學生因此而不諒解他，讓他很難過。「黃老師當初的確是爲了傳承李前總統的心願，所以留在台聯黨打拚。但是漸漸地，李前總統身邊的人一個個都離開了，黃老師卻還留著。許多人都笑他是『愚忠』，其實他這幾年來常常下鄉探訪，看到許多弱勢（基層）缺乏關心，他基於愛台灣心切，才會堅守在這個崗位。」

「先知先覺必然是孤獨的。」吳清基語重心長的說：「我常跑大陸，深覺兩岸交流若沒有一股不同的聲音，與大陸談判是沒有籌碼的。他扮黑臉，發出與執政黨不同的聲音，讓大陸知道該尊重台灣，這也是保護台灣的一種方式。」雖然吳清基覺得，以黃老師的聲望與成就，大可拋開一切享清福，「但既然他還有這份愛台灣的使命感，就祝福他有許多志同道合的人，與他一起帶領台聯黨。」

「我覺得他目前在做的事很重要，在還沒有合適的接班人的情形下，只有請老師再努力一段時間。不過，前提是要顧好健康。其實，有目標、有使命感，對黃老師的健康未必不是一件好事。」黃政傑說。

「無論老師做什麼事，總希望他能夠健健康康的。」陳伯璋感性的說。

「我也覺得健康最重要。希望黃老師能拋開官場的恩怨仇恨，因爲台聯的主張和執政的國民黨不同，難免會有距離。不過，我還是非常肯定，黃老師發出的不同聲音，在對大陸政策上，提供了另一個思考角度。」吳清基語氣一頓，接著說：「我雖然能夠體會老師的用心，但並不支持他年歲漸增還要爲國家這麼辛苦！」

跟在黃老師身邊多年的蔡崇振，語氣輕鬆的說：「黃老師的健康一點都不是問題，他的身體比我還健康！他的體力非常好，而且愈忙身體愈好，我還擔心他一旦退休沒事做，體力會走下坡。」

談過敬愛的黃昆輝老師，學生們還想再聊聊黃師母。「師母對老師的學生，甚至學生的妻小都非常熟稔、關心。孩子還小時，我們帶著他一起拜訪老師和師母，後來孩子大了，沒有和我們一起去老師家，師母都會殷殷關切：『小軒現在怎麼了？』」陳伯璋說。

黃政傑接著說：「我們全家一起去拜訪老師時，如果老師還沒有到家，師母就會親切地招待我們，水果、點心擺一桌，還會和小孩子聊天、玩遊戲。」

「師母是一位非常能幹、賢慧的女性。每位去他們家的學生，她不僅叫得出名字，還常常做她拿手的炒米粉和粽子招待我們。」吳清基回味無窮似的說。

在蔡崇振的結婚宴席上，師母慇懃招呼同桌的岳父岳母，讓原本對女婿有意見的他們，改觀不少。「忙碌的老師致完詞就離開，師母知道岳父岳母對我不是十分滿意，因此邊和他們話家常，邊爲我說好話。」

雖然擔任教職與從事教育行政工作，在黃昆輝漫長的公職生涯中，僅佔十餘年，但是回首前塵，最讓他樂此不疲的，卻還是擔任與教育專長有關的行政工作。「走了一大圈，繞了那麼多路，教育的事還是我心中的第一位。」黃昆輝無限懷念的說。

1 為即將赴日留學的台中師範同學林忠吉送機。

2 一九八四年，赴英國考察分流制度。右一為研究助理蔡崇振秘書；左二為刻正於英國攻讀博士學位的師大同學陳奎憙。

3 一九八九年十二月二十三日，時任政務委員兼中國教育理事長，主辦「教育學術團體聯合年會聯誼茶會」。中間為時任中正大學校長的林清江教授；右一為師大吳清基教授；左一為師大邱貴發教授；左二為師大進修部主任陳伯璋教授。

4 一九九一年十月十九日，時任政務委員，與部分的指導生聚敘合影。

3

4

5 一九九四年四月三日，時任陸委會主委，到美國宣講大陸政策時，與定居美國的師大同學徐炳榮（右）、陳信男（左）合影。

6 時任陸委會主委，與部分的指導生聚敘合影。

7 時任總統府秘書長，與指導的研究生聚敘合影。

8 二〇〇〇年，師大教育研究所師生同遊琉球那霸。

9 二〇〇〇年，師大教育研究所師生同遊琉球那霸。右二為賈馥茗教授；兩側為黃政傑教授伉儷。

10 師大研究所畢業生為恩師黃昆輝教授慶祝七十大壽。左二為時任教育部部長吳清基；左一為許勝雄教授。

第二部

從執政黨到在野黨

踏上政壇的第一步

——台灣省政府委員

在師大教育研究所任教七年後，一個初夏的尋常午后，身兼教育研究所所長及教育系系主任的黃昆輝，正在所長辦公室，埋首於成疊的公文中，突然接到時任台北市市長的林洋港先生來電。

試試看吧！

「黃所長，我即將到台灣省政府工作，想請您擔任省府委員。」林洋港先生的語氣誠摯懇切。「省府委員中需要有一位非常瞭解教育問題，在教育界頗負聲望的教育學者專家。目前，省府團隊的提名小組經過討論後，一致推舉您擔任，希望您能夠答應。」

當時，政府已發表林洋港先生接任台灣省省主席，林洋港先生刻正積極籌組小內閣。

雖然林洋港先生如此熱誠，但是黃昆輝對於「省府委員」究竟要做什麼事，完全沒有概念，而且他當時一心以教育為志業，不想離開教育界。思索片刻後，黃昆輝委婉拒絕：「謝謝省主席提拔，但是我真的很熱愛教育工作，希望能繼續留在教育界。」

聽到黃昆輝的回拒，林洋港先生非但沒有不悅，反而繼續展現誠意：「台灣省的教育也很重要啊，你來參與教育政策，貢獻的層面更大。請你不要一口回絕，再考慮看看吧！」見對方如此辭誠意切，黃昆輝也不好拒人於千里之外，只好順著對方的話，回答：「那麼，請讓我考慮三天吧。」

接下來這三天，黃昆輝的確非常慎重的考慮，首先，他決定深入瞭解省府委員的職責究竟是什麼？黃昆輝請教了同是從學界出任省府委員的張甘妹教授。在台大擔任教授的張甘妹，曾經被省主席謝東閔延攬為省府委員。

張甘妹教授向他說明：「省府委員的職責主要有三項：第一、參加省府每週一舉行集議決策的省府委員會議；第二、省主席指定你擔任某法案、某預算案的審查時，你必須主持審查會；第三、省主席若指定你擔任某個縣市縣政方面的督導，你也要下鄉參加。」

不過，雖然是省府委員，但並不需要天天待在省政府辦公室中興新村辦公，每週大約兩天去中興新村即可，因為有些會議可以配合省府委員的方便，就近在台北市召開。「不用去省府辦公，以及不用開會的時間，你仍然可以教書、做研究，並不需要完全離開教育界。」

張甘妹最後又補了一句：「我認爲値得一試。」聽到過來人張甘妹這麼說，黃昆輝不再像一開始那麼排斥。

「省府委員的工作對我來說，其實沒有多大的吸引力，但是我在教育研究所已經七年了，能有所改變也不錯。況且，如果想嘗試行政工作，這倒也是個能夠實際到行政機關工作的機會。」在教育研究所所長任內，黃昆輝因爲承接專案的關係，對省的教育問題有相當的研究，「當省府委員的話，不但有實地瞭解的機會，也能有所貢獻。」黃昆輝自忖。

妻子對於這個轉職機會，只給他一句話：「你自己考慮清楚就好。」而當他詢問時任考試委員的賈馥茗老師的意見時，賈老師雖未鼓勵他轉任省府委員，但也沒有提出反對意見。想到林洋港主席的盛情，以及張甘妹教授的建議，黃昆輝終於說服自己：「試試看也好。」孰知，這個決定一下，影響了他此後整個人生的生涯發展。

中美斷交時率團宣慰僑胞

一九七八年六月十二日，黃昆輝等多位省府委員，和省主席林洋港一起宣誓就職。

其實，早在他轉戰省府委員之前，就有人提議找他擔任台灣省教育廳副廳長。那一年，留學德國的許智偉博士，即將出任台灣省教育廳廳長。他私下拜訪田培林教授，探詢由黃昆輝出任副廳長的可行性，但是田培林教授希望黃昆輝繼續留在所長職位歷練與貢獻。田培林教授當時並未告知黃昆輝此事，而是在事過境遷後他才輾轉得知。「我非常贊成田老師的決定。那時我剛當所長第二年，歷練還不是很完備。而對教育的見解除了要有教育理念外，更要有豐富的實務經驗。」

在擔任所長前，黃昆輝即不遺餘力協助賈馥茗老師推動所務，及至擔任所長，更是將所有心力傾注於所長職務上，並且用心研究教育問題及教育決策。「我之所以後來當台北市教育局局長和台灣省教育廳廳長時，推動的工作會那麼順利、那麼受肯定，與我擔任所長時期的紮實歷練有關。」

黃昆輝的教學經驗囊括小學、初中、大學，及助教、講師、副教授、教授，可說極其完備。而在所長任內，他藉著開辦教育人員在職進修碩士學分，有機會爲中、小學校長及教育局科長授課，在上課的互動中，不僅建立良好的人際關係，並且從他們的實務經驗中，瞭解更多的教育問題。「我們教育研究所並不是在象牙塔內鑽研，而是將理論與實務充分結合。」

雖然練就了教育專業的十八般武藝，但是在省府委員任內，黃昆輝卻不記得在教育方面有任何特別的貢獻。倒是中美斷交時，銜命組團到美國宣慰僑界與留學生一事，具有非凡的歷史意義。

美國政府在民國六十七年十二月十六日，正式告知中華民國政府，兩國將自隔年（民國六十八年）一月一日起，終止外交關係，並且與中華人民共和國建交。消息傳來，舉國震驚，社會呈現動盪不安的態勢。「這對我們國家來說，是一項非常重大的挫折與衝擊！」當時，美國派助理國務卿克里斯多福來台灣說明，他抵達松山機場時，松山機場聚集了示威的人潮，他的座車一駛過來，立刻被示威民眾阻擋、丟雞蛋。

不僅國內動盪不安，在美國的留學生和僑胞也是人心惶惶。政府除了致力於提振國人的信心外，也緊急派員赴海外宣慰民心。

臨危受命的五人小組包括：省府委員兼師大教育研究所兼任教授黃昆輝、台大考古人類學教授尹建中、政大外交所所長李偉成，以及教育部國際文教處處長鮑幼玉、太平洋文教基金會副執行長賴玉人等五人，並由黃昆輝擔任團長。

「我們在斷交生效當日（六十八年一月一日）抵達舊金山，對僑界代表和留學生宣揚政府的觀點。」賴玉人說。

「當時，政府的核心觀點就是，海內外要團結自強。」黃昆輝補充。「發生如此重大的事件，我們能夠有機會銜命出國，可說是懷抱著滿腔的熱血。」

「那可真是轟轟烈烈的一段呀！我們馬不停蹄，把國內團結自強的氣氛帶出去，並且把留學生的改革意見帶回來。」李偉成說。「我記得，在哈佛大學舉辦的那一場座談，現任總統馬英九先生，即是其中一位與會的留學生。」黃昆輝說。

「留學生們流著眼淚說話的場面，現在回想起來，還是覺得很感人。」李偉成說。（追憶及三十六年前那一趟宣慰僑胞之行，三位昔日的小組成員，當年那股熱血彷彿再度流淌。）

五人小組花了一個月的時間，走訪美國八大州，十二個城市，回國時已經是除夕夜前一天了。在一個又一個與學者、僑界及留學生的座談會後，五人小組做成一份書面報告，呈報當時的行政院院長孫運璿。報告的內容大致包括以下幾項要點：

首先，與會人士探討出爲什麼一向以民爲主，反共立場堅定的美國，卻背棄長期的忠誠盟友台灣，而與中共建交？理由不外是：中國大陸地廣人稠，充滿無限商機，美國無法輕忽這項事實，以及爲了聯中制俄等。

美國政府爲了與中共建交，已醞釀多年。這段期間，美國政府不斷對美國人民宣導與中共建交的利益與必要性，以促成美國人民接受共產黨爲盟友。此外，美國政府也對人民宣稱，並不會因爲與中共建交，而置台灣於不顧。

第二點，在面對此變局，海內外國人唯有更加團結，以支持政府度過難關。

第三，美國與中共建交前，即在北京設立"Liaison Office"（連絡辦公室），我們也要求美國與台灣有類似機構。（因此，後來才設立了「北美事務協調會」、「駐美代表處」。）

最後，希望政府多聽取海外學者的意見，定期與之連繫。（因此，才有日後「國建會」與「青輔會」常舉辦與海外學者溝通連繫的活動。）

1

2

1 一九七八年，於省政府開完會後，與其他省府委員一起步出會議廳。前排右一為張甘妹，右二為陳如根；後排右一為楊金欉，右二為徐立德。

2 一九七八年，率五人小組赴美宣慰僑社及留美學生。右二為時任教育部文教處處長鮑幼玉；左一為台大考古人類學教授尹建中；左二為太平洋文教基金會副執行長賴玉人；左三為政大外交所所長李偉成。

盡情揮灑教育專長

——台北市教育局局長

民國六十八年七月，擔任省府委員屆滿一年的黃昆輝，改出任台北市教育局局長，當時的台北市市長為李登輝。「我和李市長素昧平生，他卻願意任用我擔任台北市教育局局長，讓我深感他是位大公無私的人。」

贏得衆人讚賞的創舉

據說，當教育廳廳長謝又華辭職，廳長一職出缺時，常常陪蔣經國總統視察的省主席林洋港先生，曾向蔣經國總統推薦，由省府委員黃昆輝兼任教育廳廳長。蔣經國總統並無異議，只建議林洋港先生與教育部部長朱匯森談一談。朱匯森部長的意見是，雖然他同意黃昆輝的教育專業能力及行政能力俱佳，但要從省府委員跳升教育廳廳長，恐怕過不了省議會議員那一關。他建議，先由現任的台北市教育局局長施金池升任教育廳廳長，而由黃昆輝委員擔任台北市教育局局長。

推薦名單送到李登輝市長手中時，李市長打探過三位人選的資歷與能力後，即圈選名列第一位推薦人選的黃昆輝。

比起是否要離開學界擔任省府委員時那般躑躅猶疑，被派任台北市教育局局長，黃昆輝可說是欣然赴任。「教育局局長是我第一個擔任的教育行政職位，也是眞正符合我專業的公職；而台北市又是首善之都，教育局局長的工作尤其重要。我經過學術與學界，甚至省府委員的歷練後，對自己很有信心，相信可以做出一些事來。」

早在黃昆輝大學畢業打算考高考教育行政時，就是把從事教育行政的工作，做爲他的志趣。後來雖然繼續在學術上精進，以及在學界服務，但是他篤信：「教育是致用之學。」能夠把累積多年的學術歷練與實務經驗貢獻出來，不啻是夢想的實現。

既能回到老本行，做自己嫻熟及有興趣的教育行政工作，又有一位大公無私，用人唯才的長官支持他，黃昆輝在台北市教育局局長任內，不僅卯足勁全力以赴，而且游刃有餘，屢創佳績。

在學校教育方面，兩年半的台北市教育局局長任內，黃昆輝有多項讓人津津樂道，嘉惠師生及家長良多的創舉與改革。

首先談談「家長參觀教學日」。在台北市這個都會型城市，不僅人與人之間充滿疏離，學校與家庭也彷彿斷了線般缺乏連繫。「孩子的教育要成功，必須老師和家長適切的溝通、連繫。但是，大部分家庭的家長忙於事業，老師則忙於教學，兩者間罕有交集。孩子出了門，有沒有到學校上課，家長不得而知；而老師沒有看到學生來上學，以爲是家中有事。以至於學童逃學、離家等脫序的行爲層出不窮。這種現象顯然是因爲學校和家長缺少必要的溝通管道。」

爲了讓學校和家長重新連上線，黃昆輝局長創造了一個讓雙方連繫的機會——「家長參觀教學日」。這樣的活動每學期舉辦一次，並且利用家長不用上班的週末舉辦。

「家長參觀教學日」的活動共分爲三個部分：首先是邀請家長到孩子上課的教室，旁聽老師的示範教學，藉以瞭解老師們如何教學，家長該如何配合指導孩子的作業，同時也能瞭解孩子們的學習狀況與學習態度。其次是在課後召開家長會，與老師面對面座談。「如此一來，就可以大大拉近家長和老師的距離，並且建構起家長和老師溝通的管道。」最後一項活動則是，邀請親子教育專家到校演講，家長和老師到場聆聽。

「活動結束後，父母牽著子女離開校園的身影，眞是一幅美好且讓人感觸良多的畫面。」黃昆輝感性的說：「因爲那不但顯示出家長已與學校、老師連繫在一起，同時也描繪出父母親對子女的關心與愛。」

自從「家長參觀教學日」的活動開辦以後，不僅逃學、翹家的問題明顯減少，家長狀告學校的黑函也驟減。

黃昆輝局長的第二項創舉是倡導「課後輔導」活動。當時，台北市地區中低年級學童的「鑰匙兒問題」甚囂塵上，黃局長看了不禁憂心忡忡。

「大都會地區，絕大多數是雙薪家庭，而且又是小家庭，爺爺奶奶、外公外婆幾乎都沒有住在一起。中低年級的孩子放學以後，父母都還沒有下班，於是他們就帶著一串重重的鑰匙，打開一層一層的門回家。」問題是，這些孩童都確實回到家了嗎？有沒有和同學去什麼遊樂場所或甚至不正當的地方呢？就算他們確實回到家，小小年紀的鑰匙兒單獨待在家裡，能讓人放心嗎？

爲了讓家長放心，也爲了解決鑰匙兒及不良少年衍生的問題，黃昆輝局長針對中低年級的學童，提倡在校內舉辦「課後輔導」，直到五、六點父母下班後帶回家。

課後輔導不僅僅是留在教室內寫作業，而是一項多樣化的活動。學生們可依照自己的興趣，選擇參加故事班或運動班等，而由相關科目的老師輪流輔導。「對老師們來說，每週頂多輪值一、兩次，尙不足造成生活的負擔。但是對家長及孩童來說，卻有大大的助益。」

黃昆輝局長解決了學童下課後無處去的難題後，還貼心的要求台北市每個學校，在教室後面設置每位學童的置物櫃。黃昆輝以閩南語憐惜的說：「人無三兩重，書包十幾斤。」看到學童們的小小身軀，快被沉重的書包壓得走不動。他心疼之餘，立刻想出這個辦法，讓每位學童把一些不需要天天帶回去的書本、器具、文具，留在教室的置物櫃，以減輕孩童的「壓」力。

有朋友告訴黃昆輝，卸任台北市市長張豐緒先生的夫人曾說：「到目前爲止，當台北市教育局局長而沒有被家長罵的，只有黃昆輝。」不過，來自校長和老師們的埋怨大概少不了吧！

教育就是生活，就是實踐

接下來這項創舉，應該就能夠贏得老師和校長們一致的稱許了。「所謂『教育第一，師資爲先』，我非常重視師資的養成。」黃昆輝解釋，師資的養成分爲「職前教育」和「在職教育」。職前教育是老師在師範教育體系時完成的教育，而在職教育則分成爲獲取更高的學位所做的進修，以及爲了因應教學的需要、爲了解決教學上所碰到的困難、爲了獲得更新的教學方法所做的進修。這類的進修、研習，是一種行動性、應用性的研習。

「教師們畢業離開師範院校以後，雖然取得教師資格，但是環境、時代都在改變，學術也經常推陳出新，如果沒有繼續進修，老師的學術和教育理念就會停滯不前。」因此，黃昆輝相當重視老師的在職教育。

爲了給教師一個進修研習的場所，黃昆輝四處打探合適的地方。有一天，台北市政府團隊南下到成功嶺，探望正在接受暑訓的大專生。回程在觀光號的火車上，坐在不同排的李登輝市長，主動叫黃昆輝坐到他旁邊的空位，詢問他，教育局是否需要新的教育建設計劃？黃昆輝表示，台北市的老師需要一個進修的場所，但是目前還找不到理想的地方。李市長同意黃局長的「教師進修研習中心計劃」，並在大約半年後告訴他，即將裁撤的陽明山管理局，裁撤後也許可以將該地作爲老師進修的場所。

黃昆輝一聽喜出望外，但是後來得知，主計處和財政局想要利用該處存放檔案。由於這兩個單位在市府團隊中是得罪不起的，因此黃局長的爭取之路備感艱辛，而且他們提議，教師和公務員在同一處進修即可。黃昆輝局長以他在國外留學時所見所聞力陳，先進國家如美、日、新加坡等，都是教師和公務員分開在不同的地點進修。

「因爲兩者進修活動的性質不同，老師進修大都是教學演示及活動，屬於動態性質；而公務員進修則大致屬於靜態性質。」經過黃局長在首長會議上的據理力爭，並且替那兩個單位想出「檔案可存放在學校的空教室裡」的辦法。最後，李市長終於做出決議，批准教育局將該地做爲教師進修的場所。

於是，台北市教師研習中心，正式在陽明山管理局舊址成立。「我們辦了不少活動，如中小學校長就任前的職前訓練、青少年問題及輔導研習營等。」雖然校長、老師們除了學校的校務及教學工作外，假日還要花時間進修研習，但是，因爲研習地點在景致秀麗、風光明媚的陽明山，進修之餘還能泡泡溫泉，做做森林浴，因此教師們並不會引以爲苦，參與的意願頗高。

除了這幾項創舉外，黃局長在學校教育方面，還有幾項改革，其中「畢業典禮的改進」一度傳爲美談。

受邀參加過多場中小學畢業典禮之後，黃局長深感傳統的畢業典禮沉悶、無趣，並不是以學生爲主，以致於學生沒有參與感，也感受不到參加的意義。「尤其是碰到選舉期間，簡直就像是候選人的『演講比賽』。學生聽老師的諄諄教誨已經聽了三年或六年，畢業時還要聽這些，簡直就是一場走調了的畢業典禮！」

在黃昆輝的心目中，畢業典禮本身就是一個教育的場合，應該充滿了感恩、懷念，依依不捨的氣氛才是。於是，他重新爲畢業典禮定調，建立一個「以學生爲主體，老師爲本位」的概念。

若議員到校參加畢業典禮，僅由校方簡介，議員本身不發言；畢業生每班派一位代表講話；在校生中，五年級每班派一位代表講話；三年級與四年級則各派一位發言。另外，畢業班每班的導師和家長代表也要致詞。

「致詞的人不一定要上台，就在位子上站起來發言就好，整個會場此起彼落站起來講幾句話，表達一下心中的感恩與依依不捨，不必長篇大論，只要能流露出眞情就好。當然，也可以用表演的方式代替說話。」

許多學校爲了營造出感恩、懷念之情，還布置了拱門、花道，讓畢業生依序穿過，師長則列隊在盡頭與他們握手、擁抱。自從畢業典禮改走溫馨、互動路線後，過去曾經發生的，畢業生畢業當天即返校破壞校園的情況就不復見了。「所以說，教育就是生活，就是實踐。We learn what we live.」看到這樣的成果，黃局長欣慰的說。

「軟硬兼施」推動文化活動

黃昆輝擔任台北市教育局局長任內，除了致力於學校教育，在社會教育方面，更是經由推動多項文化活動，一新台北市的耳目。

「台北市市長李登輝的願景是，將台北市營造成一座有朝氣、有活力，充滿文化氣息的城市。」爲了落實李市長的願景與指示，台北市教育局的施政重點之一即是推廣文化活動。

「教育依施教場所分爲三種，分別是家庭教育、學校教育和社會教育。『社會教育』這個名稱是我國獨創的，在國外稱爲『成人教育』。」黃昆輝說，學校教育在台北市可說已經頗上軌道，不但有制度可循，教育人員的素質很高，家長們也很關心子女的教育。但是，社會教育仍欠缺豐富的內容。於是，黃局長先從推廣文化活動做起，以發揮社會教育的功能。

推廣文化活動的目標一擬定，文藝季、音樂季、戲劇季就相繼熱熱鬧鬧登場。音樂季邀來了旅外聲樂家范宇文、簡文秀等人登台獻唱；戲劇季則請來有「歌劇之父」美稱的曾道雄及其他歌劇界要角，陸續演出多場膾炙人口的戲劇，如《魔笛》、《浮士德》、《蝴蝶夫人》、《天鵝湖》等。其中《浮士德》是李登輝市長的最愛，李市長除了找人翻譯這齣法國戲劇，甚至還親自修改潤飾翻譯稿。

「引進音樂季是市長夫人曾文惠女士，參考日本NHK的紅白對抗所做的提議，她希望讓國內年輕藝術家有表演的空間。」在戲劇方面，除了國外劇作家的戲碼，還有我國的地方戲曲，如歌仔戲、豫劇、京劇、湘劇等。戲劇之外還有舞蹈、美術等藝文活動。「美展方面邀來了台陽美術協會的成員如李石樵、李梅樹、楊英風、吳隆榮等人參展。」

黃局長說，在舉辦藝術季之初，大家都對於能否引起市民的重視與興趣，能否鼓動市民參與，打了一個大問號。因爲台北市是首開風氣之先，台灣過去不曾在這些方面著力。

那時，在編列藝文活動的預算時，也曾引起主計處和財政局的質疑：「爲什麼請國外的藝術家要這麼貴？」後來，藝文活動愈辦愈熾熱，愈來愈受肯定，迴響也愈來愈大之後，編列預算就比較順利，而且各單位還會全力配合、協助。

不過，藝文活動雖然如火如荼展開，最大、最完善的表演場所卻只有國父紀念館，因此，幾乎所有的藝術表演都在那裡舉辦。教育局除了重新規劃國父紀念館的隔音效果與座椅安排外，爲了因應更多的美術展覽及藝文表演，黃局長還發包籌建市立美術館，以及興建臺北市社會教育館。

社教館的座位號碼及座位安排，是出於黃局長到國外考察後的心得。「我記得曾走訪美國紐約、休士頓、芝加哥等城市，參觀了歌劇院和美術館、博物館。」美國藝文表演場所的座椅號碼不像台灣的座椅號碼，標示在椅背上，而是在無人入坐時向上彈起的座位前端。「這樣不是方便多了嗎？號碼在椅背上，觀眾在找座號時，必須繞到後面的椅背去查看，如果標示在彈起來的座椅前端，觀眾不必探頭彎腰，就可以一目了然。」於是，社教館的座位號碼都標示在座椅前端。而爲了不讓觀衆在欣賞節目中任意進出，干擾到他人觀賞藝術表演的情緒，社教館的座位安排採十幾人一長排，讓觀衆進出不易。

大力推廣藝文活動的黃局長，不忘貼心的注入了人文思維。

社教館落成以後，黃局長將市立交響樂團和國樂團遷入，並擴編市交人力、組織，以因應接踵而來的音樂季、戲劇季等。

除了倡導藝術活動和興建藝術表演場所外，教育局並在學校設立音樂實驗班，以培育音樂人才。而且，音樂人才的培育是從國小到大學一脈相傳。在國小方面，有福星國小和古亭國小的音樂班；國中則有南門國中、仁愛國中的音樂班；高中階段是師大附中音樂班。再往上則有國立藝專、藝術學院、師大音樂系等。「許多國內出色的音樂家，都是這樣從國小到大學，一路被培養出來的。」另外，明倫國中在一九八一年設立了美術資優實驗班，也培育了不少美術人才。

在台北市教育局「軟硬兼施」（軟體與硬體雙向並進）推動文化活動下，不僅獲得國內藝術家及旅外藝術家一致的好評與肯定，也受到市議會的贊同與掌聲。「李登輝市長還因此獲得『文化市長』的封號。」而且這位文化市長，不僅關心人文，也希望給動物們一個寬敞舒適的家。李市長在任內規劃興建木柵動物園，並由台北市教育局承辦，破土動工時，黃局長隨同李市長，見證了這歷史性的一刻。

雖然當時國內經濟繁榮穩定，但是市民尚未建立花費昂貴票價參與藝術活動的概念與習慣，因此，市政府所辦的藝術活動，不是免費就是票價非常平民化，「市府主要是爲了推廣藝文活動，鼓勵民眾參與，所以不求收支平衡，甚至屢屢貼補不足。」

一次成功的學生外交

在社會教育方面，黃局長除了大力推廣文化活動，還有一項針對歌星證核發易滋生弊端的改革。當時，歌星在歌廳演唱或是赴國外表演，都必須有歌星證。歌星為了順利通過核發歌星證的測試，時有關說、舞弊的傳聞。

「為了免除弊端，也為了縮短歌星等待證照時的焦慮不安，我做了兩項改革措施。首先，我將測試成績改為測試完畢即當場公布，通過測試者一週後就可以收到歌星證；其次，我要求在考前一天的晚上才連繫評審老師。」黃局長先請主管科備妥所有可受聘為評審委員的音樂學者專家名單。然後在考前一天晚上八點以後，打電話邀請他們擔任評審。倘若某位音樂學者專家的時間無法配合，就找另一位，直到敲定五位評審委員為止。

如此一來，就沒有關說的機會。「雖然我不確定是否眞有關說、舞弊一事，但是，等待的確會讓參加考試的準歌星們焦慮不安，也可能耽誤他們登台演出賺取酬勞的機會。所以我用公權力來興利、防弊，用確定對應不確定。」黃局長此項改革，確實做到公平、透明、有效率，因此贏得各界的掌聲。

黃局長改革的對象，不僅是不公不義、不符合時代潮流的政策與制度，甚至於不合理的名稱，黃局長都要表示一下意見。字斟句酌、精準周延的學者個性，無形中表露無遺。

黃局長在參加某次市政會議時，聽到人事處的處長報告，擬於某日舉辦「集團結婚」。（集團結婚是由市政府主辦，擬結婚的新人在同一個時間舉行婚禮，並由台北市長擔任主婚人。）「我聽到『集團結婚』這個名稱，覺得名不正言不順，因為結婚都是一對一對，而不是一個團體一個團體。像這種一對一對聯合起來一起舉辦婚禮，應該稱之為『聯合婚禮』。」黃局長提出異議後，當下雖有人與他辯論，但是後來，台北市人事行政處即改名為「聯合婚禮」，之後便通用於全國。

民國七十年七月中旬，黃局長等人帶領北一女樂儀隊訪美，為台灣學生的海外交流開啓新的扉頁。那一年，透過明尼蘇達州明尼阿波利斯市一位華僑女士的推薦，該市發函台北市政府，邀請北一女樂儀隊參加其一年一度的水上節。台北市教育局局長黃昆輝，偕同外交部北美司司長章孝嚴商討後，決定趁此機會，率團於美國幾個大城市巡迴演出，以展現台灣年輕人的活力。

這浩浩蕩蕩的一行人，光是學生就有一百多人，再加上隨行照料的校長、老師、教官、訓育組長，還有台北市教育局局長、科長，以及北市府新聞處和外交部北美司各一名官員，總共一百二十人。在美國境內搭國內線班機時，還得分兩趟才載得完。

此行一共走訪了七、八個城市，歷時十七天左右。第一站先到加州的蒙特婁市公園表演，市長是華裔的李宛若女士，在李宛若市長的熱烈歡迎下，北一女樂儀隊不負眾望，回報以可圈可點的表演。第二站來到迪士尼樂園，當身穿紅上衣白短群的樂隊，以及綠上衣白短群的儀隊，以整齊劃一又變化多端的隊形，在樂園中行進時，遊客們的眼睛全被吸引過去，忍不住嘖嘖稱奇、讚嘆連連。

接著再飛往休士頓。當地僑胞幫忙租下一間motel，並且為了保護女學生們的安全，僑胞們還雇請荷槍的警衛整晚巡邏。「在休士頓最大的體育館表演時，負責接待和搬椅子等事務的志工，大都是北一女的女婿。」這些娶了北一女畢業學生的留學生們，個個來頭不小，醫生、教授、科學家比比皆是。「可以說是最高水準的志工群。」

離開休士頓以後，換了兩趟飛機才飛抵明尼蘇達州，然後前往芝加哥的市府廣場、猶他州的鹽湖城表演，最後再到舊金山的中國城。在中國城表演時，連時任加州州長的布朗也應邀前來致詞並觀賞。華僑們看到來自家鄉的女學生們英姿煥發、技藝純熟的精湛表演，忍不住熱淚盈眶。

回到台灣以後，李登輝市長親自到中正紀念堂迎接，並邀請學生們公開表演一場。「這是一次很成功的學生外交，國外人士紛紛讚嘆台灣的教育非常成功。」

這場成功的學生外交，學生們每天敞開心，感受興奮與新鮮，大人們卻是提著一顆心，一路戒慎恐懼。「每天晚上我都和大家一起用餐，守護著學生們。即使有人邀約飯局，我也不敢赴約，心情就像是如臨深淵、如履薄冰。」一百零九位女學生，一點差池都不能發生。黃昆輝引用了閩南語的俏皮話說：「有功無賞，打破要賠。」演出成功、行程順利、學生安然無恙都是應該的，但若發生任何意外，那就「吃不了兜著走」了！

休士頓的那場表演，在耍槍時，有學生不慎打到自己的臉頰，表演結束後，發現自己皮破血流，女學生嚇了一跳，大人們則是差點嚇破了膽！幸好高水準的華僑志工中有位醫生，他立刻帶女學生到醫院治療，高超的無痕手術，讓女學生的臉頰完全看不到疤痕（但是大人們的膽已經嚇出傷痕了）。

回國後不久，市議會議長林挺生即表示，新加坡想要邀請原班人馬到當地表演，黃局長則希望先讓學生們休息一陣子。後來，新加坡駐台代表鄭先生造訪黃局長，懇切邀請北一女樂儀隊到新加坡表演兩場。盛情難卻下，原班人馬返國後沒多久，即再度粉墨登場。

「現在回想起來，帶那麼一大群學生出國，還會覺得可怕！那時卻沒有想那麼多，眞是『憨膽』！」黃昆輝自我調侃說。

志在教育，無意參選縣長！

在台北市教育局局長任內，還有一段意外的插曲。「在我率團訪美之前，國民黨徵召我回雲林縣競選縣長。」那一年，連任兩屆雲林縣縣長的林恆生，即將任滿退休，他屬意由建設科陳姓科長出來參選，但是還有一位各方面表現都很傑出的許文志，正在積極爭取黨內提名。「許文志是我虎尾中學的同學，有能力又有企圖心，他後來還升任台灣省建設廳廳長和組工會主任。」

國民黨協調不成，擔心「順了姑意，逆了嫂意」，且雙方人馬在勢力消長下，恐怕誰也當選不了！左右爲難之際，早就注意到黃昆輝其人其事的省黨部主委宋時選，希望黃昆輝能回家鄉雲林縣競選縣長。他認爲，由立場中立、沒有派系色彩的黃昆輝參選，兩造人馬應該都沒有異議，勝算比較大。於是他委託省主席林洋港進行遊說。

林洋港主席宴請黃昆輝，酒過三巡，兩人的心情都比較放鬆時，林洋港主席終於言歸正傳，力勸黃昆輝參選雲林縣縣長。三年前，黃昆輝拗不過林洋港主席懇切的遊說，離開學界投身省府委員，這一次，他卻堅持己見，不動如山。「我告訴林洋港主席，我志在教育，現在當教育局局長已上手，正是可以推動許多事的時候，實在沒有意願去參選縣長。」

林洋港主席無功而返後，宋時選邀黃昆輝到位於台北市時代大廈的省黨部辦公室，當面勸進，黃昆輝依舊婉言相拒。但是宋時選仍不放棄，繼續將此提案呈報中央黨部組工會（組織工作會）主任梁孝煌。黃昆輝受邀到中央黨部組工會主任辦公室，婉拒的說辭依舊是「志在教育，無意參選」。

原以爲當面向宋時選主委表白後，此事就可以打住，沒想到，宋主委卻上呈到專責提名候選人的組工會。「他們大概以爲我是客氣推辭，但其實那就是我眞正的想法。」黃昆輝從組工會回到市政府後，將此事向李登輝市長稟報，並表示志趣在教育，無意參選縣長。

事實上，不僅黃昆輝本人無意參選雲林縣縣長，他與妻子商量此事時，妻子也十分明白地告訴他：「如果你去競選雲林縣縣長，你的老婆和孩子都不會幫你競選。」意即他們都不贊同。妻子的想法和他一致，教育工作是他的專業，而且也比較單純。但是縣長工作牽涉的層面既廣又複雜，即使自己潔身自愛，也可能碰上「人在江湖，身不由己」的處境。雖說回到家鄉當縣長，感覺好像榮歸故里，但也可能發生「近廟欺神」的狀況。

李市長得知黃昆輝的心意後，當宋時選再上呈黨祕書長蔣彥士，蔣祕書長有意勸進時，李市長即表示，黃局長在市府教育局做得很好，同樣都是爲國家做事，就尊重他的意願吧！黃昆輝也保證，無論是提名陳姓科長或許文志，他都會盡力助選。在兩人的堅決表態下，蔣祕書長終於點頭，讓這件事到此爲止。

黃昆輝雖然婉謝宋時選直接與間接的勸進，卻很肯定他的爲人處事。「宋時選不但擅於拔擢人才，而且，開會時他只要聽到某人提了很好的意見，或是什麼事表現得很好，散會後都會立即寫封信稱讚、肯定對方。」此外，宋時選還是位低調、不喜歡出風頭的人。「他出席任何重要的會議時，常會坐在最後面、最不顯眼的位子。」黃昆輝敬佩的說。

此事雖爲黃昆輝在台北市教育局局長任內的一段小插曲，但若當年他拗不過長官們一而再、再而三的勸進，轉換跑道參選縣長並當選的話，他的整個生涯發展史都將改寫。

1 一九七九年七月一日，接任台北市教育局局長，與卸任局長施金池交接，中間為監交人主計處處長魏剛。

2 一九七九年十月二十五日，台北市主辦台灣區運動大會，李登輝市長主持開幕典禮。

3 一九七九年十月二十五日，台北市主辦台灣區運動大會，閉幕典禮接受李登輝市長頒獎。

4 一九七九年，於北市教育局局長任內，舉辦台北市音樂季。

5 一九七九年，音樂季活動結束之後，隨同李登輝市長，向與會音樂家致意。

6 一九八〇年，妻兒陪同參加教育建設座談會，會中進行團康活動。

7 一九八〇年，參加「家長參觀教學日」活動，與家長座談。

8 一九八一年，北一女樂儀隊在舊金山中華會館前表演，僑胞群聚觀賞。

9 加州州長也蒞臨觀賞樂儀隊表演。右一為中華會館主席；左二為舊金山辦事處處長。

綿延不斷的革新

——台灣省教育廳廳長

一九八一年十二月初，擔任台北市教育局局長兩年多的黃昆輝，一如往常，在進辦公室辦公之前，先到台北市的中、小學巡視。在事先沒有通知校方任何人的情形下，單獨一人巡視校園的黃局長，自覺像是穿了一件隱形衣般，行動自如，無拘無束。

其實，學校警衛大多一眼就看出這位氣宇軒昂的賓客是何許人，但都遵照他的意思，沒有在第一時間通知校長。等到校長發現黃局長大駕光臨時，他已經站在升旗典禮隊伍的最後一排，參加升旗典禮良久，或甚至已經勘察過教室、廁所了。

四項具前瞻性的教育政策

這是黃局長樂此不疲的晨光微服出巡。這一天，當他巡視校園返回辦公室時，辦公室同仁告訴他，時任研考會執行祕書的黃大洲，急匆匆到局長辦公室找他，辦公室同仁只知道局長到中小學巡視去了，卻不知今日去到哪一所學校，因此聯絡不上他。臉上寫滿焦急的黃大洲執行祕書，只好留話，請他們務必要局長返回辦公室後，致電與他連絡。

黃昆輝局長致電黃大洲執行祕書後，才知道這十萬火急的事是：今天上午國民黨中常會料將通過李登輝市長出任省主席，並將於十二月底走馬上任。他希望黃昆輝能隨同到省政府幫忙，擔任台灣省教育廳廳長。黃局長一聽到此事，二話不說即答應。「因爲李市長對教育文化非常重視，對教育局局長也很尊重。」除此之外，黃昆輝在師大擔任所長時，藉著在「四十碩士學分班」授課的機會，常有機會與從全省各地來進修的中小學校長、教師切磋，從他們身上，他瞭解到各地中小學的問題。

同時，他在台北市教育局擔任兩年多局長後，發現他的教育理念「能夠派得上用場」，所以深具信心可以勝任省教育廳廳長的職務。

黃局長的夫人，對於又要與另一半分隔兩地，倒也並無異議。「從我唸書到就業，我們幾乎都是聚少離多，她已經習以爲常了。」

這祕而不宣的轉職訊息來得好快，「從發表到上任不過一週。」黃昆輝事後得知，李登輝市長調任台灣省主席的人事案應該早在公開前兩週，行政院院長孫運璿即已告知李市長，請他在祕而不宣的情形下預作準備。「只有我沒看出蛛絲馬跡，難怪人家說我後知後覺。」

黃昆輝自我解嘲笑笑。

一九八一年十二月底，省主席李登輝率同省教育廳廳長及各首長走馬上任。在新舊任首長交接典禮時，黃廳長宣示了自己的施政理念和重要政策：「生動活潑的小學教育」，「適性發展的中學教育」，「能力本位的職業與師範教育」，「主動敏捷的教育行政」。

「國小階段的兒童，天眞爛漫、活潑可愛，教育措施及教育活動，應該要順應他們的特性，不要講光抄、講光聽，被動、灌輸、塡鴨式的學習；而是要鼓勵學生發問、討論，營造快樂活潑的上課氣氛。」這不僅是黃廳長的觀察體認，更是緣於過往的教學經驗。

黃廳長對於小學生兩手背在後面，腰桿挺直的上課規矩頗不以爲然。「不要因爲著重嚴格、死板的教室管理，而忽略了有效的學習。」黃廳長深信，「有效的學習應該凌駕於教室管理」，所以他主張「生動活潑的小學教育」。

在「適性發展的中學教育」方面，黃廳長的理念是：「學生進入國中以後，就要開始瞭解學生的興趣、性向、長處及潛能。尤其到了國三時，更要輔導學生，釐清自己是要走升學的路，考普通高中；還是走技職教育的路，考職業學校，然後就業。」用教育的術語來說，此即爲「分流」。

唸普通高中或職業學校，是「學制第一次分流」；進入高中後，將來要唸文理法商哪一科？而高職則有廣告、商業、工業、美工等可選擇，這是「學制第二次分流」。無論是第一次或第二次分流，都應該適性發展。

「在國、高中階段，要強化學校的輔導、諮商，輔導學生瞭解自己的學術或技能性向；而高職的教育則以『能力本位』爲取向，先分析出某項工作所需的基本能力，然後讓學生在校的三年期間，徹底學會職業所需的能力。」

別具教育意義的「能力本位」

「能力本位」也就是黃廳長所提出的第三項施政重點：「能力本位的職業與師範教育」。在黃廳長的教育理念中，職業學校與師範學校，皆應採取「能力本位」的教育。意即，高職的不同科別，如會計、板模、土木、廣告、餐飲科等等，都有它所必須具備的基本能力。「將各種工作、科別所需的基本能力分析出來後，再幫學生在三年內養成。」

而當時已從三年制（高中）的師範學校，改爲五年制（專科）的師範專科學校，黃廳長也主張採取「能力本位」。師範專科學校是小學老師的師資來源，而那時教中低年級（從小一到小四）的小學老師，都是「包班制」。也就是，一位老師包下該班幾乎所有的科目。國語、算術固然要教，音樂課、美術課也得粉墨登場。可以說，十八般武藝樣樣得精通。所以師範專科學校的學生們，除了學科要精通，也要學會彈琴、寫板書等。

最後是「主動敏捷的教育行政」。這是針對省教育廳、教育局，以及中小學各校行政人員所提出的。「處理教育問題要講求效率，並且在問題發生前，就要防患於未然。」

「能力本位」這個名詞，對於當年衆多高職的校長及教務主任而言，可以說是高深莫測。「因爲他們在接受師資養成教育時，還沒有人談到這個名詞。」校長、教務主任們當下的反應除了困惑，還有因不瞭解而產生的抗拒。但是深諳人性與領導原理的黃廳長，採用循序漸進，以及讓參與者有機會「知己知彼」的方式，不但破除了他們的懼斥，最後還讓他們心悅誠服，主動、自願在學校中試行。

「在推動一項新政時，絕不能一紙公文下去，就要求學校去做。因爲校長及教務主任、教師不但沒有『能力本位』的思考，也完全不瞭解『能力本位』的整套做法。」要讓他們有效的執行，必須符合三項「執行要件」——知、能、願。

「『知』就是執行者要知道何謂『能力本位』；『能』就是執行者必須有能力執行；而『願』就是執行者必須願意、心甘情願做這件事。」

要讓執行者「知」、「能」、「願」，具體的做法是要先透過溝通、研習，然後再協調定案。黃廳長先邀請職業教育專家參與研討會，將「能力本位」落實爲一個具體方案；然後再請職業學校的校長，參加定期（每週六）、定點的「能力本位講座研習會」，由專家學者負責演講、說明。校長們提出的問題則由專家或是黃廳長負責解答。

一段時間以後，待校長們全盤瞭解「能力本位」的教育方式，並且體認到，學生們確實能夠因此而習得一技之長後，接著再調訓職業學校各校的老師和教務主任。「但是，不可能調來那麼多人，接受那麼長的時間受訓，因此我們先培養『種子老師』。」「種子老師」約有六十五位，由各校校長推薦主任級的老師接受集中訓練。結訓後，「種子老師」再分配到各縣市的學校，向老師們講解如何推動「能力本位」教育。

經過這長達一學年的研習、溝通，及訓練、解說後，各職業學校的校長自行評估實施的價值與可行性，然後由有試辦意願的校長先在該校試辦，廳長並不會強制規定實施。可喜的是，幾乎所有的職業學校和師範專科學校，都漸次加入「能力本位」教育的行列。

高中職入學考試改採聯合命題

其實，當黃廳長端出這一系列分量頗重的革新大餐時，不僅各級學校校長、行政人員因不解而惶恐，乃至反彈；連教育廳的主管和員工，都備感壓力，甚至有資深股長擔心壓力太大，而考慮提前退休。後來在黃廳長循序漸進、再三溝通解說的做法下，才安下心，滿懷衝勁與成就感做到屆齡退休。「我的革新政策只是教學的重點、內容及考核學生成績的方式改變，並沒有增加執行者的工作分量與工作時間；而且是漸進式、按部就班的改變。」黃廳長對於教育改革有非常精闢、獨到的見解：「教育只有綿延不斷的革新，沒有跳躍躁進的革命。」

黃廳長強調，做任何決策，都要讓將來要執行這個決策的人（如校長、老師等）能夠參與決策過程，以瞭解這項決策為何要推動？推動的價值與意義？以及是否推動得來？也就是讓他們先有個"warm up"（暖身）的機會。

「所謂『合理的決策』，就是能夠推動的、可行的決策。不能為了做決策而做決策，而是要為了可以執行、改進才做決策。」

除了這四項重要的教育革新外，還有一項非常重大的改革：推動高中職入學考試採「聯合命題」的方式。

過去，台灣省高中職入學考試的命題，採各科由一位該科的老師命題。黃廳長認為，這種單一命題的方式很難做到公平、客觀、融會貫通，並兼顧難易度。「升學考試的命題，影響教學方式。」如果命題合理，學生只要讀懂教科書，就可以考出很好的分數。影響所及，老師的教學也就能夠回歸正常化。如果考題艱澀、冷僻，以考倒學生為目的，那麼，學生只好往補習班裡鑽。「每一科的考題都應該前後各冊融會貫通，並且由易到難，各種題型都有，才能考出學生的理解程度。」

為了以公平、合理的考題，導引出教學正常化，黃廳長致力推動命題方式的革新，即以

「聯合命題」取代過去傳統的命題方式。

「聯合命題」的方式是：每一個科目請一位該科的國中老師，以及兩位該科的高中老師，另外再聘請一位大學學科教授，與一位心理測驗專家，總共五人，組成該科目的命題小組一起入闈。「師大郭生玉教授是心理與教育測驗方面的翹楚，我每年都請他綜合指導，特別是試題難易度的鑑別安排。」

之所以從國中到大學的教師都參與命題，主要是因爲，「知識的連貫性具足，才更能掌握各科的教學要點。」黃廳長說。

擬定考題前，命題小組先討論出各學期教科書所佔的命題比例，以及命題型式如何靈活運用、融會貫通？並摒棄冷僻、艱澀、鑽牛角尖的題型。

而在考題難易度的分配上，包括有三種：一、百分之七十五的學生會，百分之二十五的學生不會；二、百分之五十的學生會，百分之五十的學生不會；三、百分之二十五的學生會，百分之七十五的學生不會。「這三種題式平均分配，試題才有鑑別力，也才能考出學生的努力、智慧、程度與能力。」

考題初步擬定以後，再找低、中、高三種程度的學生試考，看看是否能考出與預期的難易度相符的結果？「我希望以命題合理化與周延化，導正偏頗的教學；以好的考試，引導好的教學。」

聯合命題第一次施行後，各方反應甚佳，紛紛讚嘆：「今後老師只要好好教課本裡的內容，學生只要好好讀通課本，就能夠考出好成績。它的確做到了『以好的考試方法，導引出正常的、好的教學。』」考題一出來，許多專事鑽研艱澀考題的補習班，紛紛被打敗。尤其是自然科的題目，光靠強記而不做實驗的補習班，完全無法幫學生補出高分。

由於實施的成效甚佳，原本只在台灣省高中職實施的聯合命題，後來，台北市高中職也跟進實施。

不過，台灣省第一次施行聯合命題時，發生了一件瑕疵。主辦聯招事宜的新竹高中校長史振鼎，爲了防範洩題，特別選擇在遠離塵囂的日月潭設闈場，讓參與命題的老師們，能夠在不受打擾且風光明媚的環境中，研擬出最適妥的考題。沒想到百密一疏，參與命題選務的工作人員中，有人與補習班勾結，因而發生洩題弊端。所幸黃廳長立即做出補救措施，也懲處了相關人員，在緊急應變得宜的情形下，總算瑕不掩瑜。

解決考績獎金發放不公的問題

黃廳長之所以一上任就端出這麼多道教育政策革新大餐，除了是因應時代變遷的新需求外，也是深感：「三年官，兩年滿。」「在教育廳長的位置誰也不知道能做多久，所以有什麼想做的事，就要動作快！」黃廳長說。

所謂「三年官，兩年滿」是比喻，即使是三年任期的官位，眞正能夠推動自己的政策理念，大概也只有兩年的時間。「因爲剛上任第一年，前任即已經把預算編列完成，繼任者無法再推動自己的理念，等到第二年可以編列預算，進行新政策時，如果沒有先備妥完善的計劃案，可能兩年忽而一過，你卻一事無成。」

不過，如果新政策剛上路，主政者就要換人做，那不是可惜了好不容易才上軌道的政策？「倒也不必過於擔心這一點，因爲，眞正推動得好，反應不錯的政策，是禁得起考驗的。就算換領導人，還是會繼續推動，不至於輕易中斷。」

黃廳長當時的心態是，不管教育廳廳長的任期長短，都要好好把該做的事做好。

所謂「人存政舉，人亡政息」，黃昆輝認爲，政策隨著領導人不在位而廢止，是很自然的。不同的主政者有不同的主張，而不同的主張也許更符合時勢需求，所以才需要隔一段期間就「換人做做看」。

但是，無論換誰做，都必須是整個團隊密切配合，各就各位，各司其職。這也就是新科台北市長柯文哲就任前，向台聯黨主席黃昆輝請益時，黃主席送給他一句話：“The whole cat is catching a mouse.”（一整隻貓都在抓一隻老鼠），供作參考。

「領導者的功能就是促進各單位通力合作。我們一般的行政主管最常犯的毛病就是：『只有上下，沒有左右。』也就是缺乏團隊協調合作的概念。」

這個道理運用到推動「能力本位」教育時也一樣，「校長、老師、行政人員，以及教育廳、教育局這整隻貓（The whole cat），都要動起來，才能抓住『能力本位』這一隻老鼠（a mouse）。」

根據黃昆輝所提倡並奉行的領導最高指導原則：「高倡導、高關懷」，既然倡導了那麼多項革新政策，當然也需要給予高度的關懷——鼓勵與肯定。

首長交接典禮當天晚上，新任省主席即邀黃廳長到其寓所，談談他有無亟欲進行的當務之急？白天發布了那麼多嚇人、累人的新政策後，擅長領導藝術的黃廳長，晚上即釋放出安撫人心的高關懷舉措。

「我希望台灣省各縣市中小學老師的考績獎金，能夠和台北市、高雄市同步，也發一個月。」當時，台北市和高雄市中小學老師的考績獎金爲發放一個月薪資，而台灣省各縣市卻因爲財政不若北、高兩市充裕，因此，中小學老師的考績獎金只發半個月。

這個問題在省議會雖已被質詢關切許久，但仍懸而未決。「這是既不公平，也不合理的事，應該做一個徹底的解決。」

黃廳長請省主席協調財政廳、主計處，教育廳也會調整其預算分配，支應中小學老師的考績獎金。李登輝主席十分贊同與支持黃廳長的提議，並先由省政府支援，經費再有不足，則呈請行政院支援，行政院孫院長也同意此事。就這樣，黃廳長甫上任就解決了延宕多時的「台灣省各縣市中小學老師考績獎金發放不公」的問題，讓全國中小學老師的考績獎金都發放一個月。

為偏鄉老師創辦「巡迴教學班」

同樣屬於物質方面的「關懷」還有：「取消全國教師考績甲等不能過半的政策」。黃廳長認為，早期因為政府財源不足，才有考績甲等不能過半的規定，但是時過境遷，財政已趨豐裕，就該因應時代做調整。「況且，教育工作者如果考績甲等不能過半，那就表示教育永遠辦不好，因為永遠有一半的老師不是甲等。應該要核實考核，該有多少人達到甲等就給他們甲等。」但是黃廳長也強調，校長必須有一套周延的辦法，不能因為不敢得罪人，而統統都有獎，那就失去了它的意義。「一定要名副其實去做，才能發揮鼓勵的作用。」

當黃廳長提出這項建議案時，民政廳廳長劉裕猷也順勢為公務人員爭取考績過半。但是黃廳長認為，老師考績甲等過半是要為學生樹立典範，建立教師尊嚴，並且激勵老師自我要求，應該比較不會遭受反對。「一項新政要推動，應該尋阻力之最少的先推動。教育人員考績甲等過半的阻力應該比較小，所以可以先推動。」果然，行政院人事行政局不久就讓此案通過。後來公務人員考績過半的方案也實施了。

除了實質、物質上的關懷外，黃廳長也給予精神層次的高度關懷。向來篤信「教育第一，師資為先」的黃廳長認為，時代在進步，知識在膨脹，教育人員應該趕上時代，不斷地進修。因此他主張，小學老師應該提升到大學畢業的程度。「就像是，並非為成人看病的醫生要唸得多一點，為兒童看病的醫生就可以唸得少一點。」

然而，進修學位對於在偏鄉任教的老師們來說，就像是一件可望而不可及的事。「偏遠地區的老師如果想進修，幾乎得辭去工作，這對他們非常不公平。對於這些在窮鄉僻壤服務的老師，我們更應該給予關懷、照顧才是。」

基於這樣的信念，黃廳長創辦了「巡迴教學班」，也就是教育廳聘請師大、政大等大學的教師，在每週六、日及寒暑假，風塵僕僕去到偏鄉學校，如花蓮、台東、澎湖、嘉義等偏遠地區的小學，為當地的小學老師們授課。偏鄉學校的老師們，利用兩年的時間，在「巡迴教學班」上課，補修完大學學位應該修畢的學分後，即能取得學士學位。

此一良善的政策，一直到黃廳長離開廳長職位，後繼者依舊蕭規曹隨，持續舉辦，因而造福了不少偏鄉的小學老師。

多年後的某一天，早已離開教育廳的黃昆輝，從花蓮搭乘北迴鐵路的列車返回台北時，有兩位女老師趨前向他致意：「您是黃廳長嗎？當年若不是您推動巡迴教學班，我們不可能拿到大學畢業證書。」原來她們兩位是在花蓮任教的小學老師，她們在黃廳長推動的「巡迴教學班」，取得學士學位。「我們一輩子都很感謝您。」兩位女老師最後說。這個突如其來的讚嘆與感謝，讓他的內心，在接下來的旅途一路滿溢著溫馨。

教師們的學位進修固然重要，專業知識、技能的進修，也深具價值。黃廳長到教育廳任職沒多久即發現，台灣省的小學老師有設於板橋的國民學校教師研習會提供進修機會，但是中學老師也很多，卻沒有一個進修的場所。「有健全的老師，才有健全的教育。」為了健全師資，也為了行政改革與教學革新，黃廳長向李主席報告：「應該籌設台灣省中等學校教師研習會。」

「做為一位老師，應該有學不厭教不倦的精神；而『學』這個部分就可以在進修研習會中進行。」此外，黃廳長還體悟到，「老師的進修不僅是知識、技能的獲得，更要學習愛心與熱忱，『經師已不易，人師更難求』。做為一位老師，如果能具有宗教家般的佈道精神，才能稱之為神聖的志業。」

黃廳長「籌設台灣省中等學校教師研習會」的提議，獲得李主席同意後，即選定位於豐原市市郊，啓明學校的舊校地（當時啓明學校已遷至市中心）。整地後開始動工興建。

雖然完工時黃廳長已離開教育廳，但是接任的林清江廳長，讓台灣省教師研習會發揮了很大的教育功能。「不只省府教育廳的教學革新計劃和調訓在這裡舉辦，甚至還成為台灣省中等學校入學考試每年的入闈場所。」

向人師致最高敬意——師鐸獎

「師鐸獎」的設立更是有口皆碑，至今仍傳爲美談的一項創舉。

眼看著金馬獎、金鐘獎、金曲獎、金鼎獎等獎項，每年辦得沸沸揚揚，大張旗鼓表揚演藝界、文化界表現優異的人才，促使黃廳長表揚教育界默默耕耘的「無名英雄」的念頭。「人是需要鼓勵的，鼓勵可激發向上提升的力量。」

黃廳長認爲，在杏壇默默耕耘的教師們，應該受到公開的肯定與表揚，因爲這不僅是對老師個人教育精神的鼓舞，更是恢宏師道、尊嚴的具體做法。「老師若不受尊重，教育的效果就大打折扣。」

這一項代表著教育界最高榮耀的獎項，選拔的過程甚爲嚴謹，而饒富藝術品味的獎座，也是從五十幾位藝術工作者所精心創作的作品中甄選出來的。

第一屆獲頒師鐸獎的教育人員約有六十多位，擇定於九月二十八日教師節，在國父紀念館舉行頒獎典禮，並與台灣電視公司合作現場轉播。這場由台灣省教育廳與台北市、高雄市聯合舉辦的師鐸獎頒獎典禮，可說是既隆重又盛大。

「我們邀請學界名流如劉眞、黃金鰲、孫亢曾、朱滙森等學者擔任頒獎人。」更難能可貴的是，省主席李登輝，陪同他的國小老師（士林國小退休校長）上台受獎；而高雄市市長許水德，陪同他的高中校長（高雄中學退休校長王家驥）上台受獎。當這些擔任政府高官的昔日青澀少年、學子，攙扶著年高德劭的師長，一步步走上台時，現場持續不斷的熱烈掌聲，盈繞著國父紀念館大會堂久久不歇。

第二屆師鐸獎頒獎典禮在隔年九月二十八日舉行時，黃廳長已於九月初爲豐原高中禮堂倒塌事件辭官，雖不及再度親臨這由他一手擘畫、創辦的盛會，但是「師鐸獎」的意義已源遠流傳下去。

除了師鐸獎的創設受到各界肯定與讚賞外，黃廳長還設立了孝行獎。「所謂『百善孝爲先』，孝道是倫理道德中最重要的一環，也是教育的一環。」爲了發揚與鼓勵爲人子女者對父母盡孝，黃廳長不僅設立孝行獎，並以公開的儀式頒獎表揚。

「不只要有孝心，還要有孝行，所以稱之爲『孝行獎』。」孝行獎的受獎人從孩童到成年人都有，只要符合推薦標準，教育廳都會派人實地訪視與考核其孝行事蹟。黃廳長在任時舉辦了第一次，因深具教化意義，繼任的林清江廳長甚至擴大舉辦。

雖然黃廳長推動的多項重要教育政策正風風火火展開，且受到各界肯定與引頸期待，但正如黃廳長初接任時的體認與自我砥礪——「三年官，兩年滿」，果然，世事難料，黃昆輝在教育廳長任內未及兩年，即爲了豐原高中禮堂倒塌事件，負起道義責任而請辭。

民國七十二年八月二十四日，正值學校放暑假及省議會休會期間，黃廳長巡迴視察台灣省各中小學已經有一段時間，這一天上午，他來到苗栗視察當地的學校。豪雨已連續下了數日，黃廳長風塵僕僕的行程，未曾因大雨而中斷。上午才到苗栗視察學校，下午就趕到大溪拜訪省議員李詩益，接著還要趕回台北，與外交部芝加哥辦事處處長等賓客餐敘。

當黃廳長還在李議員家中討論公事時，一通緊急電話打來找黃廳長，黃廳長一聽到電話內容——豐原高中禮堂在新生訓練時倒塌，臉上倏忽浮現愁容，心跟著沉入豪雨造成的萬丈深淵中。

黃廳長匆匆辭別李議員後，火速趕往出事現場——豐原高中。並指示各科室主管、主任祕書及相關人員，成立「危機處理小組」，趕赴豐原高中會商。

「當我抵達豐原高中時，搜救人員僅救出一半的學生，其餘學生生死未卜。」黃廳長強忍著心中的哀戚，下達指示：「以搶救學生性命爲優先，能救出多少就救多少。」

這件悲劇發生在下午一點半。正在舉行六百七十四位學生「新生入學訓練」的台中縣省立豐原高中，生活教育課才開始六分鐘，禮堂突然間天搖地裂，接著左邊突然沖下大水。有的男女學生已經有警覺趕緊站起來，等到天花板掉落時，大家紛紛向兩邊的大門逃跑，可是前後不到三十秒，不只柱子裂開，整個屋頂也塌下來。這時，還有三百多名學生沒有逃出來，有的被瓦礫砸傷，有的被斷落的鋼筋壓傷，現場亂成一團。

勇於承擔引咎辭職

經過一日一夜不眠不休的搶救，最終還是有二十六位女學生當場被壓死，八十六位師生受輕重傷。由於男生坐在禮堂的右邊，女生坐在左邊，而屋頂是從左方塌下來，所以壓在下面死亡的大多數是女學生。

這些女學生都還是新生，並沒有哪位豐原高中的教師能辨識出罹難者的姓名，因此要通知家屬非常不容易，但這又是刻不容緩的事。於是，「危機處理小組」從兩個方向通知家長。他們一方面經由警政系統，查出是哪個縣市、哪所國中畢業的學生；另一方面再透過教育廳第四科，先查出所屬學校，再查出是哪一班、哪位導師？再詢問導師，確認後，火速到學生家告知家長。

經過這樣的雙向確認流程，當晚十點半左右，即已全數通知罹難學生的家屬。黃廳長悲憫家屬們哀痛逾恆、六神無主的心情，特別邀集罹難學生先前就讀的國中師生，包括訓導主任、導師、任課老師、輔導老師及同學，組成「安定撫慰小組」，到罹難學生家中，陪伴安慰家屬，並陪同家屬到教育廳，參加善後工作會報。

事發當晚，黃廳長徹夜未眠守在事故現場，現場哀鴻遍野，讓人不忍卒睹。黃廳長沉痛地在心中下了一個決定：辭官以示負責！「二十六條人命哪！她們都正值青春年少，而且是國家未來的主人翁。學校本來應該要保護學生的生命安全，但是她們的生命卻在學校喪失，這是多麼嚴重的事啊！」發生了這麼重大的事，黃廳長認爲，光是由校長負責哪裡夠？爲了確實負起教育道義和政治責任，在翌日清晨，黃廳長即宣布辭去教育廳廳長一職。

危機處理小組成員聽到黃廳長的辭職決定時，大都持反對意見，他們認爲，在學校發生的事，並非教育廳廳長的職責，廳長實不必爲此事辭官，但是黃廳長辭意甚堅。當時，李登輝主席正率團在美國訪問，黃廳長分別向代理主席劉兆田和教育部朱匯森部長報告傷亡情形與善後構想，並報告劉兆田祕書長自己已決定請辭，辭呈在第二天即送抵主席辦公室。

「先提辭職再處理善後，還有一層很重要的意義。那就是，能夠讓善後工作更加順利、單純。」黃廳長的考量是，如果不先承擔起來主動辭職，此事就會在議會吵翻天，追究誰該負責，而模糊了處理這件事的焦點，也會耽誤處理的時效。

事後證明，黃廳長主動請辭，使得依照慣例會窮追猛打究責的議員和記者們，轉而對黃廳長的辭職大表惋惜與不平，並盛讚其勇於承擔的風範，記者們甚至紛紛報導黃廳長任內各項輝煌的革新成果。劉兆田祕書長在主持新舊任教育廳長交接時，也稱譽黃廳長：「拿得起、放得下、看得準、做得到。」

少了議員質詢和記者追問的困擾，工作人員就能夠全心投入善後工作中。在「善後工作會報」中，他們除了向家屬致上最大的歉意，並承擔起所有的喪葬費、醫療費，安葬方式完全尊重家屬意願，並決定由省府舉行聯合公祭。黃廳長還請李登輝主席，向行政院院長孫運璿爭取到每位罹難學生一百萬的國賠。這筆國賠數額，在當時普遍是四十萬的國賠金額中顯得突出許多。「因為她們都還只是學生，事故又是發生在校內，政府理當負起最大的責任與誠意。」

當時，台中縣縣長陳庚金，以及立法院副院長劉松藩，也發動向台中縣各界募捐，為每位罹難學生募得十餘萬。公祭當天，由李主席擔任主祭，率領廳長、副廳長及各廳處首長致祭，教育部部長也到場祭拜。

這件重大的不幸事件，在黃廳長明快、果決且周延的處理下，家屬充分感受到政府的誠意，哀傷之情稍得慰撫，社會也給予正面的評價。

九月六日，善後工作完全處理完畢後，黃廳長在眾人依依不捨下離開教育廳。爾後他還兩度專程從台北南下，探望受傷住院的學生。看到大部分的學生都康復出院，他才逐日重拾笑顏。

1 一九八二年一月一日，與屏東縣縣長邱連輝，一起參觀於屏東中正藝術館舉辦之三十六屆全省美展作品。

2 一九八二年四月九日，主持宜蘭縣中小學校長座談會。右為陳定南縣長。

3 一九八二年，時任教育廳長，省主席李登輝到雲林老家訪問，並與母親相見歡。

1

3

2

4

4 一九八二年，主持台灣省七十學年度第二次地方教育行政會議，邀請教育部長朱匯森與會指導。

5 教育廳邀請明華園下鄉公演，觀賞民眾人山人海。

6 一九八二年，與國中模範生合影。

5

6

重回政壇

——文工會副主任、青輔會副主委、青工會主任、政務委員

離開教育廳後，黃昆輝在師大的教職，從兼任教授改聘爲專任教授。教書是黃昆輝不曾眞正離開過的工作崗位，這幾年雖然擔任政府行政工作要職，但是從最初的省府委員到台北市教育局局長，再到台灣省教育廳廳長，他一直在師大擔任兼任教授，一年甚至還指導一位博士研究生。

政府高層念念不忘的人才

重回師大任教，最高興的莫過於他的夫人。教書的工作穩定、單純，也是他們夫妻倆的志趣所在。「九月份開學以後，我很快就上軌道，除了授課，也開始演講、寫文章……。」往日熟悉的教學生涯，讓他的心情漸漸恢復平靜。

即使報社記者以「黃昆輝將東山再起」，預言他將重回政府擔任要職。但是他本身對於未來的仕途，倒是不忮不求，而是把心思安住在教學之中，打算將「兼」任多年的授課，改回「專」任傾囊相授。

只不過，黃昆輝過往在行政工作上的表現讓人印象太深刻，政府高層在惜才愛才心切下，黃昆輝甫離開教育廳一週，行政院院長孫運璿即去電召見。孫院長那一席充滿肯定與撫慰的話，充分熨貼了黃昆輝的心。「就像是一位和藹可親的長輩在安慰你一樣。」但是黃昆輝也感覺出，孫院長似乎認為他受了委屈，帶著遺憾、無奈辭去教育廳廳長一職。「我其實一點也不覺得委屈，想到我一向奉為圭臬的『教育愛』，就無法原諒自己。……二十六條正值青春年華的生命呀！」

眞要說遺憾，只能說是：「教育理想的行政實踐遭受到挫折。」當時，他推動的多項教育政策，雖然大都已順利展開，但是尚未檢驗最後的成果，同時也還有一些志向尚未完全伸展。黃昆輝唯有以「是非審之於己，毀譽聽之於人，得失安之於數」自勉，並放寬心，投身教學。

到了九月下旬某晚，黃昆輝重拾專任教授的身分不過三週，舊識行政院祕書長瞿紹華來電告訴他，國民黨中央黨部祕書長蔣彥士請他代為轉告，黨中央有意要黃昆輝出任文工會副主任，蔣經國總統也已經批准了，準備明日提中常會通過任命案。

黃昆輝當下回覆瞿紹華祕書長：「此事萬萬不可！我離開行政工作才三週，就又要出任黨職，那麼，我的辭職不就等於是做做樣子嗎？」黃昆輝是真心誠意，要爲豐原高中禮堂倒塌的不幸事件負責，不願外界有「以退爲進」的解讀。瞿祕書長爲難的說，蔣主席都已經批准了，怎麼可以不提？但他仍不爲所動，斬釘截鐵的說：「就算你們發表，我也不會接受。」

黨中央明白黃昆輝的意向後，果眞沒有將這道人事命令佈達出來。「黨中央週三的會議一結束，我就開始注意報章雜誌，直到確定沒有看到這項人事命令，才鬆了一口氣。」

原本以爲，此事就這麼作罷。沒想到，他的專任教授才做了一個學期，在十二月中旬，當年的立法委員一選舉完畢，黨中央即發布由黃昆輝出任文工會副主任的人事命令，同時還派出文工會主任周應龍，專程登門拜訪。周應龍主任對黃昆輝十分禮遇，口口聲聲希望他能夠幫忙。當時正爲教書工作忙得起勁的黃昆輝，心中其實是偏向繼續留在師大教書。但是，這次他已經沒有理由推辭，只好再度離開教職，轉任黨職。

一趟難能可貴的歐日學制分流考察

在文工會擔任副主任十個月當中，倒是有一項與文工會副主任職務無直接相關的任務，讓黃昆輝受益頗多。

那時，一向關心「技術職業教育如何與經濟建設人力需求配合」的行政院政務委員李國鼎先生，得知教育部擬實施「以職業教育爲主的十年國民教育」後，即殷切地向教育部部長朱匯森建議，委請剛卸任教育廳廳長，對教育問題頗有研究，頗多教育革新主意的黃昆輝，出國考察歐洲、日本及新加坡的學制分流做法。

「李國鼎先生對於新加坡從小學三年級即開始實施『學制分流』（即區分爲走學術路線，繼續就讀高中、大學；或是走技職路線，接受以就業爲主的技職教育訓練）的做法頗贊同。他認爲，台灣也應該重視技職教育，並且及早進行分流。」

對於李國鼎的提議，朱匯森部長欣然同意，並迅速撥下經費供黃昆輝出國考察。這一趟考察爲期一個月，主要是到歐洲的德國、法國、瑞士及英國，瞭解這些國家實施學制分流的成效與利弊得失；另外也安排了亞洲的日本。

「這是一趟很正式的官方考察。」黃昆輝說。教育部先行文給我駐各國的文參相關單位代爲安排，考察團抵達該國以後，由該國的教育主管機關爲黃昆輝與蔡崇振祕書進行簡報，之後再安排兩三所技職學校，及與技職學校建教合作的企業，供實地考察、訪問。

「歐洲各國學制的分流時間大都較早，再晚也不會遲至如我國般從國中三年級才開始分流。而且歐洲的技職教育非常紮實，他們是以『能力本位』來發展技職教育。」

黃昆輝以法國一所四年制的技術高中爲例。這所技術高中要求學生每個學期在 workshop

完成兩件成品，四個學年共完成十六件作品。「這些作品由易到難，由簡而繁，學生在動手製造的過程中，都習得了該項職業所需要的技能。」黃昆輝並指出，法國的技術高中雖然以技術爲取向，以能力爲本位，但也非常重視工作態度與職業倫理的教導。

參觀與技職學校建教合作的德國西門子企業，也讓黃昆輝有不同的體會。「訓練部的主任做簡報時表示，他們的訓練非常精確、實在。台灣學生的智能雖然不亞於德國學生，但是德國學生有一個強項，就是嚴格控制品質的功力。」德國人一板一眼、一絲不苟的做事態度，是全世界有目共睹的。如果要求德國學生在某個工作環節敲鐵鎚一百下，他們絕對會不多不少，敲一百下；換成台灣學生，那就很難說了。

至於新加坡，黃昆輝任教師大教育研究所時，曾指導過數名攻讀教育碩士學位的新加坡公費留學生。這些留學生多半是中小學校長或教育部的官員，經由他們的介紹，再加上之前多次參訪，黃昆輝對新加坡的學制並不陌生，並且體認到，新加坡的教育是實用取向。「由於新加坡政府重視該國的經濟發展，因此，經濟上需要何種人才，教育就栽培何種人才。可以說，新加坡的教育觀點是：『教育服務經濟』。」

對於此種教育觀點，黃昆輝並不完全贊同。「我們要思考，教育的功能究竟爲何？是要被動因應社會需求；抑或培養健全的國民、正確的價值觀，使其具有豐富的知識、技能，以主動改變社會？」對於那種預測多少年後何種工作會有多少職缺，就先培養多少人才的教育觀點，黃昆輝認爲過於狹隘。「教育不應該是『一個蘿蔔一個坑的塡入所需人才』，而是要主動培養可以領導經濟、生活、社會趨勢的人才。」

此外，對於從國小三年級就開始學制分流，黃昆輝與國內大部分的學者看法一致，咸認爲過早。「小學三年級的學生，性向尚不明顯，不宜此時就判別是要繼續升學或就業。」依黃昆輝過往在中小學教學的經驗，許多小學三年級時課業成績不起眼的學生，到了五、六年級，課業表現突然大放異采，「如果那時就分流，很可能錯失一些可以唸書的人才。」

黃昆輝將爲期一個月的考察之行中的所見所聞所思，做了一個完整的歸納分析後，並提出具體可行的建議方案：

國民中學一、二年級仍維持現制，實施共同課程，進行學生性向試探，而於三年級開始實施分流，依其性向、志願與學業成績，輔導學生分別就讀「學術教育預備班」、「職業教育預備班」及「就業準備班」三種不同課程的班級。而此三種班級則又分別銜接於不同的高級中等教育及高等教育，形成三種不同性質的學生進路系統：

一、學術教育預備班：實施學術基礎課程，學生以準備參加普通高中入學考試爲目標，銜接三年的普通高中教育，將來可準備參加大學與三專入學考試。此類班級維持現行制度，在國民中學實施，惟須加強語文與數學課程。

二、職業教育預備班：實施職業教育基礎課程，學生以準備高職與五專入學考試爲目標，依職業類科性質，銜接二至四年不等的高職課程及五年的專科教育；高職畢業，先就業，具兩年的相關工作經驗，可報考技術學院或大學、二專相關科系。此類班級仍在國民中學實施，惟須充實師資與設備，以加強職業教育基礎課程。

三、就業準備班：實施職業基本實用技能訓練，以完成學生就業準備。學生離校就業後，輔導其繼續接受部分時間制的「延長以職業教育為主的國民教育」，依其所修職業類科性質，分別修讀一至三年不等的職業課程；修畢課程，通過檢定，具二年相關工作經驗者，可報考二專；其中修三年課程者亦可報考技術學院。此類班級可由職業學校附設，或由國民中學與職業訓練中心及職業學校合作辦理。

實施分流制度，必須配合建立「學生進路輔導制度」，同時開闢「學生轉學之管道」。國中二、三年級學生經輔導分流後，若發生學習狀況改變或產生適應不良情形，可經輔導系統，申請相互轉班。

黃昆輝在文工會擔任副主任十個月，青輔會主委姚舜即力邀他轉任青輔會副主委。青輔會副主委的工作主要是連繫海內外學人，以及加強國內的職業輔導。「與海內外學人連繫、溝通，與我的專業背景較有關係，感覺較能夠學以致用。」因此，黃昆輝欣然接受姚舜主委的邀請，進入青輔會。

進入青輔會以後，黃昆輝首要的工作即是，在每年暑假邀請海外學人回國參加國建會。

「國建會除了凝聚海外學者的向心力外，會議中所提出的建言，也頗受政府重視。」這些回國參加國建會的學者們，返回僑居地，紛紛加入各區國建聯誼會，除了帶回參加國建會的訊息，也收集更多海外學者的意見。而各地各分區的國建聯誼會，副主委黃昆輝都受邀與會。「擔任青輔會副主委這三年，我常須在海外四處奔走、連繫。」

不過，黃副主委也抓緊時間，主編了一部極具參考價值的「國中輔導叢書」，供國中教師及家長參考。「這是一本全人輔導觀念的書，我邀集各方的專家學者及教育工作者撰文，費時一年才付梓成書。」

完成國內第一本教育行政學

三年多的青輔會副主委工作，因為表現備受肯定，以及與大專院校教授建立了良好關係，因此被調升擔任青工會主任，負責與教授們連繫，以吸收、培養黨的人才，發展黨的青年組織。

做黨務工作雖然並非黃昆輝所長，甚至非他所好，但是認眞、踏實的他，對於每一份工作都是兢兢業業、全力以赴。「我的信念就是，不管什麼工作，都要好好做，做出好成績讓人檢視。」說著，黃昆輝以台語俏皮地補充：「要留給人探聽啦！」

在這段期間，黃昆輝還完成了一本對教育界非常具有影響力的重要著作——《教育行政學》。過去談到教育行政，大都是靜態的制度、法令與組織，這本書將教育行政動態化，涵蓋了領導、決策、溝通、協調，與教育計劃等理論。「早在師大教育研究所所長任內，我就想寫這本書，只是一直找不出時間。」離開工作繁忙的教育廳廳長一職後，黃昆輝花了三、四年的時間，終於完成這本書，並於一九八八年三月份出版。「這是國內第一本，將教育行政視為一門學問來探討的書。」

無論是在教育界任教或是在政府部門任事，黃昆輝始終扮演"forerunner"（先行者）的角色。

一九八八年七月，行政院院長俞國華延攬黃昆輝擔任政務委員。在此之前，於一九八八年一月十三日，總統蔣經國過世後，繼任總統的李登輝先生，曾間接詢問黃昆輝就任新職的意願，包括省黨部主委、革命實踐研究院主任，以及政務委員。「我想，擔任行政院政務委員有許多學習的機會，所以我選擇了政務委員。」

政務委員主要的職責是參加每週四上午舉行的行政院院會，以及審查法案。「各部會重要法案或政策在提行政院院會前，往往會先交由政務委員召集相關部會審查，並由政務委員負責協調各相關部會的意見，再將結果提報行政院院會。」

許多政務委員是由曾任部會首長者出任，並各自擁有不同的專長及經驗背景，他們憑藉著專長、經驗、聲望及影響力，協調各部會。

行政院的政務委員，職位層級與部會首長相當，因此稱之為「不管部會的部長」；美國稱政務委員為："minister of state"；而在歐洲則稱"minister without portfolio"。

說到這兒，黃昆輝想起一件趣事。有一回，在行政院院會嚴肅、緊湊的審議過程中，與會者莫不全神貫注，一刻不得閒。好不容易有個休息空檔，黃政委抓緊時間進行解放，快到洗手間時遇到走在前面的吳伯雄部長。「他調皮的對我說：『這等小事，還要勞您閣下親自來辦理呀！』」黃昆輝至今說起，仍不禁莞爾。想必，這吉光片羽般的幽默，多少放鬆了一些會議帶來的緊繃氣氛。

還有另外一個「笑話」，就讓黃昆輝啼笑皆非。當連戰要卸下外交部長出任省主席，而將外交部長職務交接給錢復時，黃昆輝以政務委員的身分擔任監交。黃政委在致詞時，免不了要讚頌兩人的品德與能力，美言數句後，他接著以「昆輝雖不能至，但心嚮往之」來表達見賢思齊的謙遜心意。誰知，竟有記者解讀為：「黃昆輝政委想當外交部長，卻當不到。」

一九八九年九月，黃政委奉行政院院長李煥指派擔任特使，參加南非總統弗雷德里克・威廉・戴克拉克（Frederik Willem de Klerk, 1936-）的就職典禮。戴克拉克是南非共和國政治家，是該國迄今為止的最後一任白人總統，同時也是廢除種族隔離制度的推手。

當年，歐美各大國因為杯葛南非的種族隔離政策，拒絕派人出席南非的總統就職典禮。

1

我國的到訪，不啻是雪中送炭，因此他們給予我國代表高規格的款待。不僅典禮時排在觀禮賓客的第一排，在南非那一週，全程都有前導車，還派人隨行陪伴、保護我國特使團。「無論是開普敦那一頓帝王級的豐盛早餐，或是土著荷槍保護的夜間野生動物園探訪，都令人嘆爲觀止。」這一趟旅行，應是黃昆輝因公出國最愜意的一次吧！

1 一九八六年，時任青輔會副主委，與妻子赴加拿大多倫多，參觀萬國博覽會。

2 李登輝副總統繼任為總統後，七月份行政院改組，由行政院長俞國華（右一）繼續組閣。右二為財政部長錢純；中間為行政院副院長施啟揚；其左依序為政務委員張豐緒、政務委員黃昆輝、政務委員沈君山。

3 一九九〇年，新加坡資政李光耀來台訪問。

2

3

有所爲，有所不爲

——陸委會主委

一九九一年五月下旬，黃昆輝結束在加拿大的演講後，趁便到美國康乃爾大學，參加三女兒的畢業典禮。返國途中，在舊金山停留一晚時，忽然接到行政院祕書長王昭明的越洋電話。王祕書長開口就說：「請你快回來接陸委會主委吧！」毫無心理準備的黃昆輝，驚詫之餘，還以爲自己聽錯了，於是要王祕書長再說一次。確定沒有聽錯之後，黃昆輝遲疑了一下，問：「我還有表達不同意見的機會嗎？」王祕書長爲難的說：「恐怕不行！因爲兩位長官李登輝總統和郝柏村院長都已經決定了。現在我正在寫提案，明早是國民黨中常會，你趕快回來準備六月一日上任吧！」

衆所矚目的全新政務

就像是趕鴨子上架般，黃昆輝突如其來接獲這項令他大感意外的人事命令。「我可眞是誠惶誠恐，因爲這是一項全新且新生的業務，我完全陌生，沒有經驗，也沒有前例可循。」事實上，也沒有任何人有經驗，陸委會是一個剛成立的單位。而且，一九九一年一月成立至今，僅完成人事的安排與制度的建立，尙未開始與中國大陸進行交流。「不僅國人引頸期盼陸委會能夠擬定出與對岸展開良性互動的交流策略，國際上也抱持高度的關注。」

不只黃昆輝爲自己的陌生誠惶誠恐，在立法院開會時，也有委員質疑：「黃主委並不是學這行的，如何能出任陸委會主委一職？」黃主委當下的妙答，不僅一語道出實情，也讓那位立法委員啞口無言。黃主委說：「我想請問您，您認爲學哪一行才能當陸委會主委呢？大學課堂上並沒有專門培養陸委會主委的學問呀！」的確，大陸委員會採委員合議制，其委員俱是各個領域的首長、專家，並網羅了對大陸事務相當有研究與瞭解的學界、業界學者專家，設置一個諮詢委員會。身爲主委，重要的是有沒有「博采周諮」的能力，而非僅是一個大陸通。事實上，也不容易找到所謂的「大陸通」。

此外，對於一個成立不久的機關組織而言，有能力建立組織文化、凝聚共識，才是必備條件。

深諳領導原則的黃主委，不僅善於博采周諮，更瞭解建立組織核心價值與行爲模式等組織文化的重要性。「我每週舉行工作會報，每個月舉行擴大工作會報，要求基層負責人員報告他們的規劃，以讓大家溝通瞭解陸委會工作的全貌，如此方能逐步建立組織文化、形成共識。」

陸委會所擬定的兩岸交流方針，完全依據「國統綱領」；而國統綱領是「國家統一委員會」（簡稱國統會）所制定出來的。

國統會於一九九〇年十月七日由李登輝總統宣布成立，在「民主、自由、均富」的原則下，研究並諮詢有關國家統一之大政方針。國統會主任委員由總統擔任；副主任委員三至四人，除由副總統及行政院長擔任外，另由總統聘任；委員二十七人至三十三人，由總統聘任，聘期一年，期滿得予續聘。「委員大多是重要的部會首長，以及民間頗負聲望的重要人士，且涵蓋了國民黨與民進黨成員。」

國統會於一九九一年二月二十三日第三次會議上，提出「國家統一綱領」（簡稱國統綱領），並於行政院院會通過。「國統綱領的制定，是先經由學界、政界對這方面有研究的人士所組成的『研究委員會』研擬，然後提報國統會委員會通過後，才在行政院院會通過作為大陸政策方針。」

一九七九年四月四日，蔣經國總統為對應中共的對台政策：「和平統一、一國兩制、絕不放棄對台使用武力」，而提出：「不接觸、不談判、不妥協」的三不政策。「直到一九八二年，國民黨全國代表大會提出了較先前積極的兩岸政策——貫徹以三民主義統一中國。」

黃昆輝說。如今，國統綱領清楚界定了兩岸交流的內涵與階段，可說是兩岸交流的重大進展，同時也是大陸政策的最高指導原則。

國統綱領主要的內涵是：「海峽兩岸應在理性、和平、對等、互惠的前提下，經過適當時期的坦誠交流、合作、協商，建立民主、自由、均富的共識，共同重建一個統一的中國。」具體的進程分三個階段：近程——交流互惠階段（民間）；中程——互信合作階段（官方）；遠程——協商統一階段。

躁進還是牛步？

國統綱領的制定，爲兩岸交流打開了新的局面。「可以說，沒有國統綱領，就沒有當今熱絡的兩岸交流。所以，國統綱領非常具有時代意義。」不過，當時也有不少人認爲，「國統綱領是不統綱領」。

因爲持這種觀點的人認爲，除非中國放棄共產制度，否則，建立「民主、自由、均富」的國家，對他們來說，幾乎不可能；此外，兩岸統一的模式及時機，要依兩岸人民的意願，這一點也很難達成。因爲，我方是自由民主的國家，由人民投票決定並不難，然而對方是一黨專政的體制，怎麼可能採取民主投票的方式？

黃昆輝記得，他在擔任陸委會主委時，一方面受到部分國民黨立委質疑，認爲陸委會的兩岸交流政策過於緩慢；另一方面卻受到民進黨立委批評，指摘陸委會太過冒進，兩岸交流進展太快。「有人說太快，有人說太慢，這反而意味著我們是允執厥中。」黃昆輝不以爲意的說。

國統綱領在一九九一年二月通過，同年六月份，黃昆輝接任陸委會主委以後，才正式根據國統綱領制定兩岸交流政策。「陸委會是統籌兩岸交流事務的機關，而海基會是負責與對岸協商、溝通。」黃昆輝表示，說白一點，海基會就像是陸委會的嘴巴，也可說是陸委會與對岸間的白手套。

陸委會於一九九一年一月二十八日成立，爲政府統籌處理大陸事務的專責機關，隸屬於行政院。由於一九八七年十一月二日政府開放民眾赴大陸探親，兩岸民間往來日趨密切，行政院乃於一九八八年八月，以任務編組方式成立「行政院大陸工作會報」，協調各主管機關處理有關大陸事務。一九九〇年四月，政府爲了強化大陸政策的決策功能及工作推動的效率，特別擬訂「行政院大陸委員會組織條例（草案）」。經立法院在一九九一年一月十八日三讀通過，並由總統於同月二十八日公布施行，陸委會乃正式成立。

而在兩個月後的一九九一年三月成立的「財團法人海峽交流基金會」（簡稱海基會），是以行政院大陸委員會爲主管機關，接受政府委託與授權，直接與大陸方面就涉及公權力行使的事宜進行聯繫與協商的機構。它是一個半官方組織，由政府及部分民間人士共同捐助成立。「海基會是目前政府唯一授權與中國談判的民間團體。」黃昆輝說。

陸委會首任主委由行政院副院長施啓揚兼任（一九九一年二月七日至五月三十一日），副主委爲現任總統馬英九。一九九一年六月，改由黃昆輝擔任主委，三位副主委分別是馬英九、高孔廉及謝生富；而海基會首任董事長爲辜振甫，首任祕書長爲陳長文。「陸委會是一個合議制的機關，透過委員會成員的運作，制定兩岸交流政策。」陸委會的委員都是各相關部門，如內政部、外交部、經濟部、交通部、國安局等的首長兼任。

根據政府當時的考量，由於海基會是執行交流、協商的單位，由外省籍的陳長文擔任祕書長，在與對岸協商、交流時，較無語言上的隔閡。而主導兩岸政策的陸委會主委，由本省籍的黃昆輝擔任，「比較能讓台灣的人民放心。」

黃主委在任內一九九二年七月三十一日推動通過的《台灣地區與大陸地區人民關係條例》（簡稱《兩岸關係條例》），爲首創兩岸人民交流的法律規範。「自從蔣經國總統宣布榮民可以返鄉探親以後，兩岸人民的交流愈來愈頻繁，如果沒有建構好交流的秩序，就會問題叢生。這個草案在一九九〇年我尚未任職陸委會之前，就已經送進立法院審查，但一直擱置著，我推動它審議通過後，李總統甚感欣慰。」

一九九一年十二月，中國大陸也成立了相似性質的對應機構「海峽兩岸關係協會」（簡稱海協會），由汪道涵擔任會長，做爲與海基會互動的窗口。

九二香港會談始末

一九九二年十月二十八日至十一月一日，海基會法律服務處處長許惠祐與海協會諮詢部副主任周寧，繼續就「兩岸公證書使用查證協議」及「兩岸掛號函件查詢、補償事宜協議」問題，在香港舉行第二次處長級工作性商談。

在會談第一天（十月二十八日），中方即主張兩岸應定位爲一個中國，兩岸事務爲中國事務，並列出五種表述方式供我方抉擇，其中最有代表性的方案是：「在海峽兩岸共同努力謀求國家統一的過程中，雙方均堅持一個中國的原則，對兩岸公證文書使用（或其他商談事務）加以妥善解決。」我方未予回應。

會談第二天（十月二十九日），中方表示，「一個中國」原則應與實質問題之解決互爲要件，並重申前一天的五種表述。我方仍不同意，雙方僵持，我方建議延長協商。

會談第三天（十月三十日）下午，陸委會依行政院專案小組的共識，授權海基會就「一個中國」依序作五種文字表述，其中最有代表性的方案是：「鑑於海峽兩岸長期處於分裂狀態，在兩岸共同謀求國家統一的過程中，雙方咸認爲必須就文書查證（或其他商談事務）加以妥善解決。」中方也不同意。

接著，海基會又另就對方的表述方案，提出三種修正方案。最有代表性的為：「在海峽兩岸共同努力謀求國家統一的過程中，雙方雖均堅持一個中國的原則，但對於一個中國的涵義，認知各有不同。惟鑑於兩岸民間交流日益頻繁，為保障兩岸人民權益，對於文書查證，應加以妥善解決。」

對於以上三項新表述，中方亦表示不同意。

會談第四天（十月三十一日），雙方又回到談判桌，但是彼此均無其他表述方案，我方乃建議：「在彼此可以接受的範圍內，各自以口頭方式說明立場。」海協會表示願意考慮。

會談第五天（十一月一日），由於媒體大幅報導雙方對「一個中國」原則無共識，中方代表經連繫中央後，先行離港，我方希望海協會人員盡速返港，繼續與海基會在港待命人員，完成上述兩項事務性議題之商談。

十一月三日上午，海協會祕書長孫亞夫打電話給海基會祕書長陳榮傑，電話的內容根據新華社下午三點十五分發布的新聞稿如下：「大陸海峽兩岸關係協會負責人今天表示，兩岸就公用文書使用問題的工作會議取得了相當大的進展，海協會將接受海基會以口頭方式表述一個中國原則的建立，並願就具體內容另行協商。」

緊接著，我方海基會也以新聞稿的方式回應海協會，內容如下：據中共海協會負責人本日（十一月三日）透過新華社表示，願意「尊重並接受」本會日前所提兩會各自以口頭聲明表達「一個中國」原則的建議，但該會亦表示「口頭表述的具體內容，則將另行協商」。十一月三日晚間，海基會責成許惠祐處長等續留香港一至二日，作恢復商談之準備，務期海協會盡速作成決定，並於十一月五日中午以前通知本會。

但海協會始終沒有回應，「香港會談」乃告破裂。

十一月五日，陸委會發新聞稿：本會認爲，海協會既表示雙方可以各自以口頭聲明方式表述，何以其「具體內容」還要「另行協商」？這種說法自相矛盾，啓人疑竇。……而且雙方代表既已在香港對「一個中國」的原則，分別以適當方式做了表述，今後已無必要再「另行協商」。

「就一中問題，我方在事務性談判中之底線爲『口頭上各自表述立場』即可，並無意在口頭或書面上形成雙方任何政治性之『共識』。」黃主委說。

「Agree to disagree」的假相

「一九九二年的香港會談，本來是要談事務性的問題，但是中共一開口就談一個中國的原則，這次我們不再被動聽訓，而是對方講對方的『一個中國』——中華人民共和國；我們講我們的『一個中國』——中華民國。雙方談了三天，各說各話，沒有交集，沒有共識。到了第四天，會談終告破局，他們打道回北京。」黃昆輝回憶，當時我方繼續留在香港，等他們再回來談。

後來，北京來函將他們對於「一個中國」的敘述寫在信函上，要我們也將我們對於「一個中國」的詮釋寫在同一信函（文書）上，但我方不同意。因為這會造成外交上所說的「agree to disagree」（同意彼此的不同意），讓國際認為兩岸共同發表「一個中國」的聲明。

書面也無法達成共識後，他們又鍥而不捨來電要求我們雙方在同一時間，各自在台北和北京，對外詮釋各自的「一個中國」原則，但仍然被我方拒絕。

「所以說，九二香港會談並沒有達成共識。時任陸委會第一副主委的馬英九，還代表陸委會對外宣布，香港會談破局，未達成共識。」黃昆輝強調，「我們雙方雖然在口頭上表達『一個中國』的涵義，但是各有不同的詮釋。而且，我方並未在任何書面或公開場合，與他們一起發表聲明『一個中國』的原則，所以在這一點上，兩岸確實並未達成共識。」

根據黃昆輝的說明，我方之所以不與對岸簽署任何書面上的「一個中國」協議，或是一起公開各自的「一個中國」詮釋，完全是因為考量到，台灣只要對外承認「一個中國」，那麼，國際間根本不會去詳究兩岸對於「一個中國」的詮釋有何不同，就會逕自把小小的台灣，視為勢強、人眾、地大的中國的一部分。屆時，中華民國在國際間就沒有存在的立場和空間，也無法自我主張。

九二香港會談後，陸委會即發表新聞稿「陸委會看功虧一簣的香港會談」，並呼籲中共當局應該拿出具體誠意，讓「政治的歸政治，事務的歸事務」。

「代表陸委會在記者會向媒體說明香港會談破裂的人，是當時擔任陸委會首席副主委的馬總統。」黃昆輝說。

十一月十六日，海協會致函海基會，表示同意「以各自口頭表述的方式表明堅持一個中國原則」，並將海協會的口頭表述重點函告海基會：「海峽兩岸都堅持一個中國的原則，努力謀求國家的統一。但在海峽兩岸事務性商談中，不涉及『一個中國』的政治涵義。本此精神，對兩岸公證書使用（或其他商談事務）加以妥善解決。」此函同時附有海基會之前所提口頭表述方案，即「在海峽兩岸共同努力謀求國家統一的過程中，雙方雖均堅持一個中國之原則，但對於一個中國的涵義，認知各有不同」，作為雙方彼此接受的共識內容。

「但是我方對於這封來函並未予以回應。」黃主委說。

一直到一九九二年十二月三日，海基會函覆海協會：「鑒於『兩岸文書查證』及『兩岸間接掛號信函查詢與補償』問題懸而未決多時，不但影響兩岸人民權益，且使人民對於交流產生疑慮，誠然遺憾！」……「台灣方始終認為：兩岸事務性之商談，應與政治性之議題無關，且對『一個中國』之涵義，認知各有不同。台灣方為謀求問題之解決，建議以口頭各自說明。至於口頭說明之具體內容，台灣方面已於十一月三日發布之新聞稿中明白表示，將根據『國家統一綱領』及國家統一委員會，本年八月一日對於『一個中國』涵義所作決議加以表達。」並要求繼續進行協商

「一九九三年三月，雙方再度協商，兩會就『兩岸公證書使用查證協議』及『兩岸掛號函件查詢、補償事宜協議』問題，達成初步共識，並於四月份的『辜汪會談』，簽署協議。」黃昆輝說：「『辜汪會談』這一次，中方並未再談『一個中國』的原則，一中問題就此不了了之。」

何來「九二共識」？

「九二共識」後來在二〇〇〇年被提出時，各方爭論不休，言之鑿鑿指認確有其事者有之；信誓旦旦強調此為無稽之談者也不乏其人。包括當年參與此事的時任中華民國總統李登輝，行政院大陸委員會主委黃昆輝，海峽交流基金會董事長辜振甫、祕書長陳榮傑，以及法律服務處長許惠祐等人，均先後否認曾有此共識的存在。

「一九九六年五月二十二日，海協會祕書長張金成，及一九九七年七月十一日，常務副會長唐樹備，先後否認兩岸之間有『一個中國、各自表述』的共識，宣稱『雙方均堅持一個

中國原則』才是一九九二的共識。一九九九年八月四日國台辦負責人於《文匯報》表示，海協會從來沒有承認，今後也不會接受台灣當局編造的所謂『一個中國，各自表述』。引發了兩岸之間對於當年解決『一個中國』爭議的過程與結果的爭論，也因此一再延宕兩岸關係回復正常的時機。……蘇起在二〇〇〇年四月二十八日，提出『九二共識』這個新名詞。依據蘇主委的說法，他希望用這個新名詞取代兩岸三方對『一個中國』原則不能有共識的各說各話，以打破兩岸僵局。遺憾的是，蘇主委的這項創意並未給兩岸僵局帶來突破的機會，兩岸各界反而陷入有無『九二共識』的論戰。」（摘自《勁寒梅香：辜振甫人生紀實》）

「李前總統登輝先生二〇〇六年二月二十日出席台灣團結聯盟的政策研討會，在談到台灣如何取得法定地位走出去、參與國際組織的問題時，重提了這件事（九二共識）。他再度鄭重否認台、中之間有所謂的『九二共識』、『一中原則』。他說，那都是前陸委會主委蘇起『猴囝仔想製造歷史，沒那麼簡單。』」（摘自二〇〇六年二月二十一日《南方快報》綜合報導）

被李登輝前總統公開重批之後，隔日國民黨立委蘇起接受記者訪問時坦承，「『九二共識』的確是他在二〇〇〇年，爲重新包裝『一中各表』所自創的新名詞。蘇起強調，二〇〇〇年大選民進黨勝選，國民黨還未交出政權時，時任陸委會主委的他，基於爲兩岸解套，營造和緩氣氛，苦思後才決定用『九二共識』重新包裝『一中各表』。他表示，他用心良苦，

絕沒有如前總統李登輝所言，要製造歷史。」（摘自二〇〇六年二月二十一日《聯合晚報》四版）

「蘇起創造此新名詞，眞正的目的應該是著眼於二〇〇〇年三月陳水扁當選總統，台灣首次政黨輪替，國民黨方面擔心民進黨政府的政治立場，兩岸間的互動將會終止，因此創造出此新名詞，將『兩岸已有共識——一中共識』強加於民進黨政府之上。」黃昆輝接著說：「過去一直反對『一中各表』說法的中國大陸，基於防堵民進黨政府『脫離』一中立場的框架，此時也配合起蘇起所創造的『九二共識』。」

根據維基百科「九二共識」的整理：「九二共識」是一個與海峽兩岸關係有關的政治術語，由中華民國行政院大陸委員會（以下簡稱「陸委會」）主委蘇起在二〇〇〇年四月二十八日提出，概括中華民國政府與中華人民共和國政府，在一九九二年對「一個中國」問題及其內涵進行討論所形成之見解及體認的名詞，用於取代此前中華民國台灣方面概括出來的「一個中國，各自表述」，隨後成爲中國國民黨的政策。

但中華人民共和國官方一開始並不承認存在九二共識。直到二〇〇五年，國民黨榮譽主席連戰訪問中國大陸，與第四任中共中央總書記胡錦濤會談後，中國國民黨與中國共產黨達成共識，中華人民共和國政府開始接受該名詞，並在公文書上使用。中華人民共和國方面認爲其涵義是「各自以口頭方式表述海峽兩岸均堅持一個中國原則」的共識。

黃昆輝認爲，強調「九二共識」，徒然只是增加中共在國際上以「一個中國」原則框住台灣，形成台灣也同意「一個中國」，並且是中國的一部分。在國際上，「一中」指的是「中華人民共和國」，而不是「中華民國」。台灣自我認定的「一中」，並不能改變國際上對「一中」的定義。「屆時，中華民國無論是在國際上或國內層面，都會被『消滅』。」

倘若以「不接受九二共識，就無法與對岸開啓談判」做爲接受九二共識的理由，黃昆輝也認爲此種說法師出無名。「一九九二年十月的香港會談雖然破裂，但是第二年兩岸交流還是有重大的突破。」黃昆輝指出，一九九三年在新加坡舉行的辜汪會談，其實和香港會談並沒有前因後果的關係。「辜汪會談是一九九二年六月，兩岸間的另外高層管道穿梭所促成的，與香港會談的成敗並無關係。」

對於兩岸究竟該如何交流？黃昆輝語重心長的說：「唯有務實面對兩岸分治、台灣是民主國家的事實，才能維護國家的尊嚴。」

首度辜汪會談

一九九三年四月二十七日至四月二十九日的第一次辜汪會談，是兩岸交流的重大突破，不僅解決了兩岸交流後諸多懸而未決的問題，同時也達成多項具前瞻性的協議。

「辜汪會談」由中華民國海峽交流基金會（即「海基會」）董事長辜振甫，與中華人民共和國海峽兩岸關係協會（即「海協會」）會長汪道涵，於新加坡所舉行的會談。

本次會談定位爲民間性、事務性、經濟性與功能性之會談。關於會談的地點，兩岸雙方均不同意在對方境內舉行。我方認爲，在新加坡舉行較爲可行，一則新加坡爲華人社會；再則，新加坡與中國大陸關係良好。果然，在時任新加坡共和國國務資政李光耀的穿梭下，會談定於新加坡舉行，新加坡並協助提供依國際會議規格的會談場所。與會的還有海基會邱進益副董事長與海協會常務副會長唐樹備、副會長兼祕書長鄒哲開等人。

經過連續三天密集的協商，雙方在一九九三年四月二十九日上午簽署與兩岸民眾實際權益密切相關的四項協議，包括「兩岸公證書使用查證協議」、「兩岸掛號函件查詢、補償事宜協議」、「兩會聯繫與會談制度協議」，以及「辜汪會談共同協議」。

前兩項協議：「兩岸公證書使用查證協議」及「兩岸掛號函件查詢、補償事宜協議」，是自民國七十六年開放探親以來，隨著兩岸人民往來愈益密切之後，與民眾便利和權益切身相關的小程序大問題。簽署之後，只要兩岸民間事務涉及公文書查證，兩岸發證機關都有義務協助查證，減少僞造文件損害人民權益的可能；而兩岸民眾也可以透過第三地，郵寄重要物品、函件。

第三項協議：「兩會聯繫與會談制度協議」，在建立制度化聯繫管道和會談方式後，也確定了兩岸事務不斷透過聯繫、會商予以解決的可能。其中緊急事項的處理，也可以改善現階段發生緊急影響人民權益，甚至生命財產安全事件時，聯繫無門的困擾。

至於「辜汪會談共同協議」部分，屬於此次廣泛交換意見，分別提出有共識、無共識之議題，基本上也會成爲未來兩會會談或優先處理的事項。包括雙方確定今年內就「違反有關規定進入對方地區人員之遣返及相關問題」、「有關共同打擊海上走私、搶劫等犯罪活動問題」、「協商兩岸海上漁事糾紛之處理」、「兩岸智慧財產權（知識產權）保護」及「兩岸司法機關之相互協助（兩岸有關法院之間的聯繫與協助）」（暫定）等議題進行事務性協商。以及未來將就經濟交流、能源資源開發與交流、文教科技交流等事宜，擇時擇地繼續進行商談。

這次會談所達成的共識，象徵著兩岸關係的解凍和發展，引起了國際社會的矚目。

「記得海基會在和中國大陸談判時，我們陸委會經常要挑燈夜戰開會。」海基會代表白天與對方談判，晚上八點，在台灣的陸委會即開始接收海基會傳回的商議要點與問題，隨即開會討論，作出政策性的指示。「往往要討論到半夜三、四點，才有所決定。決定出來以後，趕在凌晨把政策性指示回傳給海基會代表，讓他們據以和對方繼續談判。」由於中國大陸的監控做得滴水不漏，我方爲了突破對方阻擾、監聽，還要先和海基會代表套好旁人難以理解的「通關密語」。

在黃主委任內，不僅經歷了「第一次辜汪會談」這等具劃時代意義的大事，也妥善處理了一個重大的不幸事件——千島湖事件。

千島湖事件後兩岸交流一時冷卻

一九九四年三月三十一日，二十四位台灣旅客乘坐「海瑞號」觀光船，進行千島湖觀光。本應在當天晚上返航的「海瑞號」卻宣告失蹤。第二天上午，有民眾發現停在湖上的「海瑞號」正在燃燒。報警之後發現二十四名台灣旅客與六名中國船員及二名導遊，一共三十二人在船艙底部內被燒死，沒有半個人生還。但這些人身上的手錶、項鍊與其他財物則不知去向。

在之後案件偵辦的過程中，當地公安機關沒有及時對外界公布案情進程。外界認爲，當地政府採取了封鎖消息、控制新聞報導的模式，對此事件進行隱瞞。台灣的辦案專員並指出，案發現場的部分跡象顯示，有被二次加工及破壞的情形。

「我們認爲，對岸封鎖消息的做法啓人疑竇；而且非常不尊重罹難者家屬的意願。」黃昆輝說。台灣罹難者家屬希望能運回遺體，然而中國大陸卻逕自將遺體火化。李登輝總統甚至重話批評中國共產黨說：「台胞死了這麼多人，大陸官方只簡單幾句話帶過，這種做法就如土匪一樣！」

中國海協會常務副會長唐樹備，在北京會見台灣海基會副祕書長石齊平時，甚至聲稱此乃一「火災事件」。

台灣民眾與輿論界都無法諒解中國輕率的處理態度。陸委會於是在四月十二日宣布，即日起暫時停止兩岸文教交流活動；自五月一日起停止民眾赴中國旅遊。經濟部停止審核批示赴中國的投資案、教育部停止台灣和中國之間的文教交流，旅行業也停止出團到中國去旅遊。可以說，海峽兩岸之間的交流活動幾乎全告中斷。

就在中共承認本案是搶劫、他殺的同一天，浙江省公安機關宣布破案，並且推出三名嫌犯來。當局說其中一人是退伍軍人，另一嫌犯是平民，但哥哥是武警，涉嫌包庇嫌犯。中共沒有解釋何以三名搶匪能夠制服三十二人，並且將之屠盡？更沒有解釋死者財物的去向。

後來，陸委會成立一個專案小組探討案情疑點，由副主委葉金鳳負責督導。五月初，海基會副祕書長許惠祐帶六位鑑識、刑偵專家和法醫、律師以及七位罹難者家屬，前往杭州現場瞭解案情，並提出甚多疑問，但對方均無法答覆。

中國大陸在審理期間，海協會雖然幾次邀請海基會派員參觀公審，但卻未獲我方積極回應，而台灣罹難者家屬也沒有人願意出庭參觀審訊過程。「我方一開始曾派人去參觀審訊過程，但卻發現嫌犯拿出紙條唸稿認罪，不禁讓人懷疑，很可能是找人頂替，只圖交差了事。

所以，後來他們再邀請，我方及罹難者家屬都不願再過去觀審。」不久，這三名嫌疑犯吳黎宏、胡志瀚、余愛軍以搶劫罪、故意殺人罪罪名被判處死刑。

「中國大陸在台灣施壓下，才改變原先大事化小，小事化無的心態，積極回應與調查。」但是此事件已使得台灣民眾對中國大陸官員處理此事的態度充滿疑惑與不滿，雙方的交流一時冷卻了下來。

在雙方你來我往的過招中，還發生了一段令人啼笑皆非的小插曲。「記得我代表陸委會主持國際記者會的時候，我當時說：『我們想運回罹難者屍體，中國卻不此之圖，逕自火化……。』」結果有記者寫：「台灣陸委會主委嚴厲批判中國是『不恥之徒』……。」黃昆輝自嘲說，這下梁子愈結愈大了。

「據我多年來與中國大陸互動的體會：你進他就會退，但會觀望，並伺機而進；你退他就會進。」但不論如何進與退，黃昆輝認爲，「兩岸交流還是要朝互惠互利的方向去走。」

1 一九九一年七月十二日，陸委會與海基會參訪國防部軍事情報局，局長殷宗文（左一）向黃昆輝主委做相關說明。

2 一九九二年六月五日，蔣經國中日文化交流基金會主辦大陸政策說明會，於日本東京舉行。由右至左依次為黃昆輝主委、李海天董事長、許水德駐日代表。

3 一九九二年六月十五日，應金防部司令官（右一）之邀，赴金門演講大陸政策。

4 一九九二年，大陸工作會議記者會。左一為陸委會副主委馬英九；右二為陸委會副主委高孔廉；右一為陸委會主秘何希淳。

5 一九九三年三月二十二日，應邀參加第二十次日華大陸問題研究會議，發表演講。

6 一九九三年，赴加拿大多倫多參加兩岸關係座談會，報告新加坡辜汪會談後的兩岸關係。黃主委右側為海基會主秘李慶平；左側為駐加拿大代表王肇元。

4

5

6

7 一九九三年六月二日，由蔣經國中日文化交流基金會主辦，「辜汪會談」後兩岸關係展望演講會。從右至左依次為主持人李海天董事長（右一）、陸委會主委黃昆輝、海基會秘書長邱進益、駐日代表林金莖。

8 日本大眾傳播綜合研究所主辦，「辜汪會談」後兩岸關係展望演講會。

9 一九九四年四月一日，師大校友會及洛杉磯辦事處僑界與學界代表，在機場歡迎陸委會主委黃昆輝。前排右四為駐洛杉磯辦事處處長。

10 一九九四年四月五日，於美國加州大學聖地牙哥校區演講後，於餐敘中接受該校致贈感謝狀。

11 一九九四年九月一～五日，赴日演講。黃昆輝伉儷與台北駐日本經濟文化代表處林金莖代表伉儷合影。

維持與創新兼顧

——內政部部長

一九九四年十一月，黃主委受邀到馬尼拉，參加當地僑社與台商舉辦的兩岸大陸政策說明會時，行政院連戰院長去電告知他已被內定調任內政部長，希望他返國接任。

此時，黃主委已在陸委會擔任主任委員三年多，這對一個政務官來說，算是一段滿長的時間。「兩岸交流是新生的業務，沒有經驗可循，沒有成規可依。我擔任陸委會主委，主要的任務就是建立兩岸交流的秩序和規範。」三年多來，兩岸交流已步入秩序、常軌，交流量也日趨頻繁且平順。階段任務可謂已順利達成。

業務龐雜超乎想像

基於黃主委穩建、不走極端且經驗豐富的特質，適足以擔任「天下第一部」的內政部長。之所以說內政部是「天下第一部」，除了在立法院備詢時，內政部長排列的位置僅次於行政院院長、副院長外，所有無法歸屬於各部會管轄的事務，統統都歸內政部管，諸如人口、地政、戶政、宗教及禮俗、人民團體管理、役政、地方制度、社會治安、災害防救、移民及入出國、國土管理等等，業務之龐雜，超乎剛上任的黃部長的想像。

印象最深刻的一次經驗是，他上任後第一次列席立法院備詢。那時，由澎湖縣選出的立委陳癸淼質詢：「台灣是個海島國家，理應重視海洋發展，但是政府卻沒有海洋政策，沒有哪個政府機關部門主管海洋，這實在是施政上的重大缺失。」

黃部長心想：「海洋事務？這應該不干內政部的事吧！」念頭才剛閃過，就聽到立法院院長宣布，這個問題請內政部黃部長答覆。「原來這也是內政部要管的呀？」一頭霧水的黃部長，沒有遲疑的時間，既然被點到名，就不能不加以說明。於是他在短短五、六秒步上台的時間，快速在心中轉了好幾圈，對著麥克風，他緩緩道出：「報告陳委員，台灣是個海島國家，應該重視海洋發展沒錯。事實上，政府並非沒有海洋政策，只是沒有專責海洋事務的主管機關，海洋政策都已經分散在各部會中執行……」接著，黃部長列舉出多項各部會中，處理海洋事務的政策與主管機關。像是海事人員的培育，由教育部負責；海上治安由內政部警政署保七總隊擔任；海上緝私由財政部統籌；海上交通則由交通部處理……等等。「沒想到我邊說邊想，還想出了不少哩！」

最後黃部長總結說：「至於究竟是要成立主管海洋事務的專責機構，還是繼續分散在各部會執行，這個問題可再研究。」

這一次的經驗，讓黃部長更加體會到，內政部的業務範圍可眞是包羅萬象！

「尤其，內政部所牽涉的各種不同部門，幾乎沒有一項是我的專長。」過去的內政部長，大都從縣市長升任，縣市長經過任內五花八門的事務歷練後，擔任起「天下第一部」的內政部長，就算不是駕輕就熟，至少也能夠觸類旁通。然而，既無相關專長，又未經相關事務歷練過的黃部長，在領導上會不會有什麼難題？「要不斷的學習、用功啊！」認眞的黃部長，每天下班回到家，就拿出當年拼英文，拼碩士博士的精神，挑燈夜讀。舉凡與內政部各部會有關的過去、現在與未來的資訊，都詳加閱讀。

在這麼認眞自我充實、精進的黃部長帶領下，內政部的業務發展得果然順利平穩。「這倒也不是因爲我廣而博，專而精；而是我非常幸運，有一群優秀、幹練，擁有豐富的專業知識和經驗的各部門主管。」

一直以來，黃昆輝無論到哪個單位任事，都是留用原班人馬，「然後我會在施政過程中再觀察、考核每個部門主管的實際表現。」他考核的重點包括：觀念是否正確？人際相處是否和諧？有沒有做事的要領？有沒有解決問題的能力？「這些都是需要經過時間的考驗。我不會一上任聽到別人說什麼，就調動部屬的職位。我相信，有的人在某個首長領導下雖然表現平平，但是換了另一個首長，很可能有亮眼的表現。」

不僅如此，連各部門主管所做的人事安排，黃部長也不曾置喙。當時的警政署署長盧毓鈞曾說：「黃部長最尊重我們警察了！我們提的人事調動案，他一個也沒有更動過。」

「Put the right person at the right position（把對的人放在對的位置）是很重要的。我的各部門主管就是擺在適當位置的適當人選。」除了部屬本身優秀外，黃部長秉持著「維持」與「創新」，「高關懷、高倡導」的原則領導，應該也是內政部事務順利推動的原因吧！

對領導有精闢見解的黃部長認爲，做爲一個領導者，一方面要維持內部的穩定及正常運轉；另一方面要符應社會脈動，有所調整、革新。這也就是關懷與倡導，安內與攘外。個性正向、進取的黃昆輝說：「一個窮人家的孩子想要成功，最重要的就是要有奮鬥的人生觀及進取心。」而進取心也是領導者最重要的人格特質。

革新與創舉

說起黃部長的創新，首推他對建築業所付出的心力。「建築業本來應該是產業界的龍頭，但是卻逐日走下坡，缺乏理想。於是我在一九九五年三月，舉辦全國建築會議。」黃部長希望藉由全國性的建築會議，探討出提振建築業的方針，以及提升國人對建築物美感的鑑賞品味與要求。

在首次的全國建築會議中，與會者熱烈討論，積極尋求共識。「我們在會議中提出『改造城鄉景觀新風貌』的想法，並以『文化、綠意、美質』作爲三個行動方針，期許建築業要有新理想與新視野。」這可以說是營建政策的核心概念。之後，黃部長在營建署長黃南淵的建議下，創辦了「傑出建築師獎」。這個獎項就像過去的「師鐸獎」般，不僅強化社會大眾對專業的尊崇與肯定，更進一步提升從業人員對該項工作的自我期許與使命感。「這個獎項到現在都還存在，對建築界的設計、安全、景觀、文化、藝術等，產生潛移默化的影響。」

同時，消防署也在一九九五年三月一日成立，從此警、消分立，開啓消防的新紀元。「消防業務原本屬於警察系統中的一環，但是消防工作日益重要，政府認爲有必要設置專屬的主管機關。」黃部長表示，建築的結構、建材、空間規劃等日新月異，推陳出新。所以，消防的科技、技術、知識、設備等，也應該與時俱進，並有專責的主管機關。

一九九五年一月十七日自立法院三讀通過消防署組織條例後，同年一月二十八日由總統制定公布。並於同年三月一日正式成立內政部消防署，任命王一飛先生爲第一任署長。消防署的目標涵蓋有：健全公共安全防災體系、提升緊急救護服務、積極推動各項消防專業系統與制度、強化消防救災效能，以確保民眾生命財產安全。

「內政部消防署」剛成立時設有災害預防、災害搶救、緊急救護、教育訓練、災害調查等五組，以及救災救護指揮中心，專責火災預防、災害搶救與緊急救護工作。

此外，爲了推動全國建築研究發展，達成國家整體建設之目標，內政部於一九九五年十月三十日正式成立建築研究所；此外也將中央警官學校，改制爲中央警察大學。「這是爲了提升警察人員的專業知識，以因應警政需求。」

一九九五年十二月十二日，立法院三讀通過《中央警察大學組織條例》，並於十二月二十日總統明令公布，正式更名爲中央警察大學。中央警察大學除了辦理研究所及正科教育外，並舉辦在職警察人員升職與專業講習班。另外，爲了促進國際友誼與合作，中央警察大學除接受外籍學生來校留學，並與外國大學合作，交換師資與學生，舉辦國際學術研討會，參加國際警察學術組織與活動。「可以說，中央警察大學的改制，確實大大提升了警察人員的專業知識，並且開拓警察人員的視野。尤其時任校長的姚高橋，對改制工作付出諸多心力。」

「還有一項值得一提的事是，在我的內政部長任內，還成立了『金門國家公園』。」位處福建東南沿海的金門，在近代戰史上，因爲經歷了古寧頭大戰、八二三砲戰、九三砲戰等多場戰役，而留下多處代表性戰役史蹟紀念地；並且因爲長期實施戰地政務體制，保存了一個相當完整且特殊的自然生態體系。

一九九二年十一月七日，政府終止了金門的戰地任務，隨後在一九九三年二月七日開放觀光。爲了能妥善保存維護金門地區的人文史蹟及自然地景，金門地方政府及立法委員相繼建議，將金門規劃爲國家戰役紀念公園。

後經營建署黃南淵署長邀集相關單位及學者專家評估後，研擬「金門國家戰役紀念公園發展構想」。這項計劃於一九九五年二月十七日經內政部國家公園計劃委員會審議通過後，提送行政院，並於同年五月十八日經行政院院會核定通過。不過，會議決定，將「金門戰役紀念國家公園」的名稱改爲「金門國家公園」，以彰顯金門地區在戰役史蹟、文化及生態景觀之整體環境特色。

一九九五年十月十八日，金門國家公園管理處正式成立。「金門國家公園」是我國第六座國家公園，亦是第一座以維護戰役史蹟、文化資產爲主且兼具保育自然資源的國家公園。

儘管黃部長在任內有這麼多項創新，但仍有兩件未竟之事讓他感到些許遺憾。「我那時發現，警察升遷的機會太少，我請接任警政署署長的顏世錫研究看看，能不能增設職階，多增加位階給警察，以資鼓勵。」顏世錫署長聽到黃部長如此體恤警察，深爲感動。不過，此一新制度牽涉的層面甚廣，直到黃部長卸任，都還來不及成形。

另外，由於建築業並沒有目的事業主管機關，也沒有建築業管理條例。黃部長任內，專業素養深厚的營建署長黃南淵，雖然已經提出草案，但直到黃部長卸任，此草案也尚未能送出內政部。

撫平傷痕，促進族群融和

參與成立「二二八事件紀念基金會」，是黃昆輝在內政部部長任內，一件頗具歷史意義與價值的任務。

「當年我在土庫國小教書時，有位女學生是土庫鎮鎮長的外甥女，她的父親原本是省立宜蘭醫院的院長，但是在二二八事件被帶走後，就再也沒有回家。當時她尚在母親的腹中，母親生下她後，帶著她回家鄉投靠娘家。女孩長大後考上高雄醫學院，畢業後赴美學醫，並嫁給一位芝加哥名醫。我後來在政府任職時，每當她與我連絡，一談到父親，總是聲淚俱下問我：『黃老師，我的父親究竟到哪裡去了？國民黨政府是否可以告訴我？』」聽到女學生的泣訴，黃昆輝總是心疼地勸她放下。

不只是這位女學生含淚控訴，一九八七年，社會各界甚至發起推動二二八平反運動，積極要求政府正式道歉、賠償、追求眞相、公開史料、建立紀念碑、紀念館，並訂定二月二十八日爲國定假日。

政府爲了努力化解仇恨，撫平歷史傷痛，促進族群融和，一九九〇年行政院邀請國內學者專家，成立「研究二二八事件小組」負責蒐集國內外有關檔案及相關資料，一九九二年，「二二八事件研究報告」公諸於世。一九九五年四月七日公布《二二八事件處理及補償條例》；同年十二月，行政院依據《二二八事件處理及補償條例》，成立「財團法人二二八事件紀念基金會」。

「基金會董事是由行政院選聘，其中政府代表四人，由內政部部長、教育部部長、法務部部長，以及行政院政務委員兼任；另外是受難者及其家屬代表四人、學者專家三人及社會公正人士四位，共計十五位董事。而三位監事則分別由財政部部長、主計處主計長及監察院審計長兼任。」

基金會秉持物質補償與精神撫慰並濟之原則，受理二二八受難者之認定及給付補償金；舉辦二二八事件紀念活動；舉辦協助國人瞭解二二八眞相之文宣活動；二二八事件教材或著作之補助；二二八事件有關調查、考證活動之補助；其他有助平反受難者名譽，促進台灣社會和平之用途。

一九九五年十月召開第一次董監事會議後，行政院政務委員張京育當選董事長。政府並循預算程序捐助新台幣四千萬元，作爲創立基金。

「歷史的錯誤可以原諒，歷史的教訓不能忘記。希望藉著基金會的成立與運作，可以撫慰受難者及家屬之心靈創痛，促進台灣社會查明與瞭解眞相，以帶來眞正的寬恕與永久和諧。」

至於有些人憂心，年年舉辦各種二二八事件紀念活動，究竟是在撫平傷痕，促進族群融和，還是在挑起傷痛，製造族群對立？黃昆輝認爲，蓄積了這麼多年不平、不滿，甚至仇恨的負面能量，必須藉著各種相關活動，才能讓負面能量充分發散。只要這些活動是正向、理性的，未必不是一件好事。「至今之所以仍有受難家屬忿忿不平，那是因爲眞相仍未全明，元凶仍未追究。雖然，歷史的錯誤可以原諒，但要原諒，必須先讓他們知道眞相。」

「不過，依我看，二二八事件的紀念活動，絕大多數是正向的，並無極端或對立的事件發生。如果有人想利用活動藉題發揮，或掀起仇恨，我想，人民也不會同意的。」

1

3

2

1 一九九五年三月十一日，至佛光山訪星雲法師。

2 一九九五年七月十五日，抵達慈濟醫學院會見證嚴法師，並同往參加暑期青年圓緣活動。花蓮縣王慶豐縣長也陪同參加。

3 一九九五年七月十五日，參加慈濟功德會所辦暑期青年圓緣活動。

4 一九九五年九月三十日，視察太魯閣國家公園布洛灣，並與內政部內參加自強活動同仁於遊憩中心前合影。

5 一九九五年，於中正紀念堂舉辦著作權宣導活動。

6 一九九六年一月十九日，消防節參加消防署慶祝活動。

7 參加內政部建築研究所的揭碑儀式。右為所長張世典。

4

7

5

6

劃時代任務
——中央選舉委員會主任委員

黃昆輝之所以被任命為內政部部長，其實還有一項非常重大的任務。那就是修改正副總統選舉罷免法，讓正、副總統的產生，由過去的間接選舉（國民大會代表選舉），改為選民直接選舉。

為了順利進行這項工作，黃部長在內政部長上任三個月後，又被任命兼任中央選舉委員會的主委。

為民主參與一場寧靜革命

「我接任內政部長一個多月，就開始著手正副總統選舉罷免法的修訂，務使上半年修訂完成送行政院院會審查通過，然後在下半年送立法院審議通過立法。」在黃部長孜孜矻矻研議及奔走溝通、協調下，《總統副總統選舉罷免法》終於在一九九五年八月九日制定，並送立法院審議。

說起要從由國民大會代表選舉的間接選舉，改爲由選民投票選舉的直接選舉，這中間可是走了一大段充滿波折、荊棘滿布的路。

一九九〇年六月二十八日，圓山飯店舉行爲期一週的「國是會議」。「這是台灣史上，不同政治立場者首度同台的會議。」會議中，做成總統直接民選的結論。「朝野普遍體認，總統由國大代表選出的方式應該改進。那些老耄、病弱的老國代，已經缺乏代表性，國民大會應該廢除，由選民直接投票選舉，才是民主政治的一大進展。」黃昆輝說。

爲了符合民意革新的共識，李總統於一九九〇年七月十一日，在國民黨內部，成立憲政改革小組，負責推動修憲，並由李元簇擔任召集人。「憲政改革小組，是牽引國民黨扮演改革主導者的重要窗口。」

修憲工程的第一步是，推動國會全面改選，廢除萬年國會；接著在一九九二年開始推動總統直選。「總統直選的推動，黨內意見分歧，阻礙重重、曲曲折折。可說是非常戲劇化。」

憲改小組原先是要並案討論委選案和直選案兩案，後來卻只見討論委選案。「李總統在瞭解基層傾向於直選後，認爲委選案未朝民意之所向。但是，施啓揚和馬英九等幾個規劃憲改的主要幹部卻不認同。」

一九九二年三月九日，國民黨舉行臨時中常會，經過長達七小時的討論，無法達成共識。隨後於三中全會上，直選派與委選派針鋒相對，激烈爭辯。「即使中午休息時間已至，一百多位中央委員，包括李煥、邱創煥等重量級人物，寧願餓著肚子或是草草拿顆饅頭果腹，然後按照登記，一一發言批判。孤立無援的李總統，對於所有批判性的意見，一律仔細聆聽。」

委選派委員批判直選的理由主要有二：一是，「一旦直選，將失去中國代表性，形同台灣獨立」。其二，一旦直選，國民黨的掌控力會下降，更嚴重的情形是，國民黨有朝一日會失去政權。「顯然這是既得利益者所不願面對的挑戰。」

爲了避免不同主張的兩派裂痕加劇，李總統在國民黨三中全會上，只好接受妥協方案。妥協方案的內涵如下：「總統選舉方式，在總統於民國八十四年五月二十日任滿以前，由國民大會代表召開臨時會，以憲法增修條文明訂之。」並決議將總統選舉方式延至一九九四年的第二屆國民大會第四次臨時會再討論。李總統的委曲求全暫時平息了戰火。（參閱鄒景雯採訪整理《李登輝執政告白實錄》）

在這一段「休戰」期間，愈來愈多民意支持直選，而李總統也認爲，國會議員已經由人民直接選舉產生，國會民主代表性已建立，若總統改爲人民直選，表示行政權民主代表性的強化。

再加上，國民黨中央委員的結構已改變（即增加地方縣市首長及議會議長為當然委員），主張直選的聲勢增強。於是在李總統的堅持下，於一九九四年四月召開國民黨十四全臨中全會，並於會中通過總統直選案；接著在七月二十九日第二屆國民代表大會（第三次修憲），採相對多數法的方式，確立公民直選總統的制度。

「這是台灣政治史上一項巨大的變革，落實了國民主權的理念，成果輝煌。」黃昆輝非常認同李前總統為總統直選所做的努力，並認為，當年蔣經國總統解除戒嚴之舉，也等於是在推動民主，「解嚴是需要很大的勇氣。因為解嚴後，會面對各種挑戰，尤其報禁一解除，異議人士就能夠大鳴大放。」黃昆輝記得，蔣經國總統曾說：「國民黨要老店新開。」所以他不遺餘力培植本土人才。「經國先生解嚴以後，李總統才能推動民主。而民主化帶來了本土化，這是必然的。」

事實上，當時除了執政的國民黨反對最力外，國際間的輿論以及國內各界，都肯定、讚賞這種劃時代的改變。外國學者甚至將台灣的總統直選稱之為一場「寧靜革命」，讚揚台灣是民主的典範，未經流血、暴動，就能夠完成民主改革，且社會繼續繁榮、安定。

「我想，如果國民黨夠開明，願意走在民主思潮之上，領導帶動民主，一定會贏得掌聲。而一旦實施民主，一定會有政黨輪替。如果執政黨好好做，禁得起政黨競爭，就能鞏固領導權。不過，時至今日，世界上沒有任何一個民主國家是一黨做到底的。」

《總統副總統選舉罷免法》經立法院審議立法後，一九九六年三月二十三日，中華民國舉行建國以來第一次總統、副總統的公民直選，也是動員戡亂時期結束後的第一次總統、副總統選舉。選舉適用的制度法源除了《憲法》之外，最主要就是《總統副總統選舉罷免法》。

但是在選舉期間，中華人民共和國頻頻在台灣海峽進行飛彈試射演習，企圖影響我國的選舉，導致美國出動獨立號與尼米茲號兩艘航空母艦前往台灣海峽鄰近水域巡察。

「中共總理江澤民一得知我們即將舉行民選總統副總統，就開始在東海發動兩波軍事演習。」第一波從一九九五年七月二十一日起連續六天，於台灣北方彭佳嶼海域進行導彈試射；第二波自八月十五日起一連十一天，在彭佳嶼北方一百浬的海域及空域，進行海空聯合作戰演習。

這是台灣自八二三砲戰以來，兩岸最險峻的準軍事衝突，政府內部非常緊張，立即著手應變；並且採取兩套因應方案，即「對內著重在安定民心」，「對外爭取國際重視，特別是美國和日本。」

由於我軍情單位當時情蒐能力極強，加以與美方充分合作，對於中國軍演掌握、研判精確。「台灣和美國都認爲，中共的飛彈試射並不會對台灣的安全構成立即性的威脅。但是，他們對台灣進行『神經戰』的政治目的十分明顯。」（參閱鄒景雯採訪整理《李登輝執政告白實錄》）

經過這兩波演習，李總統研判中共內部問題重重，勢必藉此轉移焦點，李總統乃約見國安會祕書長丁懋時，正式指示，提前就次年總統大選組成「應變小組」。應變小組就台灣的政治、經濟、選舉、社會，及心理層面可能受到的影響，進行沙盤推演。經過了數個月的預判與準備，終於在一九九五年十二月擬妥諸多應變計劃。「此即李總統於次年（一九九六年）在競選時公開表示的，他已經做好了『十八套劇本』，民衆可以放心。」

一如預判，中共果眞於次年（一九九六年）三月八日起，發動了三波更大規模的軍事演習，直到二十二日爲止。「這三波大規模的軍事演習，顯然是針對性，而非例行性的。」行政院早在一九九六年二月十三日即已成立「兩岸臨時決策小組」（由國安會負責幕僚作業），因應中共的軍事演習。

「可以說，對岸爲了阻撓我們成爲主權獨立的民主國家，處心積慮，多次以武力嚇阻我方當年年底的立委選舉，以及次年三月的直選總統。」沒想到，這種充滿敵意的蠻橫舉動，反而激起台灣人民的反感，在首度直選總統副總統時，以七六・〇四％的高投票率，表達心中的意見。李登輝先生更是以五百八十一萬餘票，百分之五十四的得票率，高票當選首位直選總統。

確立角色定位，謹守行事分際

——總統府祕書長

黃昆輝不辱使命，戮力完成中華民國第一次總統副總統選舉，並順利圓滿選出台灣首位民選正、副總統。一九九六年五月二十日，民選正、副總統正式就職，緊接著內閣改組。但是內閣成員的名單中，卻沒有重要功臣黃昆輝的名字。「我倒不會感到錯愕或失落，因為我問心無愧，交辦的事都已辦妥，我相信一定是另有安排。」過了幾天，李總統召見，並聘他為總統府國策顧問。

從業務龐雜、艱鉅的內政部長兼中央選舉委員會主委，到「有官名卻無官職」的總統府國策顧問，這中間的落差有如雲霄飛車的頂點到底端，但是黃昆輝安之若素，落得無官一身輕的自在。

籌辦國家發展會議

兩個月後，黃顧問甫結束美東之行（玉山科技學會邀請辜振甫及黃昆輝赴美，就兩岸關係發表演說），才踏入家門，夫人即告訴他，李總統以為他已返抵國門，一個鐘頭前曾來電。黃顧問覆電李總統時，李總統客氣的說：「我想請你來總統府當祕書長幫我的忙，你願意嗎？」聽到一向敬重、信任，又有知遇之恩的長官，如此親切有禮的措詞，黃顧問豈有不答應的道理。

一九九六年八月五日，黃昆輝揮別輕鬆悠哉的顧問身分，就任職務內容錯綜複雜的總統府祕書長。

總統府祕書長是中華民國總統府的行政首長，具有總統幕僚長的職能。「總統有三個幕僚長，分別是：國家安全會議祕書長，陸海空三軍總參謀長，以及總統府祕書長。」

總統府祕書長是「總統府」此一幕僚機關的行政首長。根據《中華民國總統府組織法》第九條規定：「總統府置祕書長一人，特任，承總統之命，綜理總統府事務，並指揮、監督所屬職員。」

黃昆輝事後得知，他被任命為如此位高責重的職位，並非李總統一時起意，而是早有安排。只不過，前任總統府祕書長吳伯雄調任國民黨祕書長、前任國民黨祕書長許水德調任考試院院長，以及黃昆輝接任總統府祕書長這三項環環相扣的人事調動案，先前立法院尚未行使許水德出任考試院院長的同意權。待立法院同意後，黃昆輝即正式就任此一早已安排好的職位。

新官上任還不到兩週，黃祕書長就著手籌辦「國發會」（國家發展會議）。「籌辦國發會的目的，是爲了『規劃國家世紀藍圖，增進全體人民福祉』。」

李登輝總統在一九九六年五月二十日的就職演說中，曾宣示：「將儘速責成政府針對國家未來發展的重要課題，廣邀各界意見領袖與代表共商大計，建立共識，開創國家新局。」因此，黃祕書長上任後，即在總統府內成立工作小組，進行先期籌劃作業。會議名稱於八月二十九日奉李總統核定爲「國家發展會議」。

前置工作小組成立後，召集人黃昆輝祕書長即就相關議題與原則，密集請益連戰副總統、俞國華資政、錢復議長、劉松藩院長、丁懋時祕書長、宋楚瑜省長，以及吳伯雄祕書長等；並與相關部會首長及專家學者交換意見。

黃昆輝祕書長博采周諮之後，決定進一步設置籌備委員會，以確立國發會的主題。籌備委員會的委員囊括政黨代表六人、民意機關代表五人、政府機關代表八人，以及學者專家代表十人。

其中政黨代表係由最近一次（即第三屆國大代表）選舉得票率超過百分之五的政黨（即國民黨、民進黨、國民黨新連線），各推派代表兩人。民意機關代表則包括有國民大會、立法院、省市（台灣省、台北市、高雄市）議會代表各一人；政府機關代表含總統府、行政院、省市政府，以及議題相關之主管部會代表。

至於國發會討論的議題，黃祕書長及其工作小組初步擬定為五項：一、建全憲政體制；二、加速經濟發展；三、增進兩岸關係；四、拓展務實外交；五、推動文化建設。

共識決而非多數決

短短一個多月，在黃祕書長持續不斷的協調溝通下，工作小組已有豐碩的成果呈報李總統。於是李總統在九月十八日召集連戰副總統、蔣彥士資政、錢復議長、劉松藩院長、黃昆輝祕書長、丁懋時祕書長、宋楚瑜省長、徐立德副院長、陳錫藩副祕書長，及黃正雄副祕書長等一起聽取工作小組的簡報。

簡報後做成兩項裁決：首先，五項議題減為三項，即一、建全憲政體制；二、加速經濟發展；三、增進兩岸關係（將務實外交與大陸政策相輔相成為一項）。其次，請連戰副總統擔任籌備委員會召集人；副召集人則邀請國民黨、民進黨、國民黨新連線各推派一人擔任；黃祕書長本人擔任籌備委員會執行長。

當黃祕書長拜會民進黨黨主席許信良，及國民黨新連線召集人陳癸淼，請他們推派籌備委員會副召集人與委員時，他們的共同質疑是：「你們是要找我們小黨幫忙背書嗎？」黃祕書長非常誠懇地告訴他們：「國發會是一個『共識決』的會議，而非『政黨協商』、『多數決』的會議。我們完全尊重小黨的意見，不會因為國民黨席次多，就以眾暴寡，以強欺弱。」聽到黃祕書長懇切的解說與保證，兩黨負責人這才釋懷，欣然同意共襄盛舉。

籌備委員會前後共召開四次會議。第一次在一九九六年十月十一日舉行，會中將三項議題修訂為：一、憲政體制與政黨政治；二、經濟發展；三、兩岸關係。

「我記得第一項是國民黨新連線委員李慶華提出的。」由此可知，國發會不但會聽取小黨的意見；而且，即使是總統已裁定的議題，仍會尊重籌備委員的決議而加以修訂。

對於這三項議題，將先由議題承辦機關進行「專題研究」，以及由縣市政府辦理「分區座談」。

十月二十二日舉行第二次會議，討論各議題題綱，並確定參加國發會的人數。其中，籌備委員會的召集人、三位副召集人，及籌備委員會全體委員三十三人為當然出席人，其餘有政黨代表三十人（由國民黨、民進黨、國民黨新連線，依四、三、二的比例推薦人選參加）；各級民意代表三十人（由國民黨、民進黨、國民黨新連線、無黨籍人士，依四、三、二、一的比例推薦人選參加）；專家學者二十人；社會賢達二十人；各級行政人員代表十七人；總統指定二十人。共計一百七十人。

十一月十六日舉行第三次籌備會議，會中除通過出席會議人選，還有一項創見：「討論議題的時候，我們不採用表決的方式，而是將大家都有共識、一致通過的意見列爲『共同意見』；至於沒有共識的意見，我們並未放棄或忽略，而是列爲『其他意見』。這樣就能夠保護弱勢黨團的意見。」每一項議題的總結報告，皆推派二至三人會同主持人一起撰寫。

第四次籌備會議主要是「專題綜合研討會」，從十二月九日開始，一連舉辦了十一場。「國家發展會議的目的，在於凝聚共識，各議題的討論都要透過協商，才能達成共識。」

籌備委員會祕書處每天早上七點半起，與相關部會首長舉行工作會報。「在野黨擔心我們祕書處會動手腳，改變討論內容專利於國民黨，於是我們邀請三位副召集人李慶華、邱義仁、陳忠信，及賴浩敏委員一起參加工作會報。」黃祕書長記得，當時身爲民進黨文宣部主任的陳文茜也參與了工作會報。在工作會報中確定，主席團二十人，由連戰副總統擔任主席。「國家發展會議是『凝聚共識』的會議，也是一項全民的會議，而非政黨協商。」黃祕書長說。

民主協商的典範

經過四次籌備會議後，終於在十二月二十三日到二十八日，正式召開「國家發展會議」（國發會）。

國發會達成的結論，在「經濟發展」的議題上，有三項共同意見（亦即三大總體發展策略）：一、加速經濟自由化、國際化；二、充分運用有限經濟資源；三、建構高效率的政府。「『兩岸關係』的議題整理人是許信良，這個議題，三黨和朝野都有高度的共識，非常難得。」黃祕書長說。

「兩岸關係」議題最主要的結論有：

一、開展兩岸關係應以維護中華民國的生存與發展爲基礎，處理兩岸關係應本理性、和平、對等、互惠、尊重之原則，建立穩定的關係架構。

二、在台灣優先的原則下，堅決維護台、澎、金、馬地區兩千一百餘萬同胞的安全與福祉。

三、朝野對兩岸關係雖有國家認同上的歧見，但並不影響朝野在維護兩千一百餘萬同胞的安全與福祉上的高度共識。「這次國家發展會議最重要的意義，是要讓國人、中國及全世界知道，面對中國，台灣是團結一致的。」

四、兩岸協商應以內部共識爲基礎，並由主管機關授權，在國會監督下進行。

五、由於中共對我仍存敵意，兩岸經貿發展應格外考量政治風險。因此，必須在維持我國安全與兩岸和平的前提下，循序漸進地推動相關政策。

六、我國經濟發展應有全球化的經濟策略，兩岸經貿關係也是台灣整體對外經貿關係的一環。

七、中華民國為一主權國家，為求生存與發展，必須積極推動對外關係，拓展國際活動空間。台灣不是「中華人民共和國」的一部分，我們反對以一國兩制處理兩岸問題。

八、加入聯合國為一長期奮鬥的目標，應以國際情勢的變化，靈活因應，積極推動。

在「憲政體制與政黨政治」的議題上，也得出以下的意見：

一、改進選舉制度。

(一)主張國民大會代表總額適度減少，改由政黨比例代表制產生，並且下屆起停止選舉，任期維持目前剩下的四年。

(二)立委的總額，必要時可以增加至二〇〇～二五〇名，任期兩年改為四年。

(三)中央民意代表選舉制，採單一選區和比例代表制二者混合的兩票制，並成立跨黨派的小組研議。

二、黨營事業不得從事壟斷性事業的經營，不得承接公共工程，不得參與政府採購之招標，不得赴大陸投資。

三、「依權責相符原則調整中央政府體制」、「調整省府組織與功能」、「暫停鄉鎮級選舉：鄉鎮長改爲派任」。

「第三點中的『調整省府組織與功能』，引起宋楚瑜省長強烈的反彈！」黃祕書長說明，這個結論是因爲考量到，小小的台灣，層級溝通卻分爲四級，從總統、中央政府各部會、省市、縣市、鄉鎮，行政效率上實在有待加強。另外，省府治理的幅員、面積、人口，和中央政府多所重疊，所以將省虛級化。

「國發會結束以後，宋省長在議會發飆，認爲這麼做是衝著他來，意圖削弱他的力量。但是，這樣的結論並非李總統加上去的，而是在會議中共同討論出來的呀！」

志在凝聚共識的國發會，各議題的討論均要透過協商。「是分組會議和全體會議兩個層級的協商機制。」全體委員平均分成三個小組，每一組依組員的意願、經驗與專長，探討其中一項議題。分組討論結束後，主席團與議題整理人再協商，看看有哪些「有共識的意見」（共同意見），以及有哪些「無共識的意見」（其他意見）。

結果，在「憲政體制與政黨政治」的議題，有二十二項共同意見；「經濟發展」的議題有三十六項意見；「兩岸關係」的議題有一百三十四項具體的策略與措施。亦即，總共達成了一百九十二項共識。

李總統曾表示，國家發展會議最重要的意義，表現在執行長黃昆輝在會前所說的：「雖然沒有法律強制力，但有政治拘束力。」李總統並且說：「必以最大的誠心與決心，克服一切困難。就會議所形成之共識，依據體制程序，化為政策，並在最短期間內促其實現。」

奔波了近四個月，黃祕書長在籌辦工作團隊的用心協力下，終於順利舉辦這一場朝野建立多項共識的國家發展會議。「國發會樹立了一個民主協商的典範。」

達賴喇嘛首度訪台

於一九八九年榮獲「諾貝爾和平獎」的西藏精神領袖達賴喇嘛，在一九九七年三月，透過中國佛教會理事長淨心法師，向李登輝總統表示，希望能來台訪問。李總統於是交辦黃祕書長，與各單位協調此事。

黃祕書長召集了相關單位，如內政部、外交部、陸委會、海基會、新聞局，以及蒙藏委員會開會協商。會議中，外交部提出「簽證要如何發？」的疑惑；蒙藏委員會也提出「西藏流亡政府對我蒙藏委員會一向不甚友善，其精神領袖來台，對台灣有什麼正面的意義？中共會有什麼反對意見？」的質疑。

黃祕書長的看法是：「達賴喇嘛是一位曾經獲得『諾貝爾和平獎』的和平使者，曾受英、美、日等國邀訪，我國基於拓展外交，以及追求自由民主的立場，實無理由拒絕達賴喇嘛來訪。」

各單位經過協商討論後，原則上決定歡迎達賴喇嘛來台訪問，並由中國佛教會淨心法師出面，持函親往邀請。各單位並進一步達成幾個共識：首先，達賴喇嘛訪台定調爲「弘法之旅」，而非政治活動。因此，由中國佛教會邀集各宗教團體負責接待，及安排弘法、交流行程，政府只扮演支援、協助的角色。其次，外交部發給達賴喇嘛訪問團一個有別於國人或外國人的特別簽證。至於與西藏流亡政府的立場有所牴觸的蒙藏委員會，則不參與此次達賴喇嘛來台弘法一事，而另成立一個跨部會的任務編組，由內政部次長負責召集相關部會司長級主管參加，以支援中國佛教會的接待事宜。

在各方折衝協調下，達賴喇嘛順利於一九九七年三月二十二日來訪。達賴喇嘛的弘法行程，除了包括與台灣各宗教團體交流互動外，亦有多場在大專院校舉辦的佛學、哲學演講。「當時有立法委員要求，安排達賴喇嘛到立法院演講，但未被政府接受，因爲我們已經言明，這是一趟『弘法之旅』，不涉及政治。」

直到三月二十八日，達賴喇嘛即將離台時，李登輝總統與達賴喇嘛在「台北賓館」，舉行第一次的歷史性會晤，歷時四十五分鐘。會晤前，李登輝總統爲了表示對達賴喇嘛的敬重，還跟夫人曾文惠女士走到台北賓館大門迎接達賴喇嘛，兩人互動熱絡，李登輝總統推崇達賴喇嘛是道地的和平主義者，達賴喇嘛則讚賞李總統提倡心靈改革。當時國民黨文工會還以「民主先生」與「和平使者」，來形容李登輝總統與達賴喇嘛。

達賴喇嘛首度訪台後，在台灣成立了「財團法人達賴喇嘛西藏宗教基金會」。基金會成立的宗旨之一爲：「促進台灣與西藏人民之間彼此的瞭解，並加強雙方的合作關係。」「達賴喇嘛西藏宗教基金會」除了開辦固定的佛法課程，將西藏文化的精髓——佛教文明，介紹給台灣廣大民衆外；亦應各校之邀，請法師至校園爲學生開示基礎佛法。

催生「兩岸關係策略小組」

在經歷過陸委會主委任內，透過海基會與中國交手後，黃祕書長對於兩岸問題有了更深一層的體認。「必須有一個更高層級的協商統合小組，以因應中共屢次不友善的舉措，以及統合國內口徑不一的發言。」

兩岸關係在一九九三年四月舉行首次辜汪會談後，有了突破性的發展。但是，一九九五年六月七日，李前總統赴美訪問，在母校康乃爾大學發表「民之所欲，長在我心」的演說（這是中美斷交十七年來，中華民國最高層官員首度有機會訪美），中共認爲美國此舉助長台灣內部謀求獨立的政治勢力，因此表達強烈抗議。「除了海協會在六月十六日宣布，延後原先預定在下半年舉行的第二次辜汪會談以外；還在一九九五年七月至十一月這一段期間，多次發射飛彈及軍事演習，試圖干涉中華民國第一次全民直選總統。」

除此之外，一九九七年七月一日香港回歸，海基會董事長辜振甫應邀赴港觀禮時，原本想藉機與汪道涵會晤，中共爲了表示抵制，決定不派汪道涵去香港。「中共不只抵制與我交流、會談，還在外交上極盡杯葛，阻礙我國與俄羅斯互相派駐代表。」

到了一九九七年十一月，中斷交流兩年多後，中國海協會突然來函，主動邀請我方參加其在廈門舉行的經貿會議。但卻片面決定了時間、地點及議題，甚至指定與會人選——海基會副董事長焦仁和。而且，焦仁和副董事長的演講稿還得先送中共審核。這樣的邀請非但缺乏誠意，還一副逼人就範的氣勢。「中共的焦點應該是想批判李前總統的『戒急用忍』主張。」後來，海基會函覆海協會，建議還是由辜振甫參加會議。「我們不願意照中共的劇本去演。」中共碰了軟釘子之後，遂取消廈門經貿會議。

面對中共這種種的挑釁行爲，我們卻缺乏一個強而有力的統一窗口以因應。「當時，各相關部門的大陸政策，屢有『各人一把號，各吹各的調』，看法不一的情事發生。」就連陸委會和海基會的角色認知也不同，甚至有媒體形容兩者的歧見有如「海陸大戰」。「這雖然是一種放大的說法，但是陸委會和海基會的確對各自的角色與定位，有不同的認知。海基會認爲，除了陸委會授權的事以外，還有許多事可以自己做；但是陸委會認爲，海基會是政府唯一授權與對岸談判的民間團體，也就是陸委會的白手套。」

有鑑於兩岸問題對台灣所造成的「內憂外患」，黃祕書長心中浮現一個「成立高層協調統合小組」的構想，「一方面對內溝通協調，統合意見，建立共識；另方面對外建立通盤性、整體性的策略。」黃祕書長向李總統提出口頭報告，李總統同意後便正式書面簽報並建議：「由於兩岸問題事關國家安全，所以交請國安系統研擬。」

一九九七年十一月十四日，李總統親自召開國家安全會議，並在會議中決定成立「兩岸關係策略小組」。小組成員包括國安會祕書長丁懋時、總統府祕書長黃昆輝、行政院副院長章孝嚴（後由劉兆玄接替）、陸委會主委張京育、外交部長胡志強、國安局局長殷宗文、海基會董事長辜振甫、海基會祕書長許惠祐、國策顧問曾永賢、總統府副祕書長蘇起、國安會諮詢委員張榮豐，以及國安會副祕書長林碧炤等十二位。

小組每次開會的時間、地點都不對外宣布，也不對外說明開會結果。「大多是在國安局不同的招待所舉行會議。」由於「兩岸關係策略小組」的層級高，統合力及拘束力都強，成員在小組會議中建立共識後，再根據共識，帶回各部會形成大陸政策。「這個小組由國安會召集，未違背體制，也不是一紙公文下去，就要各部會執行，因爲在小組會議中形成的是共識，而非政策。」

「兩岸關係策略小組」的運作相當順利，大大增加了相關單位的橫向溝通，並進而統合各部會的步調。對於推動大陸政策，發揮了實質的助益。

以「專業會議」整飭社會治安

一九九七年四月十四日發生的白曉燕命案，是台灣有史以來最重大的刑案之一。由於被害人為知名藝人白冰冰之女，加上陳進興、高天民、林春生等三名加害人，不僅是擁有槍械彈藥之高度危險份子，且作案手法殘酷，又於逃亡途中與警方發生數次槍戰並犯下多件刑案，對當時台灣的社會大眾造成相當大的震撼。

「社會治安是國家發展的基礎，但在經濟快速成長與社會急遽變遷的衝擊下，衍生出許多治安問題，尤其是當時接二連三的重大刑事案件，嚴重危害到民眾生命與財產的安全。李總統對於社會治安問題至為關切，因此在一九九七年五月二日親自召開『高層治安會談』。會談中，責成政府相關部門採行積極因應措施，並指示召開「社會治安諮詢會議」，全面檢討當前社會治安問題，研擬具體對策與方案，以建立現代化社會安全維護體系。

「我們那時認為，當前社會治安問題，不僅是警察人員辦案效率的個別問題，還牽涉到制度層面與整個社會大環境等根本問題，所以本項會議定位為一項『專業會議』。」

為順利進行此會議，李總統指派黃祕書長擔任籌備工作小組執行長，小組成員共十四人，先確定議題及進行相關籌備工作。在為期一個月的會前專案研究後，確立了五項議題：「警政制度與犯罪偵防」、「刑事政策與犯罪預防」、「矯治與更生」、「教育因素」、「社會因素」。

「李總統並指派連戰副總統擔任『社會治安諮詢會議』召集人，而由我擔任執行長。」此外，並邀集政黨代表、民意機關代表、政府部門代表及專家學者（含社會人士），與會進行探討。

「社會治安諮詢會議」出席人數達四十餘位，研擬出一百零九項因應策略，及八十項行動方案，「這次會議的研討結果，可以說相當豐碩，不但規劃出建立現代化警政制度與刑事政策的基本架構，也提出建構社會安全維護網的具體措施。對於警政革新、整飭治安，都將產生深遠的影響。」

黃祕書長除了建議成立「兩岸關係策略小組」及「社會治安諮詢會議」外，「海巡署」（行政院海岸巡防署）也是他向李總統建議後設立的。

「我以前擔任陸委會主委時，就已經對偷渡客的問題頗多感受。一九九九年春節，我陪同李總統到東海岸慰勞駐守官兵，以及勘察偷渡客常出沒的地方時，更深感偷渡客問題的關鍵在於『事、權』沒有統一，所以我向李總統建議成立一個專責單位。」嗣後，李總統交由國安會祕書長丁懋時研議後，提國家安全會議通過定案。

於是，在二〇〇〇年一月二十八日，行政院整合國防部海岸巡防司令部、內政部水上警察局及關稅總局八艘大型緝私艦，成立「行政院海岸巡防署」，將海岸巡防司令部改編為海巡署屬下之「海岸巡防總局」，原內政部警政署水上警察局改編為海巡署屬下之「海洋巡防總局」，並將緝私艦正名為巡防艦，納編成北、中、南部地區機動海巡隊，後期再成立東地區機動海巡隊。

海巡署主要負責巡防各港口、沿岸地區、離島、領海、鄰接區及專屬經濟區，並執行查緝走私貨物和毒品、犯罪逃亡等治安事務。「海巡署的成立，有效處理了『偷渡客』問題，及其衍生的相關問題。」

兩國論提出的時機

李總統對於中共持續在國際上打壓我們，否認中華民國是一個主權獨立國家的問題，始終念茲在茲，憂心忡忡。到了一九九八年，任期只剩一半之際，李總統心中的緊迫感愈發強烈。於是在一九九八年八月，「強化中華民國主權國家地位」小組正式成立，由鑽研國際法、擁有雙料博士頭銜的蔡英文領軍。她召集多位極為年輕的法政學者參與研究，並由當時的國安會兩位諮詢委員張榮豐、陳必照，與總統府副祕書長林碧炤擔任小組顧問。

研究報告於一九九九年五月初步完成，並呈送李登輝總統核示。這份報告在一開始的前言部分，即明確定位兩岸至少應為「特殊國與國關係」，立論的依據則是自一九九一年以來歷次修憲的演變。

七月初，蔡英文與張榮豐共同向陸委會主委蘇起進行簡報，並由林碧炤向外交部長胡志強說明，以匯聚政府相關部門的一致看法。當時，他們並約定七月中旬到桃園的鴻禧別館再集思廣益，讓強化主權的研究案更爲周延。

不過，尙未等到七月中旬，李登輝總統便已決定提早公布「特殊國與國關係」的兩岸定位。

七月八日深夜十二點多，李登輝總統打電話告訴祕書，他決定把「特殊國與國關係」放進翌日（七月九日）接受「德國之音」專訪時的文稿中。

七月九日上午九點多，總統府祕書長黃昆輝和國民黨祕書長章孝嚴，分別獲得總統辦公室的告知：李總統稍後將在受訪時提出兩岸的新定位。

「這是我首度看到『特殊國與國關係』的論述。我第一個反應是，如此重大的事，還是要先仔細研議它在此時提出的可行性。」處理事情一向顧全大局、謹愼周到的黃昆輝祕書長，認爲他有職責對總統提出最完善的建議，因此他即刻通知擔任此研究顧問的總統府副祕書長林碧炤，以及國安會諮詢委員張榮豐，到他的辦公室開會討論。

不過，他們尙未開始討論，總統辦公室即前來向黃昆輝祕書長要回文稿。李總統認爲：「陳述一個歷史的事實，沒有什麼了不起，計算過於精密，反而成就不了大事。」

是日上午十一點，李登輝總統依照原定計劃，在總統府接受德國之音記者訪問時，首度將兩岸關係定位為「國家與國家」，至少是「特殊國與國」的關係。

這篇訪談震動國際，中國在稍後片面決定，海協會會長汪道涵原定十月訪台的行程無限期延長；美國行政部門則施加強大壓力，要求台灣重新回到「一個中國」的軌道。（參閱鄒景雯採訪整理《李登輝執政告白實錄》）

後來李總統表示，因為我們獲得情資顯示：時任中國海協會會長的汪道涵，擬在中華人民共和國建國五十週年的國慶日訪台，屆時可能會發表「北京是中央，台灣是地方」的談話。如此一來，將造成對台不利的局面。因而李總統採取制敵機先的對策，粉碎中方陰謀。「有人說，美方抱怨為何不先知會他們一聲？李總統回答：『若先知會美方，這句話還說得出來嗎？』」

李總統身先士卒，令人感佩

一九九九年九月二十一日凌晨一時四十七分十二點六秒，台灣南投縣集集附近發生強烈地震。震央在日月潭西方十二點五公里處，震源深度一點一公里，地震規模達七點三，台灣全島均感受持續一百零二秒的嚴重搖晃。這是台灣一百年以來最大的地震，也是自第二次世界大戰後傷亡損失最大的天災。中央氣象局將這次震央位於集集附近的超級大地震稱為「集集大地震」。

此地震造成二千四百一十五人死亡，二十九人失蹤，一萬一千三百零五人受傷，五萬一千七百一十一間房屋全倒，五萬三千七百六十八間房屋半倒。不但人員傷亡慘重，也震毀許多道路與橋樑等交通設施、堰壩及堤防等水利設施，以及電力設備、維生管線、工業設施、醫院設施、學校等公共設施，更引發大規模的山崩與土壤液化災害，其中又以台灣中部受災最為嚴重。台鐵西部幹線一度全面停駛，亦有多數客運公司暫時停駛。

災變發生後，李登輝總統馬不停蹄四處勘災、救災，並即時做出各種因應措施。

九月二十一日：上午九點即抵達南投災區。晚上八點三十分在總統府召開第一次高層會議。

九月二十二日：與副總統連戰先生、行政院院長蕭萬長先生等首長，緊急赴中南部災區巡視。

九月二十三日：召開第二次高層會議，決定成立「九二一地震救災督導中心」，該中心設於中興新村，全面展開救災。

九月二十四日：訪視台中縣大里市。

九月二十五日：發布緊急命令，以因應救災事宜，該命令共十二條，為期六個月，至八十九年三月二十四日止。

九月二十六日：召開高層會議後，決定成立「災區重建推動委員會」，以推動災後重建工作。

「災變第一天，李總統即走遍南投縣、台中市、台中縣、苗栗縣等十幾個地方勘災慰民。李總統身先士卒、倡導機先、撫慰災民，充分展現出一個國家元首的行動力，讓我十分感動。」

大地震發生後的一個月內，李總統共有十九天都赴災區勘災、救災，其餘十一天在總統府內除了處理國政，亦不忘爲救災相關事項盡心力。「李總統一向主張『現場主義』，他不但要求政府團隊不要待在辦公室，而要走出去救災；他自己更是以身作則到災區實地瞭解災情，聞聲救苦。」李總統每次到災區勘察，都會率同總統府祕書長黃昆輝，以及參謀總長湯曜明。遇有行政方面的事務需處理，就可以即時交辦黃昆輝祕書長；而需要軍方支援協助的事，則委由湯曜明上將負責。

十月九日，李總統在台中縣大里市兒童福利館，和受災戶代表座談三個小時，一一聽取四十二位民衆的意見。「李總統對民衆的苦楚和委屈感同身受，並且盡一切力量減輕災民的負擔及傷痛。」這場座談從上午十點開始，一直進行到午後，李總統回到竹子坑營區用中餐時，已經是下午三點了。「李總統充分展現了愛心、耐心及魄力。我不禁想到，這不就是他常常說的『民之所欲，長在我心』！」

李總統勘災、救災的過程中，發現到幾項需要檢討改進之處。

「其中之一是，『南電北送』的輸電政策值得檢討。」由於南投縣中寮鄉之中寮超高壓變電所遭震損，加上高壓電塔毀損，造成全台灣於地震發生後立即停電。經台電搶修之後，採限電措施，到十月三日晚上七點，才將中部的全部電塔搶通。但因中寮超高壓變電所損壞之故，南電北送之線路受到影響，造成南北供電系統各自運作，北部都會區供電吃緊，雖然恢復供電，但是仍持續實施分區供電。

另外一件事是，國姓鄉鄉長李增全指陳，農民因爲不具勞保身分，無法申請「以工代賑」。事實上，「以工代賑」的資格已經放寬。「這是政令貫徹不足所造成的落差。徒然使得政府的一番美意，無法確實下達被救助對象。」

這次的救災行動，國內許多民間團體都自發性參與。「讓我印象深刻的中華搜救總隊，總是不辭辛勞與危險，深入災區協助救援，但是因爲他們缺乏經費購置先進的救災設備和車輛，所以常感力有未逮。」

最讓人感到溫馨的是，集集大地震共有二十個國家，三十八個國外緊急搜救隊（包括兩個醫療團體），共七百二十八人與一百零三隻搜救犬，抵達台灣協助救難工作。其中，日本所派遣的搜救隊，是來台之國際援助隊中人數最多的一支，也是日本史上援助海外的隊伍中規模最大的一次。

日本衆議員小池百合子，在她所撰寫的《台灣報告》中，對於我國朝野處理震災的效率，給予很高的評價。她並探討歸結出三項有利因素：其一是，李登輝總統領導有方，具有緊急管理能力；其二，及時運用軍隊；其三，頒布緊急命令。

君子坦蕩蕩

一九九六年，李登輝和連戰先生當選我國首任民選總統、副總統，獲得政府得票補助款一億七千四百餘萬元。「當時好像是一票三十元，五百多萬票就是一億七千四百餘萬元。」李總統基於對青年的關懷，決定把補助款全數捐出，成立教育基金會，以培育青年。

同年十一月十三日，召開第一次董事會，正式成立「李連教育基金會」，以「培育青年政治人才」爲宗旨。第一屆董事會的董事有：黃昆輝、吳伯雄、蕭萬長、劉泰英、許水德、吳靜吉、曾宗廷、宋楚瑜、林澄枝。並由黃昆輝擔任基金會董事長，廖風德擔任執行祕書。

黃昆輝董事長依據設立宗旨與捐助章程規定業務項目，規劃辦理「新生代策論獎」、「獎助青年短期進修」、「優秀青年海外專題研究」、「青年文藝營」及「青年寫作研習營」等培育優秀青年工作。

二〇〇〇年一月十九日，召開第二屆第一次董事會，確定第二屆董事會董事名單。「其中，宋楚瑜和林澄枝離開董事會，換黃正雄與李紀珠加入董事會。」黃昆輝說。

由於政權移轉，不僅「李連教育基金會」的董事更迭，其宗旨也由「培育青年政治人才」，修改爲「協助青年發展，培育優秀人才」，並增列「舉辦教育及青年問題專題研究」與「舉辦青年文教活動」兩項業務。服務的範圍擴大，協助的青年更多，可以說，向前邁出了一大步。

二〇〇一年起，基金會辦理一系列的「教育問題」與「青少年問題」座談會和專題研究，並針對當前教改問題進行研討，同時結合大學舉辦「教育學術講座」。其後，又增設「傑出教育領域博士論文獎」。在青年輔導工作方面，則設置「原住民學生獎助學金」，直接獎助弱勢家庭學生努力上進。「原住民家庭的孩子許多都困頓無依，爲了幫助他們求學，我們獎助的對象從中學到大學，甚至碩士、博士都有，每年發放一次獎學金，一次大約一百名左右。」黃昆輝董事長說。

在多次舉辦青少年問題座談會與研究後，基金會認爲，提升教師輔導熱忱，加強學校輔導功能，有助於推展青少年輔導工作，因此創辦「教育大愛獎」，遴選表揚以無私的愛心、無限的耐心、無悔的付出，長期默默「輔導行爲偏差學生改過遷善」、「幫助貧苦孩子努力向學」或「協助身心障礙學生成長發展」的「大愛教師」。並將他們的大愛故事，編印成「教育大愛」專輯，分送給國民中小學，以擴大影響。

「李連教育基金會」服務社會將近三十年後，終於在二〇一四年，經過董事會決議，結束運作，將剩餘資金五千兩百多萬元，轉捐助李登輝基金會，作爲籌建「李登輝總統圖書館」之用。

「都是在做公益，將『李連教育基金會』的餘款，轉給『李登輝總統圖書館』，原本是美事一樁，但是有心人士卻提供給媒體不實的資訊！」被此事中傷的黃昆輝董事長感慨的說。

那是一個星期三的上午，黃昆輝依例進入台聯黨主席辦公室，當他在辦公室看到媒體報導了兩件事：「一、黃昆輝擅自將『李連教育基金會』的資金拿去炒作股票，以至於造成虧損；二、黃昆輝反對將『李連教育基金會』的餘款，轉給『李登輝總統圖書館』。」他立即決定，召開記者會澄清此事。

黃昆輝主席在記者會上出示該年四月二十五日的「李連教育基金會」董事會紀錄，指出當他知道李前總統想把基金會轉爲圖書館之用後，就一一和董事溝通。初步形成兩種方式：一是直接由「李連教育基金會」來設立圖書館；或是結束基金會，將剩餘基金移交給群策會作爲籌建「李登輝總統圖書館」之用。董事會最後認爲，基金會已完成階段性任務，決定修改章程，解散「李連教育基金會」，並將基金全數捐贈給圖書館。

黃昆輝強調，基金會成立至今，基金之運用皆經董事會決議，先後交給復華、大華、元富及保德信等專業的投顧公司操作。「將『李連教育基金會』的資金投資股市，是成立伊始全體董事就做成的決議，只是後來曾更換投資顧問公司。但都是經過三分之二以上董事同意，才做成的決議。」而且，董事會每年都會邀請投顧公司進行財務報告，並非黃昆輝董事長擅作主張。

這樣的運作過程，他怎麼可能一手遮天，「擅自」拿去炒股？再說，金融海嘯後，經濟榮景已不再，投資股市失利的帳，怎能算到基金會董事長頭上！

此一子虛烏有的事披露後，隨即有幾位「李連教育基金會」的董事主動告訴媒體：「我們基金會的投資有賺有賠，賺的時候不說，只說現在賠的……。」

「我只能說，這是有心人士的刻意分化與惡意中傷。」黃昆輝沉痛的說：「這是我這一生中所受到的最大的侮辱！」儘管受到惡意中傷與屈辱，但他依舊在崗位上克盡己職。此光明磊落、屹立不搖的行徑，粉碎了所有不實的指控。

遺憾的是，經過媒體先前的大肆報導，外界已形成諸多誤解，傷害也已經造成。「雖然外界不清楚，但是我的心很清楚。」黃昆輝在無奈中，仍秉持著正面的人生觀。

1

3

2

1 一九九六年八月六日，接任總統府秘書長，於總統府進行交接儀式。

2 一九九七年三月十七日，於總統府接見加拿大駐華辦事處處長。

3 一九九七年九月十五日，總統府黃秘書長夫人陪同李總統夫人，參加育幼院關懷活動。左一為蕭院長夫人；左二為國民黨吳秘書長夫人。

4 一九九七年十月四日，以軍禮歡迎史瓦濟蘭國王。

5 一九九八年率團赴巴拉圭，祝賀新任總統顧巴斯(右二)就職。左一為時任我駐巴大使。

6 祝賀巴拉圭新任總統顧巴斯就職，趁空與時任巴拿馬副總統餐會。

7 一九九八年，巴拉圭外長代表政府，贈勳特使黃昆輝秘書長。

4

7

5

6

8

9

8 一九九八年二月二十三日，在戴瑞明（右一）大使陪同下，與教廷秘書長晤談。

9 一九九八年，與妻子攝於羅馬競技場。

10 一九九九年七月二日，於華府參加一九九九北美華人學術研討會，發表專題演講。

11 一九九九年七月二日，於華府參加一九九九北美華人學術研討會，巧遇曾當選全國好人好事代表的鄉親駱雲從醫師。

12 一九九九年七月五日，駐美代表處於雙橡園設宴款待。

13 駐美代表處於雙橡園設宴款待，席間應邀致詞。

14 一九九九年十一月十八日，總統府同仁於總統府列隊歡送黃昆輝秘書長及黃正雄副秘書長。

11

10

13

12

14

內外交迫
——國民黨祕書長

距離二〇〇〇年三月總統副總統選舉，僅剩四個月的一九九九年十一月十七日，黃昆輝突然從總統府祕書長轉任國民黨祕書長，緊鑼密鼓投入輔選工作。

殫精竭慮輔選

「那時國民黨提名的總統副總統候選人選情低迷，我到任後，在黃正雄副祕書長兼組工會主任的規劃與陪同下，白天一一到各縣市拜票，連小金門也沒有錯過，力圖鼓舞黨內同志，凝聚士氣；晚上還要漏夜開選舉會報，檢討、改進輔選工作。」

有一次，李總統應邀到屏東，對二百多輛支持連戰的計程車運將發表談話，鼓舞士氣。雖然是二月下旬，屏東的太陽卻熱情得讓穿著冬衣的他們頻頻揮汗，站在台上的李總統，話說到一半，突然身形搖晃，步履踉蹌。旁邊的人見狀，立刻趨前攙扶他到樹下休息。在陰涼的樹下恢復元氣後，李總統繼續上台講話。甫結束這個行程後，一行人又趕到潮州婦女會拉票，「爲了幫連戰輔選，李總統不但盡心盡力，甚至可以說是賣命。」

除了竭盡心力輔選，任何有助於輔選的計劃，即使所費不貲，李主席也不會皺一下眉頭。「如果李總統不是眞心要輔選連戰，又何必批准這些耗用經費的動員計劃？」

一九九九年十二月十日，時任國民黨不分區立委的楊吉雄召開記者會，指證宋楚瑜之子宋鎭遠，在一九九二年年底曾大舉購買票券一億六百餘萬元，揭開「興票案」的序幕。「當我聽說楊吉雄立委要在翌日召開記者會爆料時，還不知道是這樣的內容。」黃祕書長表示，倘若此事是李總統運作出來的，他怎麼可能被蒙在鼓裡？「揭發興票案應該是連陣營的競選團隊主導的。連戰身邊的輔選大將中，具有財經背景，且有銀行高層人脈的人，才能掌握到宋楚瑜的金流狀況。」

不但興票案的揭露非李總統所爲，就連外界質疑副總統人選蕭萬長，是李總統的主意，也非實情。「完全是連戰自己的選擇與決定。連先生本來打算找黨外人士當他的副手，所以他去拜會李遠哲，但是李遠哲經過愼重考慮後婉拒，連先生於是從黨內尋找適合人選。」據悉，蕭萬長雀屛中選的理由有三：其一，蕭萬長當時擔任行政院長，擁有豐厚的行政資源；再者，蕭萬長具有財經背景，可與連戰互補所長；最後，「這也是最重要的一點，蕭萬長與宋楚瑜私交甚好，他們推測，也許宋楚瑜看到蕭萬長出來競選副總統後，會打消參選的念頭。」（參閱鄒景雯採訪整理《李登輝執政告白實錄》）

此外，外界一度傳言，李總統有「棄連保扁」的打算，黃祕書長也澄清絕無此事。二〇〇〇年三月初，選戰已經打得如火如荼時，與李總統有多年交情的許文龍董事長，帶著用日文書寫的信函拜訪李總統，「信的內容主要是勸李總統不要再全力輔選連戰，因爲連戰將來不會走『李登輝路線』。他甚至以『貴人寡情』，指出連戰不會瞭解李總統栽培他的用心，建議李總統在選戰裡維持中立，不要再批扁打宋。」

對於信中所做的建議，李總統非但沒有採行，還頗爲不悅，他認爲許文龍並不瞭解連戰，對於連戰的批評，完全悖離事實。

三月十日，李遠哲組成國政顧問團公開支持陳水扁，爲選戰投下震撼彈，許文龍也公開發表，唯有陳水扁當選，才能繼續李登輝路線，呼籲李登輝「棄連保扁」。「李總統對於許文龍未與他商量，甚至沒有事先知會他，就擅自對外發表這種言論，感到很生氣，並因此與許文龍決裂。」

「李總統眞的是由衷欣賞連戰，他認爲國民黨的中生代裡面，連戰的道德文章，無人能出其右；而且李總統一直認爲，連戰一定能夠贏得選戰。」在許文龍公開呼籲李登輝「棄連保扁」後的三月十三日，李登輝依舊爲連戰站台，而且還遠到台中烏日。「李總統以行動表示他對連戰的支持。此外李總統也疾呼，他反對『李登輝路線』的說法。強調只有堅持民主化、自由化，及認同台灣，絕無『李登輝路線』。」

儘管國民黨主席和祕書長殫精竭慮投入選戰，仍舊無法力挽分裂的狂瀾。從國民黨出走的另一組候選人，在黨內擁有強大的勢力，許多高層抱持觀望的態度，雖未表態支持另一組候選人，但也未積極輔選黨提名的候選人。「我們雖然感覺到情勢危急，卻也認爲努力衝一衝，還是有勝算，而且拜票時，大家也都熱烈回應。」沒想到，國民黨提名的候選人不但敗選，甚至在三組候選人當中敬陪末座。

「這樣的結果完全出乎我們的意料。」敗選後，三月十八日，黃昆輝即提出辭去國民黨祕書長的聲明以示

1 在台北市進行輔選活動。
2 在桃園縣進行輔選活動。

負責，但他同時也勸李登輝不要辭去國民黨主席，以便重整國民黨當時分裂、渙散的士氣。

三月二十一日，李總統找連戰副總統討論因應黨部前抗議群衆愈演愈烈的情況，並通知黃昆輝祕書長到場。「由於抗議群衆影響了周邊的道路，我在總統府外繞了好幾圈才進去，見到李總統時已比約定的時間晚了三十分鐘，連副總統已離去，總統辦公室除了李總統還有陳健治議長。」李總統告訴他，連副總統希望他能快些辭去黨主席。並說，他剛才已和陳議長討論過，決定早些辭去黨主席，請黃祕書長去問問連副總統的意思。「我下樓去找連副總統，請示他，如果要早一點辭黨主席的話，四月份好嗎？連副總統回我：『三月二十九日好了。』」黃祕書長回報李總統後，李總統不悅的說：「那就三月二十五日吧！」

就這樣，李總統比原定七月份改選黨主席，提前數個月卸下黨主席之職。

二〇〇〇年五月二十日，陳水扁就職總統時，黃昆輝與黃正雄正在飛機上。「我們招待隨扈及機要人員到越南旅遊，以慰勞他們這些年的辛勞。」返國數月後，時任國民黨祕書長的林豐正，親自拜訪黃昆輝，希望他繼續留在國民黨內，黃昆輝答應後繳了一萬元成爲永久黨員。「我後來才知道，他們也去邀請李登輝先生繼續留在黨內，李先生也繳了一萬元成爲永久黨員。」

最後一役
——中國廣播公司董事長

二〇〇一年年初，黃昆輝在國民黨祕書長林豐正的懇託下，終於點頭出任中國廣播公司董事長，並於二月十九日就任。

與國民黨漸行漸遠

當時仍屬黨營事業的中國廣播公司，因空中廣播電台開放以後，競爭日劇，不但無法再維持過去獨佔鰲頭的榮景，且因業績銳減，而無法支應龐大的人事成本。「中廣的部門繁多、規模又大，人事經費過鉅，甚至出現舉債度日的窘態。」黃昆輝董事長上任以後，多次與董監事會針對此事進行協商，最後做出「優退（資遣）」的重大決策。「為了要永續經營，必須精簡當前的人事，於是我們訂出優惠的退休辦法，讓同仁們自行決定是否接受優退。」

由於條件頗佳，許多員工自願申請退休。接下來，黃昆輝董事長並擬定了組織架構的調整方案。

二〇〇一年六月八日，中廣董事長黃昆輝與國民黨中央委員會文化傳播委員會主任委員王志剛，以及中廣主持群，共同按鈕「中廣網路電視」開播（現已停播）。

二〇〇一年九月七日，黃昆輝辭去中廣董事長一職，赴母校美國北科羅拉多大學擔任訪問學者。離職後不久，一向與他合作無間的中廣總經理李慶平，還與同仁們精心製作一個鐫刻著：「宏濟時艱，勛猷懋著」的匾額致贈給他。

當國民黨主席連戰得知，黃昆輝意欲辭去中廣董事長一職，曾予以慰留，但是黃昆輝拿出北科羅拉多大學校長的邀請函，表示勢在必行後，連主席只好放人。

黃昆輝認認眞眞在中廣工作六、七個月，大刀闊斧剷除了中廣的沉痾痼疾，雖然資遣員工是一項吃力不討好的事，但因黃董事長以人性的考量爲出發點，選擇優退的人都是心甘情願、毫無怨尤，而繼續留下來打拼的員工，也因爲前景可期而充滿新希望。照說，在中廣擔任董事長期間，不僅事情圓滿且人際和順，黃昆輝爲何興起「不如歸去」的念頭？

「主要是因爲國民黨那時被極端保守派的人士控制，和經國先生當年的民主化、本土化路線漸行漸遠。而且，和李前總統間的分歧、對立日益白熱化。」黃昆輝在「道不同，不相爲謀」的心境下，決定退出是非圈，重返校園做研究、著作教育方面的書籍。

原訂一辭去中廣董事長職務後即前往美國的黃昆輝，卻因爲發生了震驚全球的美國九一一恐怖攻擊事件，而耽擱了行程。直到九月下旬才啓程赴美國北科羅拉多大學。甫至美國兩週，旋又因母親溘然長逝而趕回國奔喪。出國前才與兒子到南部探望母親的黃昆輝，得到此惡耗，在震驚外還有更多難以割捨之情。「出國前與母親共進晚餐時，母親聽到我向她報告要去美國當訪問學者一年時，還不停點頭說好。」雖然母親那時已年高九十，但是仍然耳聰目明、活動自如。黃昆輝實在沒料到，他才赴美不到兩個星期，母親就因心肌梗塞，瞬間揮別了紅塵。

十月初回國奔喪時，李前總統及其他多位政要都到場致祭。喪事辦妥，黃昆輝回到台北，登門向李前總統道謝時，李前總統告訴他，爲了維持政局穩定，協助民進黨執政，正在籌組「群策會」，希望他能夠參與。黃昆輝表示，他必須返回美國繼續研究計劃。李前總統提議，那麼，他就掛個副董事長的職稱，副董事長的工作較不繁瑣，他還是可以回美國繼續研究。

十月中黃昆輝回到美國，繼續訪問學者的計劃。不過，才過了一、兩個月，李前總統即先後差人去電黃昆輝兩次，催促他儘快返台協助辦理「群策會」的法定登記事宜。拗不過聲聲催促，才待了一個學期的黃昆輝，只得放下研究計劃，收拾行囊，匆匆於二〇〇二年年初返台。

李前總統的提議與要求，雖然打亂了他原定的著作計劃，但是他並沒有多少遲疑。「李前總統成立『群策會』的宗旨，我非常認同。我想過，我在群策會所要做的事，能夠發揮的影響力，絕對不亞於我寫一本教育方面的書。」此外，一向感恩惜緣的黃昆輝，對於這一生的重要貴人李前總統，豈有輕易說不的道理。

在返國辦理「群策會」的設立事務之前，黃昆輝經過審慎的考慮，決定正式退出國民黨。「當初繳會費打算繼續做國民黨黨員，是抱著國民黨的分裂現象可以打住的希望，但是這一、兩年來，分裂愈演愈烈，國民黨高層已調整爲親中的路線，這一點實在讓我無法苟同。」既然已經與國民黨當權派的理念漸行漸遠，黃昆輝毅然決然退出國民黨。

而在黃昆輝退出國民黨前，二〇〇一年九月二十一日，國民黨考紀委員會已決議撤銷前主席李登輝的黨籍。讓黃昆輝忿忿不平的是，「國民黨不僅撤銷李登輝先生的黨籍，甚至在國民黨黨史中，把李總統執政及擔任黨主席十二年的政績一筆勾銷。」在黃昆輝的認知裡，一九八六年國民黨十二屆三中全會，終結反攻大陸的大中國路線，轉而確立台灣主體的革新保台路線。接著，蔣經國總統解除戒嚴，開放報禁。一九八八年蔣經國總統辭世後，李副總統繼任總統，一直到二〇〇〇年，在李登輝總統領導下，朝野共同努力奮鬥，完成台灣民主化、本土化的「寧靜革命」，而且創造經濟奇蹟，社會安定繁榮。「國民黨不但撤銷李登輝先生的黨籍，甚至抹滅、刪除這一段意義重大的歷史。」

凝聚「本土化路線」共識
——群策會副董事長兼祕書長

黃昆輝二〇〇二年年初返國後，除了繼續在國立台灣師範大學教育學系擔任兼任教授；也於二月初應聘到國立中正大學教育研究所博士班擔任兼任教授。此外，他在五月份應聘爲總統府資政。

各類研習班與論壇、講座備受肯定

在這些工作中，眞正需要黃昆輝親力親爲的，除了擔任國立師範大學和中正大學兼任教授外，還有一個重頭戲——辦妥「群策會」的法定登記事宜，以便正式運作。

二〇〇二年四月，群策會召開第一屆第一次董事會，五月份於內政部完成登記立案，六月即開始正式運作。

群策會設立的宗旨爲：一、引領民主自由；二、落實台灣優先；三、促進政治穩定；四、提振經濟發展；五、維護國家主權。

發展目標則有：一、研擬各項政策，推動重要法案；二、舉辦各項活動，凝聚社會共識；三、培養社會菁英，儲備領袖人才；四、受理或委託各項重大政策之調查、研究與推動；五、推動國內外智庫及學者專家之交流訪問。

身爲副董事長兼祕書長的黃昆輝，秉持群策會的設立宗旨及發展目標，在任內規劃、推動數項重要活動。其一是，於二〇〇二年十一月開辦「李登輝學校」。

李登輝學校成立後，陸續開辦各種課程：包括「國政研究班」、「國策研究班」、「國是研討班」、「農經領袖班」、「青年領袖班」、「海外台灣人國是研討班」、「海外台灣青年菁英班」、「客家文化研究班」、「日本李登輝學校台灣研修團」、「教育推廣班」、「志工研習班」、「體育運動人員菁英班」、「台灣母語教師師資班」、「二〇〇六年海外台灣人國是研討班」等。

參加的學員來自各行各業、各種年齡層，甚至各種黨派；而授課的老師都是各領域的名家。學員們利用晚上及週末的時間上課，一上就是一整天，持續上完一期三個月的課程。「最讓我印象深刻的是，甚至有學員特地從美國返台上課，直到三個月的課程結束，他們才返回僑居地美國。」

不僅參加的學員學習態度認真，黃昆輝祕書長也非常認真地遴選學員。尤其是第一期「國政研究班」的學員，黃祕書長親自一個個面談，最後選取三十位菁英級的優秀學員。「直到二〇〇七年一月我離開群策會時，李登輝學校所有的畢業學員已經超過兩千人。」黃昆輝欣慰的說。

在領袖人才班的課程中，最高領導者的條件即是引用李前總統曾說的：「領導者必須有支撐孤獨的信仰。」這句話讓黃昆輝印象深刻且動容，「李前總統當政時，曾面臨主流派與非主流派鬥爭，他做爲一名最高領導者，在做決策時，常有很深的孤獨感。『就好像獨坐在觀音山山頂往下眺望那種孤獨的感覺。』李前總統這麼形容。」黃昆輝瞭解，是信仰支撐李前總統跨越了領導者的孤獨。

群策會除了開辦李登輝學校的課程外，各種國內與國際性講座、論壇，也辦得風風火火。如「邁向正常國家」國政研討會、「台灣二十一世紀國家總目標」、「一國兩制下的香港」研討會、「兩岸交流與國家安全」研討會、「頭家制憲 台灣發聲」北中南東區系列論壇、「公投制憲 台灣發聲」論壇、「從二〇〇四年總統大選看台灣民主法治之發展」北中南區論壇、「聲援台商 嗆聲中國」論壇、「原住民族社會發展研討會」、「台日制憲與亞洲安定」座談會、「台灣新憲法的正當性」國際研討會、「從反分裂法的邪惡談兩岸交流新思維」論壇、「面對國家迫切的危機——全民總動員遏阻連宋聯共賣台」北中南區三場論壇、「校友論壇」——爲台灣農業把脈、「中國經濟學者看中國經濟」系列論壇——赴中國投資是機會還是陷阱、「台灣經濟重新起爐」全民經濟發展會議及地方座談、「從『布胡會』看台、美、中關係」座談會、「台灣經濟戰略與『經續會』」座談會、「第二屆台、日亞太未來交流論壇」（於東京舉行）、「台灣農業發展」菁英高峰會、「Meet the News Maker 面對新聞人物：王文怡——『媒體與眞實中國』」座談會、「從日月光案看企業『登陸』上限應否放寬」座談會、「日本經濟變遷與東北亞經濟前景」經濟論壇——櫻井眞演講會等。

這些論壇、座談會、研討會，每一場都是座無虛席，動輒數千名聽衆與會。顯見群策會規劃出的議題，切中當時的社會氛圍。「其中『一國兩制下的香港』研討會，連香港的議員都紛紛來台與會。」

這些論壇與研討會，事後大多集結出書，如《邁向正常國家》、《台灣二十一世紀國家總目標》、《一國兩制下的香港》、《兩岸交流與國家安全》、《哲學的現代觀》、《公投制憲》、《三二〇後的威脅與挑戰》、《台灣新憲法》、《新時代台灣人》、《民主台灣 vs. 中華帝國》、《台灣不是中國的》、《重估一中政策》、《台灣民主之旅》、《台灣經濟的迷思與出路》、《從台灣民主化到國家正常化》、《一個中國黑洞》等。

此外還規劃出版了「願景台灣」系列，包括《台灣的歷史》、《台灣的地理》、《台灣國家定位的歷史與理論》、《李登輝先生與台灣民主化》、《台灣的文學》、《台灣主體性的建構》、

《台灣的社會》、《台灣的故事》、《台灣新典範》、《台灣的音樂》、《台灣人的精神》、《台灣的卓越》、《台灣之美》、《台灣文學導讀》、《台灣的美術》等書。

這些製作精美用心，內涵豐富嚴謹的書籍，都安排在各種活動中陳列，廣受所有參與活動人士的好評，因此銷售量不俗。

群策會副董事長兼祕書長黃昆輝，戮力規劃、創辦的這些廣受好評的李登輝學校、論壇、出版品等，在在體現了董事長李登輝先生所指示的：群策會要扮演「行動智庫」的角色。「群策會所倡導的每一件事，都是環繞著『提升台灣的主體性與國家認同』的宗旨去進行。直到今日，台灣社會的國家認同與主體意識終於有所提升，這和群策會當年的努力息息相關。」猶記得二〇〇四年那場「手牽手護台灣」的運動，熱熱鬧鬧延燒了整個台灣。「這場由本土派社團策劃，李前總統登高一呼的活動，對於陳水扁前總統的連任，發揮了推波助瀾的作用。然而，此活動之所以能夠凝聚民心，也是因爲群策會喚醒了國家認同的意識。」

「台灣民主之旅」意義非凡

二〇〇五年，在黃昆輝祕書長等人努力奔走，及克服諸多阻力後，順利爲李前總統策劃了一趟深具歷史意義與價值的「台灣民主之旅」。藉著這一趟訪美之旅，李前總統的理念與精神，得以再次被世人看見並繼續流傳。

「二〇〇五年年初以來，許多國內外有識之士，一直勸進李前總統再次前往美國訪問，尤其是美國國會山莊的好朋友們，都希望李前總統能夠到訪華府。在熱心人士的敦促下，李前總統終於首肯在八十二歲的高齡，為台灣再拼一次。」

雖然從年初就開始有敦請李前總統訪美的聲音，但是一直到十月十一日才成行，是因為李前總統再三考慮：「去美國能為台灣做什麼？」待答案終於浮現後，李前總統才決定出訪美國。

「在二〇〇四年年底立委選舉，本土陣營未能獲得立院過半席次後，國內政局出現急遽的變化，政治領袖主體意識不夠堅定，台灣優先的立場遂出現搖擺，親中力量趁勢而為，台灣輿論、政局竟出現向中國傾斜的現象……。眼見台灣好不容易建立起來的民主，已岌岌可危，國際間似乎仍未注意及此，登輝於是決定赴美傳達台灣人民心聲。」（摘自《台灣民主之旅——二〇〇五年李前總統美國行紀實》）

為了讓李前總統順利訪問美國，吳澧培資政首先函請阿拉斯加州州長穆考斯基協助。七月中，蔡同榮委員、吳樹民社長也連袂赴華府遊說，拜會參眾議員，敦請他們支持。之後，黃昆輝再獨自一人飛往美國，與國務院主管台灣事務的科長交涉，「對方率直的說，李登輝先生訪美我們很歡迎，但他已經是一介平民百姓，不要再談台獨了。我回答說，李前總統從來沒有提台獨，因爲台灣早就已是一個主權獨立的國家，只是尚未正常化……。」經過黃祕書長不厭其煩的溝通交涉，尤其是阿拉斯加州州長穆考斯基及其參議員女兒的協助，美國終於同意放行。

拿到簽證一個月左右，李前總統率同祕書長黃昆輝，及其他幾位群策會的主要工作人員，於二〇〇五年秋天再度踏上美國國土。

第一站到訪阿拉斯加州，州長穆考斯基陪同李前總統一行人進行冰河火車之旅。雖然時序仍是十月中旬，那裡的溫度卻已經降到零度以下，黃昆輝看到李前總統矗立在刺骨寒風中的身影，趕緊脫下自己的毛呢帽，趨前交給李前總統戴上。「主辦這個活動，我可說是誠惶誠恐，因爲李前總統年事已高，再加上他有心臟方面的宿疾，一切都要小心謹愼，不能有半點差池。」

透過「台灣人公共事務會」（Formosan Association for Public Affairs, FAPA）的籌備與安排，此行最重要的活動涵蓋：友台的國會議員爲李前總統舉辦盛大歡迎會；在國家記者俱樂部演說；美國智庫重量級學者專家與李前總統閉門座談；與重要參議員們閉門座談交換意見；歷任美國在台協會理事主席與李前總統聚會；前往傑佛遜紀念館、國家檔案局，參觀美國獨立宣言、憲法；華府僑界的千人歡迎晚宴；洛杉磯破紀錄的世紀饗宴。每一場演講開講前，都由群策會祕書長黃昆輝先做引言，再請李前總統發言。

「這些緊湊的活動，最主要的意義分別是：向美國人民傳達台灣人民的心聲、勉勵僑界、感受美國各界對台灣民主的支持與肯定。展現台灣人民防衛自己家園的意志，以及學習美國的建國精神，爲後代子孫建立制度。」黃昆輝說。訪問團同時也呼籲，以美國爲首的民主陣營，在面對獨裁中心軍事霸權的崛起，應該聯合民主國家的力量，幫助中國人民走向民主化，才能帶來區域及世界的和平，解除霸權中國對台灣民主的威脅。

「十月十九日那場在華府國會山莊舉行的接待酒會，盛大且空前。國會議員們雖有一大堆國會議案待討論表決，但是仍有二十五位參眾議員在百忙中抽空出席酒會，並且一一致詞，歡迎李前總統到訪，及讚揚他對台灣民主化的重大貢獻。」

像是參議院台灣連線共同主席喬治・艾倫（George Allen）和提姆・強森（Tim Johnson），以及眾議院台灣連線的四位共同主席唐納・羅巴拉克（Dana Rohrabacher）、史帝夫・夏波（Steve Chabot）、羅伯・魏克斯勒（Robert Wexler）、夏洛特・布朗（Sherrod Brown），還有台灣出生的眾議員吳振偉（David Wu）也都先後致詞。來自科羅拉多州的眾議員湯姆・唐克多（Tom Tancredo）則把那天納入國會紀錄的談話，並將一面曾在國會山莊飄揚的美國國旗送給李前總統留念。

「在一個多小時的歡迎酒會致詞中，可以體會到美國國會議員對李前總統推動台灣民主化的高度肯定，以及對民主台灣的強烈支持。」

在多位議員致詞後，李前總統以「攜手相隨，共創和平」（Joining Hands for Freedom and Peace）爲題，發表簡潔有力的演說。

離開華府前，也有一場盛況空前的國際記者會，在美國國家記者俱樂部舉行。「中國大使館曾多次抗議、施壓，要求取消這場記者會，但都被主持人希克曼拒絕了。」黃昆輝表示，國家記者俱樂部是各國政要到訪華府的必經之地。由於華府是世界政治的中心，到國家記者俱樂部講演的政要絡繹不絕，但似乎都沒有此次李前總統到訪如此轟動。「超過兩百位包括美國、歐洲、日本、台灣的各國記者湧入俱樂部的會議廳，擠得水洩不通，我和李前總統從會議廳門口走到講台，足足走了十分鐘。」

李前總統以「台灣民主之路」爲題，向國際表達台灣人民堅守民主信念，也呼籲國際人士關心台灣發展，支持台灣的民主。這場演講受到《華盛頓郵報》及《華盛頓日報》大幅報導。

兩場歡迎餐宴也頗值得一提。其中一場在紐約曼哈頓市中心一座氣派堂皇的宴會廳舉行。「晚宴中千人起立爲李前總統鼓掌、歡呼，氣勢磅礴，久久不散。」李前總統以「目標在望 台灣人絕不放棄」爲題致詞，激勵這一代台灣人應堅持理想，將「生爲台灣人的悲哀」轉化成「生爲新時代台灣人的幸福」。而在台僑眾多的洛杉磯所舉辦的餐宴，更是匯聚了二千多人，可以說是空前絕後的世紀饗宴。

「僑胞們的熱情，從餐宴裡歷久不衰的掌聲，以及爭相與李前總統握手致意的盛況中表現出來。李前總統帶來的不只是他們對家鄉的愛，更是他們對台灣未來永不熄滅的希望之火。」

除了上述活動外，群策會也在僑胞眾多的洛杉磯，舉辦了一場「台灣的未來」論壇。群策會邀請到兩位專程從紐約趕來的華人政論家林保華（凌峰）先生及曹長青先生，以及從台灣請到的長期擔任國安工作的中華經濟研究院副院長張榮豐先生，及一位青壯輩的傑出學者張錫模先生等人與會，並由美國洛杉磯太平洋時報社長林文政先生擔任論壇主持人。

「由於場地限制，只能容納五百人左右，但是時間不到，就被熱情的僑胞擠得整個會場爆滿。四位與談人都對台灣的未來提出獨到的見解，再次觸動海外台灣人的心；而群策會所扮演的對台灣未來具強烈使命的『行動智庫』角色，也讓與會者印象深刻。」

這一次的美國行，是繼李前總統一九九五年在位時拜訪母校康乃爾大學後，第二度訪美。時隔十年，八十二歲的李前總統，這次雖然以「私人身分性質」訪美，但卻深具歷史意義。尤其美國二十五位參眾議員，出席在國會山莊舉行的「向李前總統致敬」的歡迎會，更是令人動容。美國之行結束後，黃祕書長與群策會同仁，編纂出版了一本中英對照、文圖並茂的《台灣民主之旅》。

1 李登輝學校國政研究班第一期的「守護大台灣論壇」，標舉「百年樹人承先啟後」之教育目標，由李登輝校長親自主持。

2 李登輝學校領袖學院國政研究班第一期結業典禮。

監督政府不遺餘力

——台聯黨主席

二〇〇六年年底，台聯黨主席蘇進強辭職後，台聯黨立委曾數度連袂至群策會拜見黃昆輝祕書長，敦請他出任台聯黨主席，但都被黃昆輝婉拒。「我在群策會這五年多來，爲提升台灣的主體性和台灣認同而努力，我覺得有些成就感，而且也能夠充分發揮我的教育本行，完全沒有再去做其他事的打算。」

在最困難的時刻扛起重任

事實上，自從退出國民黨之後，黃昆輝已淡出政治圈。台聯黨成立後的第一次立法委員選舉時，李前總統召喚刻在中正大學授課的黃昆輝，前往雲林縣縣長張榮味虎尾青埔宅邸餐敘。黃昆輝雖然趕過去和他們寒暄、用餐，但之後他們要去北港幫台聯黨立委站台時，黃昆輝卻向李前總統表示，他另有行程無法奉陪。

對於政治已然缺乏興趣與熱忱的他，並未加入任何黨派，除了以副董事長兼祕書長的身分在群策會工作外，還擔任師範大學及中正大學的兼任教授。這樣的生活模式不但他本人勝任愉快，家人也非常樂見，爲國家社會忙碌了大半輩子的他，終於有較多時間與家人相處。

十二月底，黃昆輝與家人赴泰國蘇梅島度假。初抵蘇梅島，即接到李前總統去電。李前總統告訴他，廖本煙、羅志明等台聯立委，此刻正在他身旁，他們請李前總統說服黃昆輝出任台聯黨主席，黃昆輝依舊婉言拒絕。「我的兒女一知道是李前總統來電勸我出任台聯黨主席，力勸我千萬不要答應。」兒女們認爲，父親好不容易從政壇退下，過著比較單純的生活，沒有必要再涉足複雜的政治圈。當天下午，李前總統又去電要他再考慮考慮，他仍然堅定的表達沒有意願。

返國後銷假上班，李前總統一見到他，再度舊事重提，黃昆輝仍然表示不考慮此事。如此過了幾天，台聯黨主席的人選仍然沒有著落，大家雖然嘴上不再勸進，但殷切的期待卻未曾稍減；而且，選舉漸漸逼近，台聯黨立委似乎人心浮動。面對這種種情形，黃昆輝實在狠不下心置身事外，於是，只好違背兒女的勸告及自己的原意，扛下了台聯黨主席的重擔。

李前總統得知黃昆輝願意出任台聯黨主席，欣喜萬分；台聯黨要員更是感到如釋重負。唯有兒女們搖頭嘆息，但是他們也早已料到，心軟的父親一定不忍拂逆衆人的殷殷寄盼。

二〇〇七年一月，黃昆輝正式出任第三屆台聯黨主席。在就職典禮上，黃昆輝主席宣示了台聯黨的定位及新方向，「台聯是唯一以台灣爲主體的在野黨，同時爲伸張社會正義，要擴大照顧中產階級及弱勢族群。因此，未來除了秉持原本台灣主體的立場，監督執政黨是否走台灣主體路線，更將在政策主張上，發揮關懷社會正義、弱勢族群的精神，爲中產、工農及基層民衆爭取權益。」

二〇〇七年四月，台聯黨在「新黨綱、新黨章」的宣示大會上，進一步提出五項基本主張，包括：「堅持主權在民，確立台灣是主權國家的定位」；「維護台海現狀，建構以台灣爲主體的國家發展戰略」；「以民主、自由、人權普世價值的『新時代台灣人』團結台灣」；「在確保社會正義下，促進公平競爭」；「根除金權勾結、建立廉能政府」。

「二〇〇七年是台聯黨處境最困難的時刻。」由於選舉制度改變成「單一選區兩票制」，小黨的生存空間受到擠壓、窄化，以至於小黨在選舉時面臨很大的困境。「選舉制度的改變，出現『票票不等值』等民主倒退的情形。」黃昆輝主席說。

所謂票票不等值，可分爲高值票、低值票與無值票三種類型。高值票即候選人以低票就當選了，而低值票則剛好相反，比如甲當選人只獲得一千票而乙當選人卻獲得一萬票。在此，投給甲的每一票則有千分之一的價值，這與投給乙每一票萬分之一價值的比例就相差許多了，而無值票則是投給落選人的票，這些人的民意也就根本無從表達出來了。……此次立委席次減半為一百一十三席，而其中區域立委佔七十九席（包括原住民六席），不分區將只有三十四席，同時採取互不相通的並立式，這對於較小的政黨比較不利，已為我國將來走向兩黨制鋪平了道路。（湯紹成，二〇〇八年二月三日，中央日報網路報「星期論壇」）

「簡單來說，好比連江縣僅兩、三千票就能選出一席立委，而宜蘭縣四十多萬票，也只能選出一席立委，這就造成了票票不等值。」黃昆輝補充說明。

為台灣再拼一下！

黃主席進一步指出，我國實施的單一選區兩票制，並非像德國的單一選區兩票聯立制；而是比日本的單一選區兩票並立制，對小黨更不利的「分立制」（即每位選民投兩票，一票投給區域立委，另一票投給政黨。因此，現行立法委員選舉若干應選名額較多之直轄市與縣市選區，予以重新劃分，將每一選區應選名額限定在五名以內，投票方式與計票方式皆維持現制，採取相對多數代表制；而全國不分區及僑選立委之席次，則完全由「政黨選票」中獲得總票數百分之五以上的政黨比例分配）。

除了新的選舉制度對於小黨非常不利，執政的民進黨陳水扁總統，甚至計劃「專案處理台聯」。該黨一方面想方設法勸退台聯黨立委參選；一方面拉攏台聯黨立委加入民進黨。

「果不其然，到了二〇〇七年年底，台聯黨的區域立委一個個怯戰，並在民進黨的拉攏下，許多強棒紛紛投效到民進黨陣營，或是接受民進黨釋出的各種形式善意，放棄參選。」黃昆輝主席記得，台聯黨籍的台中市區域立委何敏豪，和民進黨籍立委王世勛相互協議，以民調的高低，決定誰出來參選。結果何敏豪的民調高於王世勛，按照兩人的約定，民進黨籍立委王世勛必須退選，讓台聯黨籍立委何敏豪出來參選。但是民進黨台中市議會黨團不接受這樣的協議，於是發動杯葛，「有六位民進黨籍台中市議員公開喊話，要何敏豪加入民進黨，並代表民進黨參選。此外，陳水扁總統還親自到何敏豪家拜訪他的父親。」最後，何敏豪放棄台聯黨籍，以民進黨黨員的身分參選。

結果那一年，小黨如台聯黨、親民黨、新黨等，連一席立委都沒有當選。「在不公平的選舉制度，以及兩大黨夾殺、政黨資源短絀的情形下，我雖然很努力輔選，最後還是一個立委都沒有選上。」黃主席精疲力竭下，掩不住心灰意冷。過了三數日，李前總統的夫人曾文惠女士來電：「黃主席，我們爲台灣該做的都努力做了，台聯就到此爲止吧！」她並表示，這個想法已經取得李前總統的同意。

「李前總統對於扁政府到台聯黨挖人的做法，頗不以爲然。」黃昆輝說，李前總統當初創立台聯黨，主要是想幫忙執政的民進黨穩定政局。因爲，二〇〇〇年政黨輪替，民進黨總統候選人陳水扁雖然取得執政權，但是在國會的席次並未過半，也就是說，國會的控制權仍然在國民黨手裡。李前總統擔心政局因而不穩，遂創立台聯黨，集結各方贊成本土化，但並不認同民進黨的人士，協助同樣走本土化路線的民進黨，使其在施政時能夠更順利。「想不到，如今卻落得台聯黨籍立委倒戈殆盡。」

黃昆輝對李總統夫人一向非常尊敬。李總統夫人謙虛爲懷，行事低調。「她曾經謙稱：『我不敢希望能夠爲李總統加分，只希望不要爲李總統減分。』」李總統夫人如此謙沖自牧，讓黃昆輝忍不住想起《聖經》上的箴言（三一‧一二）：「她的一生使丈夫受益，從來不使他有損。」

說起李總統夫人的賢德，黃昆輝記得，當他出任台灣省教育廳廳長，而李總統出任台灣省主席時，李主席第一次率省府各廳處主管列席省議會備詢那天，臨出門前，李夫人塞了一張紙條在他的口袋，並叮嚀：「你先不要看，等到議會備詢前再打開來看。」

李主席與廳處主管們在省議會休息室等待備詢的空檔，突然想起口袋裡的紙條，他拿出來看，紙條上寫著：「風吹柳動，柳無折。」李夫人深知夫婿個性坦誠直率，爲免他與省議員一言不合衝撞起來，因此以這七個字提點李主席。在場聽到李主席分享此事的黃昆輝，當下對李夫人更是由衷敬佩。

「如此賢德、低調、謙和的李總統夫人，如今之所以破天荒打了這通電話給我，顯見她多麼不忍心再看到我們繼續辛苦下去。」

同樣心灰意冷的黃主席，得知李夫人的想法後，心想，也好，不如就此卸下重擔。幾天後李前總統邀黃主席到鴻禧山莊討論台聯黨的事。沒想到，李前總統對台聯黨的想法，不但未如夫人所說，打算偃旗息鼓，他甚至還充滿鬥志的計劃著：「如何強化台聯黨的生機？如何讓台聯黨東山再起？」在李前總統維護本土化的理念中，發展本土兩黨制，有兩個政黨爲台灣優先發聲，絕對有其必要性。「所以他說，台聯黨一定要繼續生存！」

對於李前總統的侃侃而談，黃主席不但出乎意料之外，感動與欽佩也在心中冉冉升起。李前總統見黃主席似若有所思，唯恐他不願再披戰袍，於是勸說：「爲台灣再拼一下吧！你看我年紀這麼大了還在拼，你比我年輕那麼多，可以再拼一拼啦！」

有知遇之恩的李前總統都這麼說了，黃主席怎能不義無反顧承擔下來？「雖然台聯黨跌到谷底讓我非常挫敗，甚至心灰意冷。但是，只要是對的事就應該繼續努力。眼前對我來說，如何讓台聯黨絕處逢生，東山再起，就是我努力的目標。我相信，如果台聯黨讓選民覺得有存在的價值，台聯黨的所作所爲受到選民肯定，台聯黨就能夠東山再起。」

不得已的抉擇

亟欲東山再起的台聯黨，卻在改朝換代（國民黨在大選後重新取得政權）後不久，再度失去一名大將。

二○○八年，台聯黨因爲不公平的「票票不等値」選舉方式，導致政黨票沒有過五％的門檻，連一席不分區立委都沒有分到。當時，台聯黨立委賴幸媛在任內表現傑出，馬英九當選總統後，一方面惜才，一方面想借重台聯黨的兩岸關係經驗，擬聘她出任陸委會主委。「這不啻是要我們台聯黨爲馬政府的大陸政策背書！」當時台聯黨內部議論紛紛，大多不樂見其成。

馬英九總統先是拜訪李前總統登輝先生，表明意欲向台聯黨借將賴幸媛。李前總統表示，他並非台聯黨主席，應該找台聯黨主席黃昆輝先生商談。

馬英九總統到訪前，黃昆輝主席先致電李前總統，說明黨內部的顧慮，並問：「我們是否要勸賴立委不要接受？」李前總統無奈的說：「如果她想去，我們也沒有辦法呀！」

馬英九總統來訪時，兩人尙未開始談正題以前，黃主席對馬總統煞有其事發表的「九二共識、一中各表」提出質疑，黃主席說：「那時，我們都在陸委會服務，你還曾以陸委會首席副主委的身分，對外發表：『陸委會看功虧一簣的香港會談』。既然是功虧一簣，怎麼會有共識？」

馬總統表示，香港會談雖未達成任何口頭共識，但是之後的書信往來，兩會曾就「一個中國」，各自表述過看法。

「但那都還是各說各話，根本沒有任何共識可言。」黃主席說。

於是馬總統答稱：「好吧，那麼，以後就多談『各表』，少提『一中』。」

而對於馬總統借將賴幸媛一事，黃主席的答覆是：「只要你同意我的幾個兩岸交流政策原則，就可以同意借將。」黃主席的政策原則包括：一、維護國家安全；二、照顧全民利益；三、彰顯台灣主體性。

馬總統聽了之後接著說：「你的三項政策原則，和我的兩項政策原則相符。我的兩項政策原則是：以台灣為主；對台灣有利。」

兩人會面後，媒體大幅報導馬總統「多談『各表』，少提『一中』」的說法。「但是馬總統數日後即安排接受鳳凰電視台訪問，否認他曾說過『多談各表，少提一中』。」黃主席不以為然的搖搖頭。

賴幸媛就任陸委會主委前，台聯黨依照程序先將她停權。當賴幸媛任滿三個月後的某一天，黃昆輝主席邀賴幸媛主委及少數幾位台聯黨重要友人餐敘。

「我對她說，妳上任已經三個多月了，但是我們都沒有看到，妳發表任何對台灣人民有利、彰顯台灣主體性的談話。各界都在看，妳有沒有偏離台聯黨的立場？希望接下來的三個月內，能看到妳在這方面的努力，如果到時仍然和台聯黨的立場不符，那麼，台聯黨就不得不處理這件事了。」

再過三個月，也就是賴幸媛上任陸委會主委半年以後，台聯黨內對賴幸媛主委無法反應台聯黨「台灣優先」的政策，而只是在執行馬政府的「親中政策」愈發不滿，甚至質疑她的立場已經改變。台聯黨於是在中執會做出決議，開除賴幸媛的黨籍。「爲免外界有『台聯黨在爲馬政府的大陸政策背書』的觀感，台聯黨在無可奈何下，只得做出這樣的決議。」

不僅台聯黨團萬不得已，黃昆輝主席也是十分掙扎。「論私人的交情來說，要開除這麼一位優秀的黨員，我實在非常捨不得。但是，於公，我卻不得不『揮淚斬馬稷』。」

雖然在萬不得已的情形下割捨一員大將，但是台聯黨的鬥志與目標卻愈見鮮明。台聯黨以「急統剎車板」自我期許，凡是經過審愼評估、研究後，覺得對台灣弊大於利的部分，都會傾全力抗爭、阻撓。

首先，爲了阻擋政府與中國簽訂「兩岸經濟合作架構協議」（簡稱「兩岸經濟協議」或ＥＣＦＡ〔Cross-Straits Economic Cooperation Framework Agreement〕），台聯黨歷經多年持續不懈的奮戰。

從二〇〇九年六月起，黃昆輝主席即陸續前往全國各地宣講，推動反ＥＣＦＡ公投連署，並發傳單給現場民衆，希望藉此喚醒馬政府重視民意。

黃主席宣講的內容，主要是陳述各種反對簽訂ＥＣＦＡ的理由，包括：

一、簽了ＥＣＦＡ，台灣的資金將大幅流向中國；

二、製造業會大幅度、加速遷往中國，造成讓台灣產業空洞化；

三、台灣與他國經貿關係須透過中國，工作機會將大量減少、失業率攀升；

四、受薪階層薪資降低；

五、貧富差距加鉅；

六、嚴重衝擊台灣農業等。

黃昆輝主席並且質疑，ECFA僅對台灣少數石化業、紡織業等大財團及大企業有利，卻對中小企業、農民與勞工非常不利。

反ECFA之必要與重要

黃主席之所以竭盡所能反對ECFA，除了因為他在台聯黨主席任內，透過經濟智囊團的分析研究，了解到ECFA對台灣不利之外，早在他擔任群策會副董事長兼秘書長時，即就兩岸經貿往來的問題，主辦過多次論壇、講座，並結集出版專書。因此，對於與中國交流所應拿捏的尺度、分寸知之甚深。

從群策會於二〇〇六年出版的《台灣經濟的迷思與出路》一書，可以了解黃昆輝主席，乃至於整個台聯黨拒斥ECFA的原因。

該書就以下幾個重點，提出台灣與中國交流所應省思、檢討的部分：

一、全球化還是中國化？

台灣對中國的投資高達七一％，對美、日、歐投資比率卻不到五％。所有的投資都放在「中國」這個籃子裡，究竟是「中國化」還是「全球化」？

二、中國是世界的市場嗎？

(一)人口多消費能力就強嗎？

人口佔二〇・二五％的中國，用GDP來算，只佔全球GDP的四・三五％；而人口只佔七・〇八％的歐盟二十五國，GDP卻佔三〇・四一％，勇奪全球最大市場。單一國家中，美國人口佔四・五八％，GDP則高佔二八・三七％，是全球單一國家中市場最大者。

(二)世界的市場在哪裡？

號稱「世界市場」的中國，所進口的金額只佔全球的四％，其中原料佔了相當比例。美國佔一八％，歐盟佔三九％。由此可知，佔全球進口六成以上的美、日、歐盟，才是世界最大的市場。

三、台灣政府對中國投資不夠開放？

(一)台商赴中國投資金額自二〇〇一年後一路飆高。

二〇〇一年第一次全民經濟發展會議召開後，政府制定「積極開放有效管理」的新政策目標，一口氣開放了七〇七八項製造業項目赴中國投資。大開赴中國投資大門後，台灣對中國的投資金額一路飆高，根據我國經濟部正式的資料，光是二〇〇五年一年就高達六十億一千萬美元，累計至二〇〇五年底，核准件數計三四四五二件，金額為四七二・五六億美元。

(二)台灣是全世界投資中國比重最多的國家。

從美國、日本、韓國及台灣四個國家對中國之投資金額累計，及其對各國GDP的比較來看，台灣對中國的投資比重高達五〇%，韓國也不過二・七%，更不用談美、日都在一%以下。

(三)所有的雞蛋都放在一個籃子。

二〇〇五年，台灣對外投資中，每十元就有七元投資在中國，南韓則不到四元，日本更只有一元多。南韓和日本都不像台灣，把所有的雞蛋放在同一個籃子裡。

四、赴中國投資愈多，經濟是不是更好呢？

(一)投資中國增加，經濟成長率有無提升？

二〇〇一年起，台灣赴中國投資的金額逐年升高，但是經濟成長率仍持續不振。

(二)赴中國投資增加，台灣人有沒有更有錢呢？

從一九九九年至二〇〇四年，台灣對中國的投資比重一路飆升，而台灣的每人國民所得幾乎沒有成長，一直徘徊在一萬二千、一萬三千美元左右。

五、台商投資中國取代投資台灣。

(一)投資中國愈多，投資國內愈少。

二〇〇〇年開始，台灣對中國投資成長率攀高，國內投資成長率則一直低迷不振，遠遠比不上赴中國的投資成長率。

(二)台商赴中國投資與國內投資，出現明顯的排擠效果。

台商對中國投資比重愈多，對台灣的投資就愈少，因此，國內投資率與台商赴中國投資比重明顯成反比。

六、赴中國投資過多造成我國產業空洞化。

(一)投資中國的結果：主要市場都被中國產品搶走。

赴中國投資的廠商愈多，在台灣輸出的最大市場——美國市場，台灣產品的佔有率很明顯的被中國產品搶走。

(二)台灣產業空洞化：不只低價值產品被取代，高價值產品在二〇〇一年後也被取代了！

有人說，勞力密集產品移到低勞力成本的中國是應該的，因此，台灣輸出到美、日的勞力密集產品佔有率降低是正常的。但是，不只是勞力密集的製造業在美、日市場佔有率下滑；台灣的高科技人力密集產品在美、日兩大市場，也很明顯的被中國產品所取代。

七、台商大舉赴中國投資，造成國內失業率居高不下。
自二〇〇一年政府大舉開放赴中國投資之後，中國投資金額一路攀升，失業率則同時升高。

八、赴中國投資比重愈高，家庭所得差距愈大。
（一）投資中國的受益者少，受害者多，造成家庭所得差距拉大。
大量投資中國的結果，受益者大多爲企業主和高科技人才，而受害者則多爲因廠商大量投資中國而失業的勞工家庭。因此，家庭所得的差距愈拉愈大。
（二）薪水一年年縮水：實質薪資所得連續兩年負成長。
去年（二〇〇五年）台灣「實質經常性薪資」呈現負成長一・二八％，這已經是第二年負成長。

九、直航是台灣經濟的萬靈丹？還是毒藥？
（一）直航，台灣得到什麼「利」？
根據陸委會二〇〇三年的評估報告指出，台灣與中國直航後，台灣預估將每年多花三千四百億台幣。而直航所帶來的好處呢？只節省了空運及貨運的成本，每年約一百四十億台幣。

（二）直航會再加速台商赴中國的投資：意味著將帶來第二波的資金外流、產業外移。根據過去五年台商大量赴中國投資的經驗，直航所帶動的第二波資金外流、產業外移將持續擴大，因此，失業率攀高、實質薪資下跌、所得差距擴大等效應，未來不僅不能改善，只會加劇。

選票肯定了台聯黨的存在價值

「記得馬英九總統在陸委會擔任副主委時，曾經寫了一本有關兩岸通航的政策說明書，書中直陳反對直航。反對的理由有三點：一是『政治上的障礙』，即矮化台灣；二是『安全上的障礙』，因為中國迄今尚未放棄對台灣使用武力；三是『法律上的障礙』，根據《國際民航公約》與《公海公約》的規定，飛機應標明國籍標誌及登記號碼；而船舶一定要懸掛國旗。但是，我們的飛機和船舶卻無法這麼做。這三項都是中國片面所設的人為障礙，必須由中國去除這三項障礙才能直航。」說到這裡，黃主席不以為然的表示，如今這三大障礙仍然沒有改變，但是，馬英九擔任總統後不久即開放直航。「兩岸通航爭取不到延遠權，遂變成

『國內線』，徒然犧牲了國家的主權。看來，改變的只是馬總統自己。」

黃主席也表示，台灣並非不能與大陸進行經貿交流，但是比例不應該這麼大，而是要分散到各國的市場，比方英、美、日等先進國家。「一個國家要發展經濟，應該多與先進國家合作，才能學習到更好的技術。更重要的是，不能爲了不確定的經濟利益，而犧牲了眼前確定的國家主權。」

基於這種種顛撲不破的論證與理念，台聯黨不辭辛勞，投入大量的時間、心力推動反ECFA公投。「我們深入大街小巷，並在人群匯聚的市場、商店街，非常努力的向民眾簽反ECFA連署書。好不容易簽得十萬份以上提案公投，卻遭到公投審議委員會駁回。」

但是台聯黨鍥而不捨，屢退屢簽，前前後後共簽了三次連署書，每一次都超過十萬份。雖然最後未竟其功，但是台聯黨爲捍衛台灣主權所做的努力，終究被人民看見了。

二〇一二年，台聯黨精神領袖李前總統於選舉前疾呼「棄馬保台」；並呼籲總統選蔡英文，區域立委支持民進黨，不分區立委投票給台聯黨。特別是投票前夕在民進黨造勢晚會上，李前總統那一席力挺蔡英文的感人談話，鞏固了本土票，惠及台聯。再加上台聯黨一直以來的努力，以及選前本土先進黃昭堂、姚嘉文、黃天麟、張德謙、吳樹民、羅福全、李筱峰、陳茂雄、林芳仲及陳儀深等先生公開力挺，選民終於以選票肯定台聯黨的存在價值。「對於諸位先進的義助與選民的支持，我由衷感念。」黃昆輝主席說。

在不分區立委的選舉中，台聯黨得到一百一十八萬票，得票率八‧九六%，贏得三席立委，正好跨過成立黨團的門檻。「立法院的議事運作都要先經過黨團協商，台聯黨成立黨團後，和國民黨、民進黨鼎足三方。台聯雖然是小黨，卻能發揮關鍵少數的影響力。」黃昆輝主席欣慰的說。

爲反服貿再度走上街頭

「服貿」（海峽兩岸服務貿易協議）是在二〇一一年二月，於兩岸經合會第一次例會，宣布啓動正式協商；並於二〇一三年六月二十一日「兩岸兩會第九次高層會談」時簽署。服貿協議簽署後，經陸委會提報二〇一三年六月二十七日行政院院會，准依《兩岸人民關係條例》第五條第二項予以核定，並於同日函送立法院備查。

「服貿」也是台聯黨團致力阻擋的一項大陸政策。「政府逕自和中國簽了服貿協議，這根本就是黑箱作業。而且，簽了以後打算在立法院強行闖關。」黃主席表示，自從政府和中國簽了ECFA，這兩、三年來，民衆已經漸漸嚐到苦果，所以對於後續的服貿協議開始存疑。首先發難的有學術界的台大經濟學系主任鄭秀玲，以及文化界的大塊文化董事長郝明義，他們分別公開指陳服貿對台灣經濟的危害。

「台聯黨團綜合了這些專家學者的論述，再加上我們的經濟智庫的研究分析，發現確實如那些專家學者們所言；同時我們還發現，服貿協議不僅衝擊到台灣的食衣住行育樂各種產業，尤其以零售業受到的衝擊最爲嚴重。」黃昆輝主席說：「政府應該先跟全民（尤其是業者），溝通清楚服貿的內容以及簽訂後的利弊得失。」爲了協助民衆進一步瞭解服貿，台聯黨印製各種宣導傳單，不辭辛勞一一走訪各商圈、店面發放。

傳單上告訴民衆，服貿協議等同於開放中國人來台灣搶生意、搶工作。因爲，中國人只要有六百萬台幣，就可以申請三個中國人（家庭）移民來台灣，最多一家店可申請七個中國人（家庭）來台；而沒有來台設據點的中國公司，也可以用契約方式送中國員工來台灣工作，一次申請合法工作三年，無限期延長。學者評估，不出十年，就會有百萬以上的中國人民移民來台。屆時，自一九四九年以來，最大規模的中國移民潮即將出現！

傳單也提到，服貿協議是史上最不平等的條約。原因如下：

一、不對等開放。

（一）「開放項目不對等」：台灣開放上千行業，中國開放項目相對少很多。

（二）「開放幅度不對等」：我方幾乎對中國全國開放，而中國卻限制台灣只能去福建、廣東的銀行業，且只能開設村鎮銀行。

（三）「開放內容不對等」：中國可跨境提供服務，如淘寶網；我方卻無法跨境提供服務，如PCHome。

二、保障不公平競爭：中國國有企業vs.台灣民間企業。

（一）從服貿協議第三條第二款第三項的「保障現有補貼或補助」看，中國大部分的企業是國企或省企或村企，長期接受政府直接或間接補貼，我們根本無法與之公平競爭。

（二）從服貿協議第四條第二款的「現有不公平待遇不必修改」看，服貿協議不僅不修改不公平待遇，反而保障不公平待遇，明顯對台灣不利。

三、永不翻身。

（一）從服貿協議第十六條看，只要這次簽過了，以後都不必再簽署（也就是不必再經過立法院），雙方可自行增加。「這是空白授權，等於是開了一張空白支票，讓中國予取予求。」黃主席說。

（二）從服貿協議第十七條看，只要生效了，三年滿期後才能修改條款。但是，修改只能更加放寬，不能縮小。

台聯黨深知基層民眾、業者、產業團體等的疑慮及擔心，於是舉辦了三十四場反服貿宣講，以及六百場反服貿商圈宣導活動、十二場反服貿產業座談、三場反服貿音樂會。

此外，台聯黨立委許忠信，在立法院積極爭取政府舉辦公聽會，「我們說，既然開放六十四項產業，就應該至少舉辦六十四場公聽會。」但是政府認爲，六十四場公聽會過於耗時費力，經民進黨協調爲二十場。包括政府之前已舉辦過的四場，剩下來的十六場，分別由國民黨召委負責舉辦八場，民進黨召委負責舉辦八場。「由國民黨召委負責的那八場，不到兩週即密集舉辦完畢；民進黨召委則以兩週一場的進度，拖了數個月，才在二〇一四年三月十日辦理完成最後一場公聽會。」經過了這麼多場公聽會，社會大衆對於服貿已大致了解。

國際媒體讚聲連連

二〇一四年三月十七日下午立院內政委員會中，中國國民黨立法委員張慶忠以三十秒時間宣布完成「海峽兩岸服務貿易協議」的委員會審查，引發一群大學與研究所學生的反對，並於十八日下午六時在立法院外舉行「守護民主之夜」晚會，抗議輕率的審查程序；之後有四百多名學生趁著警員不備，進入立法院內靜坐抗議，接著於晚間九時突破警方的封鎖線，佔領立法院議場。

這一場爲期二十四天（三月十八日至四月十日）佔領立法院的社會運動事件，稱之爲「太陽花學運」。

太陽花學運發生後隔日，台聯黨黃昆輝主席率秘書長林志嘉，及三位立委賴振昌、葉津鈴及周倪安，在立法院靜坐一整夜，接著在上午舉行記者會，譴責國民黨爲了搶服貿過關，違反議事倫理及程序正義，呼籲馬英九回應學生要求退回服貿。此外，台聯黨立委要求立法院：(一)先制定台灣、中國談判監督條例；(二)國會監督機制成立前，停止任何雙邊協商；(三)立法院退回服貿協議，監督條例不過不審服貿。

過了幾天，立法院八個委員會聯席會議通過決議：

(一)國民黨立委張慶忠於三月十七日主持的審查會議無效。

(二)國會監督機制建立後，才能審服貿。

(三)行政院撤回服貿協議，重啓談判。

服貿協議被反服貿人士阻擋下來後，這一波反服貿行動，贏得國際上諸多肯定與讚賞的聲音。如中國大陸旅美學者何清漣，於二〇一四年三月二十四日起陸續撰文：「北京推出服貿協議的目的，就是打算爲中台一體化鋪上最後一塊鋪路石，沒想到這一桶滾水倒進去，將溫水裡的一些青蛙燙得猛跳起來，開始自救了。」「台灣反服貿並非即興而起的一場街頭運動，更非中國官媒宣稱的青年們趕時尚。它是台灣學界、學生、市民等多重疊合的利益訴求，其中隱含的最重大目標，乃是保衛台灣的民主制度。」

又如美國《紐約時報》言論版於二〇一四年三月三十一日刊登一張漫畫，畫中那隻木馬披著TRADE PACK（服貿）的馬鞍，馬頭上掛著LOVE FROM CHINA（中國給的愛）的籤條，兵臨台灣的城門，城牆裡的台灣人民高舉拳頭、喊叫驅趕這隻木馬。「這幅漫畫諷刺服貿協議宛如希臘神話『木馬屠城記』的特洛伊木馬。凸顯服貿暗藏中國的不懷好意。」黃主席解說。

美國的《華爾街日報》亦以「年輕抗議者撼動台灣的中國政策」報導太陽花事件；彭博社亦在三月三十一日刊登專欄作家皮賽克（William Pesek）分析太陽花學運的文章，文中勸馬總統別忘了自己是民主國家的領導人，而不是共產中國的行政區區長。《彭博商業周刊》甚至質疑：「馬英九，你是賣台總統嗎？」而法國的《費加洛報》也於三月二十四日報導：「抗爭是爲了反對台灣被『賣給』中國。」

這些來自國際的支持聲浪，讓台聯黨的抗爭行動更有力量。一直到現在，台聯黨仍在爲阻擋「服貿」及「貨貿」而努力。二〇一五年四月，台聯黨立委以議事規則，成功擋下企圖闖關的「兩岸監督條例」草案。「這是行政院版的『兩岸協議監督條例』草案，也可說是『不監督條例』。因爲只有行政機關參與審議，國會根本無法發揮監督的功能。」於是台聯想出一個阻擋辦法，那就是，台聯立委提出三百多個提案，這些提案的處理優先於「兩岸監督條例」草案。立法院歷時兩週才表決一百個提案，三百多個法案要全部表決完畢，曠日廢時，因此成功阻擋了「兩岸監督條例」草案的付委。

服貿協議被擋下來以後，台聯黨緊接著又爲阻擋「自由經濟示範區政策」而努力。（國民黨政府於二〇一二年提出「自由經濟示範區政策」，目標是吸引投資、接軌國際、創造更多的就業機會。自由經濟示範區政策分兩階段實施，第一階段推動計畫已於二〇一三年八月啓動。第二階段則需待主管法規「自由經濟示範區特別條例」通過後再行實施，但是由於條例內容有許多爭議、漏洞，也沒有對陸資嚴格限制，截至二〇一五年五月一日仍未通過。摘自維基百科。）

黃主席說：「我們請來多位農經學者提供看法，特別是中興大學應用經濟系農經博士陳吉仲教授，爲我們研究分析『自由經濟示範區對台灣農業的影響』。」在瞭解到自經區對台灣農業的諸多不利影響後，台聯黨又投入心力，印製傳單宣導自經區的弊端，並在多處舉辦「反自經區宣講會」。

宣講的內容主要是自經區對台灣農業所造成的四大衝擊：

一、八百三十項原本管制進口之中國農產品將可免稅來台，衝擊所有台灣農民的生存。

二、中國或國外農產品來台加工，即可用MIT產品商標出口，不啻是山寨版合法化。

三、若八百三十項中國農產品，透過自經區全部開放進入台灣，在「前店後廠」的概念下，這些農產品可流向全台的工廠加工，管理困難、管制更是不易。

四、目前動植物檢疫人力已不足以應付中國疫病進入台灣，若再全面開放，將會讓更多疫病侵入。自經區可說是大開防疫漏洞，讓台灣農業曝露在危險下。

台聯黨努力宣傳，倡議反自經區的行動，並在立法院經濟委員會葉津鈴委員力擋之下，「自由經濟示範區政策」截至目前（二〇一五年年底）爲止仍未通過。

小兵也能立大功

經過這幾年的努力，台聯黨已重回台灣第三大黨的地位。雖然立委席次和國民黨及民進黨比起來相當懸殊，但是，小兵也能立大功。除了前述的「反ＥＣＦＡ」、「力阻服貿」、及「力阻自由經濟示範區政策」外，台聯黨捍衛台灣主權與經濟的功能，仍在持續發酵中。

二〇一四年二月十一日至二月十四日，陸委會主委王郁琦訪問中國，與中國國台辦主任張志軍進行「王張會」。「『王張會』是兩岸首次官方對官方的協商。代表兩岸的交流與協商，已由過去的海基、海協兩會交流協商的模式，進入官方直接溝通協商的模式。」

王郁琦在赴中國之前，立法院於一月十日曾做出決議，要求陸委會主委與中國官方會面，不得與中國簽署任何文件或發表任何形式之共同聲明，亦不得接受或呼應「一中框架」、「反台獨」等危害我國主權之主張。如有違反上述之情事，陸委會主委必須負起政治責任！

立法院黨團協商做成這些決議，是台聯黨立委黨團總召賴振昌、副總召葉津鈴、幹事長周倪安合力促成的。「台聯立委希望在『王張會』之前，先劃下幾條不能逾越的紅線。其實，這不只是劃紅線，也是陸委會主委協商時的一個後盾，據以回拒中國不合理要求的籌碼。」同時，爲了避免陸委會主委規避國會監督，台聯立委要求，陸委會主委赴中國訪問前，必須向立法院或是向黨團說明出訪內容、主旨，返台後也要做口頭報告。

台聯黨擔心小黨的影響力有限，事前先找立場相近的民進黨討論，結果國民黨立委也無異議，因此成功在立法院達成如上的決議。

而在十二月十二日，台聯黨立委聯手擋下政府簽署ITA（資訊科技協定），更爲台灣的利益扳回一城。

「在ITA多邊談判中，台灣向中國大陸爭取面板、工具機免關稅，中國未同意，但台灣政府卻有意讓步屈服。如果眞的簽署協議，包括沒有爭取到的免稅利益，以及開放台灣二百多項產品，所損失的關稅利益合起來，將高達台幣六百多億元。」台聯黨立委堅持霸佔主席台，阻擋行政院長毛治國簽署ITA。

此外，中國在二〇〇五年三月十四日提出的《反分裂國家法》中言明，若台灣長久不接受統一，中國即不放棄武力犯台。「中國企圖立法作爲攻打台灣師出有名的依據。」黃昆輝說。到了二〇一五年七月二日，中國修訂的《國安新法》第十一條提到，維護國家主權、統一及領土完整，是包括港澳同胞和台灣同胞在內的全中國人民的共同義務。「這分明就是將台灣視為中國的一部分，認為台灣人也必須為中國的統一盡義務；再加上二〇一五年六月，中國片面推行的卡式台胞證，是矮化台灣，使台灣內地化的做法。」

台聯黨深感中國近來對台灣步步進逼，頻頻施加壓力，而政府又沒有任何具體的反制措施。因此，於二〇一五年十月一日，在立法院推動「中國人權法」的立法。

當前世上針對第三國制定人權法的國家有美、日、韓。美國的《北朝鮮人權法》內容較為完整；日本的《北朝鮮人權法》較偏重人質綁架問題；而韓國的「北朝鮮人權法草案」尚未通過立法。台聯黨爰參考美、日兩國的《北朝鮮人權法》之立法精神，擬具「中國人權法草案」。

草案規劃，在行政院轄下設置「中國人權委員會」，「中國人權委員會」須掌握國際與中國人權情況，製作「中國人權狀況報告書」每年向立法院報告。針對中國大陸被迫害者，委員會須提出聲援、救助及保護辦法。而經委員會調查，有事實足以認定，在中國大陸境內迫害維權、民主運動及宗教人士者，應當告知境管單位，拒絕其入境台灣；已入境者則立即驅逐出境。當委員會開會時，得邀請學者、專家及中國人權被迫害的當事人或利害關係人列席。

台聯黨主席黃昆輝表示：「若中國想要成為一個受尊敬的國家，必須要對普世價值的『人權』，採取積極促進人權的措施才對。習近平也說過要依法治國，依法就至少應該包括對人權的尊重。」

除了捍衛台灣主權，矢言扮演弱勢代言人的台聯黨，於二〇一五年九月，特別規劃完成「就愛台灣走倡團」，希望透過更機動的行走倡議方式，向全國人民進行政策報告。

九月七日首推「有線一百，無線免費」政策，宣示推動廣電三法在本會期通過，將全台的有線電視收費降低到一百元，以維護消費者權益，爲民衆節省荷包。

現在全台的有線電視每月月費大約是五百四十元左右，在政府推動無線電視數位化後，所有收視戶都必須經由有線接收，對很多民衆來說，一個月五百四十元是個不算小的負擔。如果通過廣電三法，估計以分級的概念收費，基本頻道可以降到一個月一百元，讓民衆一年省下近五千元。因此，台聯擬在即將開始的會期大力推動，讓民衆能夠享受一個月一百元的收視費。

台灣團結聯盟表示，國家通訊傳播委員會（NCC）收視調查，台灣有半數民衆每天花不到三小時看電視，且不同族群觀衆收視偏好都不同，有線電視業者卻以上百個頻道包裹出售，每個月收取新台幣五百四十元有線電視費用。

「有線電視財團長期收取高費用，卻不必對台灣人民及社區服務，而且長期坐收高利的結果，讓他們缺乏動力與意願改進節目品質。」因此，台聯黨團主張把基本費用大幅降至一百元，無線台則是必載，免收費，把收視權還給全民。

1 前總統陳水扁執政時期，國民黨杯葛預算，台聯黨黃昆輝主席率黨員同志到立法院抗議。

2 二〇一一年七月，參加美東台灣人夏令會，應邀演講。

3 參加美東台灣人夏令會，會後與部分參加者合影。前排左一為台聯大紐約區黨部主委涂劉石蓮；後排左一為涂國雄博士。

4 台聯黨所舉辦的非核家園遊行。

5 二〇一二年五月二十日，馬英九連任總統後，台聯黨舉行抗議活動，抗議其政策未兌現。

6 反服貿活動拜訪全民計程車聯誼會，由會長吳正坤（前排左三）率幹部一起嗆聲。

4

6

5

7

7 二〇一二年七月十五日，台聯於台北天母農訓中心舉辦政策研討會，邀請李前總統致詞勉勵。

8

9

8 台聯舉辦反對十二年國教活動。

9 棄馬保台全國巡迴宣講團第三場。由右至左依序為前縣議員陳萬全、台南市黨部主委陳昌輝、黃昆輝主席、陳茂雄教授、台灣寢具團結聯盟黃光藝理事長、周倪安立委、葉津鈴立委。

10 舉辦「反併吞 顧台灣」活動。自右至左為彰化縣黨部白榮聰主委、林志嘉秘書長、黃昆輝主席、賴振昌立委。

11 於南投向茶農進行反自經區宣講。

12 於屏東枋寮向愛文芒果果農進行反自經區宣講。

反併呑 顧台灣
台灣團結聯盟
10

保護農民
拒絕自經區
捍衛農業
拒絕自經區
自經區
滅農
台灣團結聯盟
www.TSU.org.tw
11

開放自經區
農村變廢墟
ECFA
掏空台灣
自經區
消滅台灣農業
自經區
滅農
捍衛農業
拒絕自經區
台灣團結聯盟
www.TSU.org.tw
12

後記

期許——扮演急統剎車板、弱勢代言人及教育捍衛者

對於台灣社會這些年來的發展態勢，身為在野黨主席的黃昆輝，提出了具體而微的針砭。「我從政至今益發覺得，《羅馬帝國興衰史》中所載：『一個國家的興衰，最主要取決於三大要素：一、有沒有明確的國家發展目標；二、有沒有強而有力的領導人；三、能不能讓全民認同與團結。』很有道理。而這三個要素當中，又以強而有力的領導者最為重要。身為國家領導者，必須能夠掌握正確的國家發展方向，深諳社會脈動、凝聚人民向心力。」

黃主席深感，今日的台灣，因為沒有一個讓全民認同的國家發展方向，也缺乏強而有力的國家領導者，能提出讓全民團結的國家願景，以致於政治動盪，社會集體焦慮。

不過，國家領導者雖然能夠決定國家的大政，但是選民卻可以決定國家領導者。「因此，選民的民主素養也很重要。」黃主席表示，台灣已經進入人民直接選舉總統的民主時

代，選民必須確實瞭解總統候選人的理想抱負、國家願景、執行能力，以及對民意是否尊重等要件。「民主是需要學習的。」黃主席希望，選民能夠珍惜這得來不易的民主，確實選賢與能。

談到當前政治動盪不安，黃主席認爲，此乃肇因兩岸交流政策過度且快速向中國傾斜。這麼做的結果，引發經濟的主體性漸失，乃至於政治的主體性也隨之動搖。

「台聯黨當初反對簽定ECFA的理由，如失業率加劇、貧富差距擴大等，如今已一一印證，而政府所宣稱的好處，卻一項也看不到。」基於捍衛一個國家的尊嚴與安全，以及維護全民福祉，台聯黨一向主張，與對岸交流，必須在理性、和平、對等、互惠的原則下漸進發展。

「台灣可以和中國維持良好的互動關係，但是在政治立場上，台灣是台灣，中國是中國。台灣的政府，若想與中國簽訂『台灣是中國的一部分』或『兩岸統一』等所謂和平協議，必須得到全民同意。」黃主席語重心長的說：「民主是國防的最後一道防線。」

爲了抗拒台灣被中國併吞，台聯黨期許自己，未來將進一步發揮「急統剎車板」的功能。「台聯黨爲了維護台灣的主體性，將更努力走入基層、接觸民衆，不停歇的呼籲、宣導中國要併吞台灣的企圖。」

另一方面，台聯黨也將持續關懷弱勢，做爲「弱勢的代言人」。「兩大黨甚少在弱勢這個部分著力，台灣已走向M型社會，富者愈富，貧者愈貧，我們要幫忙照顧弱勢，替他們發聲。」台聯黨所關懷協助的弱勢，包括傳統產業（製造業），以及弱勢族群（如殘障、低收入戶、單親、失親、失業、原住民、外籍配偶等家庭）的子女教育。

目前，台聯黨正在努力籌設「國貨館」。由於低價、質劣的中國貨大舉登台，通路受到擠壓的結果，導致質優但價高的國貨，在許多賣場苦無立足之地。因此，台聯黨籌設「國貨館」，讓寢具、行李箱、絲襪、毛巾、鞋類等台灣製造的產品，有一個展售的空間。此外，虎尾的毛巾業以及南投的茶葉也是在台聯黨的協助下，重新站穩腳步。

對於弱勢家庭學童的教育，台聯黨曾經提出「給弱勢家庭翻轉的機會」之政策。「弱勢家庭的孩子，常對自己缺乏自信，認爲再怎麼努力都難有翻轉的機會，導致他們在失敗、挫折中放棄自己。這等於是社會階級的再製，非常不公平。」因此，台聯黨將致力於爲這些弱勢家庭學童，向政府爭取設立各種補助、獎助制度。「台聯在關懷弱勢這一塊，還要再繼續努力；同時也要督促政府基於社會安全制度的概念，採取更積極的措施，協助弱勢享受公平待遇，以實現公平正義。」

此外，台聯黨也將持續關懷教育，結合教育界人士共同力阻政治介入教育，以恢復教育的專業性，讓教育得以正常發展。

回顧——一步一腳印

回首前程，黃昆輝深感，他這一生最滿意的歲月，當屬在教育專業任事的期間。「我出身農家，家境清苦，不敢立大志願。能夠當一名小學老師，對我來說就很滿足了。」然而他的成就，卻不僅是一名小學老師。「這一點我要感謝父母的支持，讓我能夠繼續升學，更感謝國家的公費制度。」黃昆輝從台中師範唸到師範大學、研究所，以及出國研讀博士學位，全都有賴政府的公費制度。「公費制度給弱勢家庭的孩子及農家子弟很大的幫助。」

「從事教育是我的初衷，也是目標。我分別擔任過小學、中學、大學、研究所的老師。尤其我在師大任教期間，可以說是得天下英才而教之。我很榮幸與這些天資聰穎、勤奮向學的學生教學相長。」擔任教育研究所所長期間，他帶領研究生進行數十個專案研究，不僅讓學生從實際參與中學習到研究方法，也帶給清貧的研究生子弟們或多或少的生活補貼。

而他在師大任教時所建構的教育行政學，為原本只談原則、制度、規章的靜態教育行政，引進動態的教育行政歷程與心態歷程，如領導、決策、溝通、協調等理論。爾後他所出版的《教育行政學》一書，成為國內第一部將教育行政視為一門學術來探討的書，更被國內研究「教育行政學」的後進奉為圭臬。

在「學而優則仕」的境遇下，他先後擔任了能夠充分發揮教育專長的台北市教育局局長，以及台灣省教育廳廳長。在這兩項教育行政首長的工作中，他不僅有機會檢驗多年所學是否符合時代所需，並且將之發光發熱。無論是在台北市教育局局長任內推動的「家長參觀教學日」、「課後輔導」活動、成立「教師進修研習中心」，以及推動多項文化活動；或是在台灣省教育廳廳長任內推展的「生動活潑的小學教育」、「適性發展的中學教育」、「能力本位的職業與師範教育」、「主動敏捷的教育行政」，以及在豐原市郊設立「中等學校教師研習會」，創立「師鐸獎」、「孝行獎」等，都是時至今日仍然契合時代所需，且意義深遠的教育政策。

「我原本矢志教育，打算一輩子在教育園地耕耘。我認為，如果能夠持續下去，應該會有更進一步的獻替。然事與願違，卻意外轉進非我所熟悉的政治領域。」

因緣際會轉戰教育專業以外的政治領域——陸委會主委後，原本功業彪炳，深受師生景仰，甚至是媒體寵兒的黃昆輝，頓時變成眾矢之的。

乍聽到那些不以為然的批評及反對聲浪，黃昆輝不諱言，心情多少受到影響，甚至有些許失落。但是很快的，黃昆輝的學者精神適時發揮作用，他採取「歸因理論」，搜集、分析所有的反對意見。

「分析原因後發現，當時國內各界對兩岸交流的深度與廣度期待不一。主張積極與對岸交流的人士，指責我們陸委會的作風太保守、封閉；而不想與對岸交流的人士，卻批評我們太躁進。無論怎麼做都一定會有人反對、批評，可以說是『得了姑意失嫂意』。」事實上，陸委會當年的做法採不急不緩的「漸進」式。「當時兩岸交流的秩序尚未建立，漸進才不會造成混亂、失序。」

從這些紛亂擾攘的聲音，黃昆輝瞭解到，任何政策都無法讓所有的人滿意，只要能夠讓大多數人滿意就足夠了。他告訴自己，既然有人說快，有人說慢，那就正好符合「中道」。

「比起教育行政工作，陸委會的工作可說更複雜、即時，更具挑戰性，而且常常事倍功不半。」雖然如此，黃昆輝卻不把它視為挫折，而是當成一個學習、成長的機會。只不過，如果能夠選擇，他絕對不會選這份工作。

被任命為內政部長也是出乎黃昆輝的意料之外。由於他自忖未經過地方縣市長的歷練，也無相關專業背景，因此格外虛心學習。此外，他深諳領導的藝術，懂得善用人才與授權。當時的警政署長盧毓鈞還讚頌黃昆輝是「一位最尊重部屬的內政部長」。

在內政部長任內兼任中選會主委，舉辦中華民國開國以來第一次總統、副總統直選。「我集選政與選務於一身，可說是任務重大。」尤其當時中共為了阻撓選舉，不時以飛彈試射來嚇阻。在內外交相煎的情勢下，黃昆輝不負所托，順利完成具時代意義的總統、副總統直選。「我有幸恭逢其盛，讓寶島台灣透過民選正副總統的實施，在國際上閃爍出民主的光芒。」

談到總統府祕書長這個總統府最高行政首長的職務，黃昆輝深刻體認到，「做一位總統府祕書長，一定要先釐清自己的角色定位，並且謹守行事分際。」黃昆輝說，總統有三個直接向他報告的幕僚長：總統府祕書長是行政方面的幕僚長，另外還有國安方面的幕僚長——國安會祕書長，以及軍事方面的幕僚長——參謀總長。「總統府祕書長絕不能介入軍方和國安。」

在總統府祕書長任內擔任「國家發展會議」籌備會執行長一職，使得站在高點，綜觀全局的黃祕書長，領悟出從政者應具備幾項特質：誠、包容、調和鼎鼐、未雨綢繆。「這種全國性的會議，具有高度政治敏感性，每個政黨各有盤算，唯有以『誠』爲上策，以及包容、調和鼎鼐、未雨綢繆，才能成事。」黃昆輝有感而發補充：「你把圈子畫得愈大，跟你站在同一個圈子裡的人就愈多。正所謂『有容乃大』。」

「一九九〇年代，是台灣走上民主化的關鍵年代。」李登輝總統在一九九〇年到二〇〇〇年任內，推動多項民主化政策，包括有修憲、終止動員勘亂時期、廢除萬年國會、全面改選中央民意代表、修訂刑法一百條、省市長民選，乃至總統副總統直選等重大民主化政策，使得台灣逐漸成爲民主自由的國家。難能可貴的是，在推動民主化變革的過程中，不僅沒有發生過重大衝突，沒有流過半滴血；而且經濟繁榮，社會安定。因此被譽爲「寧靜革命」。

「在這樣一個偉大、變動的年代，我有幸恭逢其盛，參與李登輝總統領導下的多項政務，爲國家與社會克盡已力，深感與有榮焉。」

展望——繼續與台聯黨一起為台灣打拼

離開國民黨後，黃昆輝已淡出政治圈。群策會副董事長兼祕書長的工作，讓他感到既充實又愉快。「這段期間，我的生活和工作都相當充實，也相當有成就感。」黃昆輝本著群策會「建構台灣主體性、提升國家認同」的宗旨，規劃出版了有關台灣的歷史、地理、音樂、美術等在地文化、生活軌跡的系列書籍「願景台灣」。同時也舉辦過各種中大型國際、國內研討會、論壇，並為李登輝學校開辦各種研習課程。「我在群策會做的，可說是一種非正式的教育工作。」能夠回到教育專業的老本行，黃昆輝自是如魚得水、遊刃有餘。

完全沒有想到要重回政治圈的黃昆輝，在台聯黨二〇〇一年甫成立時，並未加入成為黨員。一直到二〇〇七年，黃昆輝拗不過李前總統三番兩次的游說、請託，以及不忍心看到群龍無首的台聯黨惶惶不安，只好重披戰袍，為維護台灣主權而戰。

至今，擔任黨主席已歷時八年，這些年來，黃昆輝身先士卒傳遞台聯黨的理念。他戲稱：「我是『校長兼撞鐘』，好在『老身粗健』，還承受得了。」黃主席滿意的表示，台聯黨雖小卻很團結，同心同德。「辣椒雖小，卻很辣喔！」一路顛簸、愈挫愈勇的台聯黨，已清楚定位出存在的價值——「急統剎車板」、「弱勢代言人」與「教育捍衛者」。

「如今我不但不後悔出任台聯黨主席，反而覺得這個角色，比我過去任何位子，都對台灣的生存發展有意義！」黃主席堅定的說：「未來，我還是會繼續與台聯黨一起爲反併吞台灣打拼。」

黃昆輝長年擔任位高責重的職務，所承受的壓力與挑戰，想當然爾也比一般人大許多。他是如何調適，讓自己始終能步伐穩健向前邁進？「我以『誠』去面對所有不同的聲音；並且將價值內化成一股力量，而這股力量就讓我能夠繼續撐下去。」是的，只要肯定自己所做的事是很有價值的，就能夠面對所有的風風雨雨。古有名訓：「是非審之於己，毀譽聽之於人，得失安之於數。」這正是黃昆輝一生之所以勇於任事的座右銘。

「回顧我這一生，我覺得很滿足。家庭美滿幸福，還有這麼多機會爲社會服務，眞可說是『夫復何求』！」

特別收錄：經驗分享五則

天生的領導者？

從求學到擔任教職、行政主管，黃昆輝的領導能力都是有目共睹、有口皆碑的。無論是台中師範時期頗受教官和同學肯定的兩任大隊長，或是師範大學時期同學們愛戴的「永遠的班長」、UNC（University of Northern Colorado）在台校友會的「永遠的理事長」；乃至於局長、廳長、部長等時期，不但帶得動下屬與他一起拼革新，還贏得部屬給他「最尊重下屬的主管」的封號。

這位眾人一致公認的「領導型人物」，是天生就具備了領導者的人格特質嗎？「成功的領導者需具備多項人格特質，我一直到今天都還在學習當中。」黃昆輝謙稱。他並提出**成功領導者的人格特質應包括：「包容度大」、「有耐性」、「誠信」、「果斷」、「自信」、「堅決」**。而且，絕不能「利己自私」、「獨重組織目標，未考慮組織成員的心理感受」、「馬虎草率、毫無主張，雖久於其職，卻一無建樹」、「膽怯畏縮，怕面對團體」、「執拗頑固，專橫閉鎖又缺乏機變」。

「我認爲，這些人格特質當中，後天習得的，比與生俱來的多。」

黃昆輝特有的**「誠」與「關懷」**，形塑出他個人的領導魅力。「我相信『誠爲上策』，所以我始終實實在在做事，誠誠懇懇做人。」

而「高關懷高倡導」更是由他所帶回國內且發揚光大的領導策略。「做爲一名領導者，除了必須促進內部團結合作、維持機構內的如常運作外；也要因應大環境與社會的變動，倡導革新。」但是，倡導一個新政策，必須組織內所有成員願意配合、推動。要讓團隊上下一心，達成目標，唯有付出關懷始能竟其功。「人是需要肯定與鼓勵的。」黃昆輝的關懷包含了物質與精神兩個層面。

倡導愈多新政策，給予的關懷也應該愈多，此即爲「高關懷高倡導」。高關懷高倡導可活絡組織的運作動能，展現更高的績效。

「不過，倡導革新就是要改變過去的習慣，或是增加負擔、責任。難免會引起抗拒，這是所謂的『社會的惰性』。但是，領導者只要確定是對的，就該堅持下去，並設法使參與的人『知』（了解）、『能』（有能力）、『願』（有意願）。」此外，事成之後領導者切勿居功，而是要與人共享榮耀。

黃昆輝還分享了其他的領導要訣，如：「知人善任」、「鼓勵以方」、「把握時機」、「帶人帶心」、「以身作則」、「通情達理」、「賞罰分明」、「善於溝通」、「記取教訓」。

「總之，領導是一種影響力的發揮，無法發揮影響力的領導者，就不算是好的領導者。」尤其重要的是，「影響力」除了是官方授與的權力外；更要靠領導者個人的聲望、修養、人格特質等要素才能發揮。而「誠」與「關懷」正是讓黃昆輝的影響力發揚光大的兩大要素。

決策須「拿得起、放得下、兜得轉、耍得開」

擔任過數十年不同單位行政機關的首長，所做的決策不計其數，雖說「決策沒有絕對合理性，只有相對合理性」，但是，黃昆輝總能「將決策的合理性極大化」。

「在做決策前，我會先評估它的可能後果。」評估的要項包括：決策所針對的問題是否急需解決？解決這個問題是否有價值？據以了解、分析問題的資料是否實際、可用？有沒有其他更適宜的方案？社會輿論可能的反應？

經過各項評估，均指某個方案優於其他方案，且做決策比不做好，那就要勇往直前。此外，**一個決策要能夠順利成功推展下去**，黃昆輝認爲，**一定要讓決策實施後的被影響人有心理準備，以及讓決策的執行人能夠參與決策過程。**

「能力本位」是黃昆輝在台灣省教育廳任內所推動，難度最高的創新決策。為了讓「決策實施後的被影響人有心理準備，以及讓決策的執行人能夠參與」，他先邀請職業教育專家參與研討會，將「能力本位」落實為一個具體方案；然後再請職業學校的校長，參加定期、定點的「能力本位講座研習會」。

待校長們全盤瞭解「能力本位」的教育方式，再調訓各職業學校的老師和教務主任。經過長達一學年的研習、溝通，及訓練、解說後，各職業學校的校長，自行評估實施的價值與可行性，然後由有試辦意願的校長先在該校試辦。結果，幾乎所有的職業學校和師範專科學校，都願意加入「能力本位」教育的行列。

再如「高中職入學考試改採聯合命題」，也是黃昆輝另一項重大的革新決策。在這項決策中，黃昆輝掌握了**「提高確定性，減少冒險」**的要訣。

首先，為了導引出公平、合理的考題，黃昆輝為每一項考科請一位國中老師、兩位高中老師、一位大學學科教授，及一位心理測驗專家一起入闈。先討論該科各學期教科書所佔的命題比例，以及命題型式如何靈活運用、融會貫通。

考題初步擬定以後，再找低、中、高三種不同程度的學生試考，以確定試題有無鑑別性。聯合命題第一次施行後，各方反應甚佳，咸認為確實做到：「以好的考試方法，導引出正常的、好的教學。」

這些成功的決策範例，完全符合黃昆輝自我期許的：**做決策必須「拿得起、放得下、兜得轉、耍得開」**。黃昆輝說：「決策者必須放下過去曾經耀眼，但已不合時宜的決策，傾力做出可以有效實施，並且實施後有良好的效果與影響力的決策。」

有別於一些因循舊慣的行政機關首長，黃昆輝一向勇於下決策，並且勇於承擔。他說：「做決策者必須抱持隨時離開都在所不惜，不戀棧權位的心態。如此才不會因爲要保有權位，而什麼都不敢做。」

危機處理與請辭下台的抉擇

擔任台灣省教育廳廳長時，黃昆輝對於「豐原高中禮堂倒塌事件」的危機處理，令人印象深刻，並且廣受各方激賞。而他基於道義責任請辭下台，更展現出政務官不戀棧權位的風骨。

至今，每當人提起「危機處理」與「請辭下台」，莫不聯想到這位典範。

「行政工作不是怕出問題，而是怕你不會解決問題。」隨時抱持解決問題心態的黃昆輝認爲，擔任行政工作隨時會碰到問題，問題一來就要面對、解決，不能逃避，逃避反而會滾出更大的問題。

「問題出現時，危機也出現，但是危機也可以是一個轉機，尤其當你處理得宜，就會成爲一個發展的新契機。」

黃昆輝並指出，**危機處理最重要的莫過於：「動作明快，爭取機先」**。「在新聞媒體、社會大衆質疑前，就要先採取行動，一刻也不容耽擱。」

以當年處理「豐原高中禮堂倒塌事件」爲例。事件一發生，黃廳長即：

一、指示成立「危機處理小組」。

二、集會討論必要的處理措施，訂出處理的優先順序。如：竭盡所能搶救學生性命↓受傷者緊急送醫↓亡故者移送殯儀館↓當天即完成通知所有傷亡的學生家長↓成立「安定撫慰小組」到罹難學生家中，陪伴安慰家屬↓緊急發放慰問金↓「安定撫慰小組」陪同家屬到教育廳，參加善後工作會報。

「成立『安定撫慰小組』是非常必要，但至今仍然罕見的危機處理一環。」

三、提出辭呈。

雖然身邊衆人都說，廳長無須爲此事下台，否則台灣省境內學校如此多，若廳長都要爲這樣的事下台，那麼，再多的廳長也不夠下台。「但是我卻不這麼認爲，我師承『教育愛』，視學生爲己出。如此重大的傷亡，讓我對自己責難不已、沉痛不忍。我覺得，唯有辭職下台方能負責。」

四、克盡心力善後。

辭呈提出以後，他依舊克盡心力完成善後事宜。接下來，他與教育廳一級主管分頭慰問家屬，並承擔所有費用；然後舉行聯合公祭；爲每位罹難學生爭取到一百萬的國賠。「雖然錢不能挽回生命，但至少讓家長感受到我們的誠意與盡心盡力。」

黃廳長在衆人挽留下，依舊堅持請辭。反觀近年來，無論發生何等軒然大波，也幾乎見不到政府相關部門的官員、首長，爲了負責任而請辭下台。

「民主政治是責任政治。問題發生時，除了長官受到輿論壓力要你下台以示負責外，並無任何辭職下台的強制規定。但是，**人要有自知之明，要勇於放下**。經由道德良知自我檢視後，覺得有愧於心，就應該主動請辭，這才是政務官的擔當。」

「學校不是失意政客的收容所」？

一直以來，我國學者從政下台後，大都返校續任教職。但是近來，有輿論對此現象評爲：「學校不是失意政客的收容所！」

對此批評，黃昆輝提出了他的看法：

「學者從政是有時代背景的。在經國先生主政的階段，那時政府機關常需要借重學術界人才到行政機關服務，因爲那時的公務人員，學歷背景普遍都不如學界。如果要推動政府革新、提高行政效能等等，就必須借重學術界人才。

然而，要學術界的人到行政機關服務，他們都滿勉強的。爲了拉攏他們，政府就會給予他們一個保障，即借調幾年後就可以返回學校教書。

學者從政，可以使得學術與行政相結合，活絡行政機關的思維，讓施政跟得上潮流。我認爲，此種做法在當時是正確而必要的。但是時至今日，公務員的學歷已提升，學術背景已強化，從學術界借將就沒有那麼必要了。

倘若眞的在學術上表現非常出色，政府希望他從政，他若有興趣就出來吧，不需要訂定借調幾年，而是隨實際需要，並依據大家的評鑑、檢視。

從政的學者要有自信，你離開該職位，並非因爲沒有做好，而是由於改朝換代。而且，**如果你做得不錯，累積了行政、政務經驗，即使離開政務，反而更有號召力，不但學校仍然願意聘你，你在學術界依舊很有權威、很有地位。**

此外，常務官不要從學界找，若有必要找學界人士，應該是政務官。而政務官是隨時都會下台的（俗話說，「三年官兩年滿」）。不能既想做官，又想要有退路。

除非是有特殊需求，如原子能委員會主委，需要非常專業，在學術上又很有威望的人，爲了力邀這樣的人才從政，就可以專案辦理。」

影響我一生的人與事

黃昆輝這一生碰到的良師、貴人不少，受到的啓發、影響也不小，其中大都是正面影響，但也有反面鏡子般的啓迪。

例如，小學那位不分青紅皂白體罰學生的老師，讓他深刻學習到，對待學生一定要公平，不能有「月暈效應」。「也就是不能先入為主，不能有成見。」黃昆輝說。而從當時「先說的佔上風，後說的受災殃」的情形，他更進一步領悟出：**「溝通一定要爭取機先」**。這也就是為什麼，黃昆輝日後無論是推出新政策或是遭逢問題時，始終都在第一時間出面說明，坦誠以對。

另外的正面啓發經驗包括了：台中師範那位對他疼愛有加的導師崔蘊蘭，常常以頗富哲理的名言嘉句，薰陶學生的心靈。其中**「願無伐善，無施勞」**，是他任事、為官實踐得最徹底的一句話。

還有，師大一年級英文課時，受到屈承熹老師的全英語教學震撼（其實是驚嚇的成分多）以後，黃昆輝發奮圖強，卯足勁學英文。最後贏得原本英文程度足以當他的小老師的同班同學簡茂發誇讚：「他當年常常抱著英文書問我，後來英文程度卻遠遠超越了我們。」一直到今天，黃昆輝仍未放棄精進英文，一得空就閱讀英文雜誌。

此外，從田培林老師及賈馥茗老師身上學習到的**「教育愛」**，讓他終生奉行不悖。黃昆輝的「教育愛」，除了體現在平日的關懷與諄諄教誨外，更體現在爲學生謀出路，安排一個可以讓他們一展所長的未來上。「這是自然而然就會想到要做的事。我對自己的學生有信心，也希望他們確實能爲國所用，所以每當所裡的研究生即將畢業時，我就會到處打聽，看有哪些合適的地方可以將學生安插進去。」

而從追隨了大半輩子的「主管」李登輝先生身上，黃昆輝最重要的學習是**「用人沒有私心」**。「我擔任台北市教育局局長時，李登輝市長曾對我說：『我的父親當過刑警，朋友很多，常會請他喝酒，倘若有人趁此機會關說，你千萬不能接受，而且一定要先告訴我。』」其實，李老先生未曾有過關說。到了黃昆輝擔任台灣省教育廳廳長時，省主席李登輝又對他說：「省議員的推薦信，我不能置之不理，所以會把信轉給你，但這只是程序而已，你全權負責，我不會干涉。」既然省主席有言在先，黃昆輝就可以放手做事，可是對人事陞遷，廳長堅持要先向省主席作處理原則的簡報但不涉個案，主席同意了，一切就按照原則、規範行事。「李先生的『用人沒有私心』更強化了我秉公處理，不循私、枉法的信念。」

附錄

大事年表

西元一九三六年（民國二十五年）

・農曆八月二十八日，國曆十月十三日（身分證登記為十一月八日）子夜時分，出生於雲林縣土庫鎮馬光厝。取名黃昆輝，是父親黃天福和母親張忍的長子。

西元一九四二年（民國三十一年）六歲

・九月，進入日治時代的「國民學校」就讀，日語為學校老師使用的主要語言。

西元一九四四年（民國三十三年）八歲

・因戰亂，二年級下學期起停課。

西元一九四五年（民國三十四年）九歲

・終戰台灣，百廢待興，教育一時無法上軌道，先行研讀漢學。

西元一九四六年（民國三十五年）十歲

・九月，在馬光國小就讀四年級，但因老師每天下午要去進修注音符號，因此學生們一律上半天課。

西元一九四九年（民國三十八年）十三歲

・七月，自雲林縣土庫鎮馬光國小畢業，並考上虎尾初中。

西元一九五二年（民國四十一年）十六歲

・七月，自省立虎尾中學初中部畢業。

西元一九五五年（民國四十四年）十九歲

・七月，自省立台中師範畢業。

・八月，開始在雲林縣土庫國小任教至一九五九年。

西元一九五六年（民國四十五年）二十歲

・二月，接受預備士官訓練四個月（陸軍官校代訓）。

西元一九五八年（民國四十七年）二十二歲

・一月，與土庫國小同事林滿老師結婚。

西元一九五九年（民國四十八年）二十三歲

・九月，保送台灣省立師範大學教育學系深造。

・十月，大女兒黃伶玲出生。

西元一九六一年（民國五十年）二十五歲

・八月，父親因積勞成疾過世，享年五十歲。

西元一九六三年（民國五十二年）二十七歲

・七月，省立台灣師範大學結業。

・八月，分發至台北市萬華初級女子中學任教。

西元一九六四年（民國五十三年）二十八歲

・七月，省立台灣師範大學畢業，並考入教育研究所修讀碩士課程，同時參加全國性教育行政人員高等考試及格。

・十月，二女兒黃馥莉出生。

西元一九六五年（民國五十四年）二十九歲

・八月，升上研究所二年級時，受教育系系主任林本老師聘爲教育系助教。

西元一九六七年（民國五十六年）三十一歲

・七月，獲國立台灣師範大學教育研究所碩士學位，並應聘教育學系講師，兼辦教育研究所所務。

・八月，三女兒黃韻姍出生。

・九月，參加聯合國教科文組織（UNESCO）設立於印度之「亞洲教育計劃與行政研究所」（Asian Institute of Educational Planning and Administration）研習五個月。

西元一九六九年（民國五十八年）三十三歲

・八月，獲國科會公費赴美國北科羅拉多大學進修博士課程，主修教育行政。

西元一九七一年（民國六十年）三十五歲

・八月，取得北科羅拉多大學博士學位。自美返國，應聘爲國立台灣師範大學教育研究所副教授。

西元一九七三年（民國六十二年）三十七歲

・八月，應聘兼任教育研究所所長。

西元一九七四年（民國六十三年）三十八歲

・八月，應聘教育研究所教授，並兼教育學系主任。

西元一九七六年（民國六十五年）四十歲

・十月，獲美國北科羅拉多大學傑出校友獎。

西元一九七八年（民國六十七年）四十二歲

・六月，出任台灣省政府委員。

・十二月，美國與中華民國斷交，承教育部之邀，率團赴美宣慰僑社與留美學生。

西元一九七九年（民國六十八年）四十三歲

・七月，任台北市政府教育局局長。

西元一九八〇年（民國六十九年）四十四歲

・全國性公務人員甲等特考優等及格。

西元一九八一年（民國七十年）四十五歲

・十二月，任台灣省教育廳廳長。

西元一九八三年（民國七十二年）四十七歲

・九月，爲省立豐原高中禮堂倒塌事件負起道義責任，請辭獲准。

・九月，重回師大任教。

・十二月，任國民黨文化工作會副主任。

西元一九八四年（民國七十三年）四十八歲

・三月，在文工會任職期間，行政院資政李國鼎先生推薦，赴歐洲、日本及新加坡，考察學制分流的作法。

・十月，任行政院青年輔導委員會副主任委員。

西元一九八七年（民國七十六年）五十一歲

・六月，任國民黨青年工作會主任。

西元一九八八年（民國七十七年）五十二歲

・七月，任行政院政務委員。

西元一九八九年（民國七十八年）五十三歲

・九月，奉行政院院長李煥指派，參加南非總統弗雷德里克・威廉・戴克拉克（Frederik Willem de Klerk）的就職典禮。

西元一九九〇年（民國七十九年）五十四歲

・五月，母親張忍女士當選「模範母親」。

西元一九九一年（民國八十年）五十五歲

・六月，續任行政院政務委員並兼大陸委員會主任委員。

西元一九九二年（民國八十一年）五十六歲

・七月，推動《台灣地區與大陸地區人民關係條例》完成立法程序。

・十月，海基會與海協會「香港會談」破裂，未達共識。

西元一九九三年（民國八十二年）五十七歲

・四月，規劃推動兩岸「辜汪會談」，圓滿達成。

西元一九九四年（民國八十三年）五十八歲

・十二月，任內政部部長。

西元一九九五年（民國八十四年）五十九歲

・六月，兼任中央選舉委員會主任委員。

・七月，草擬《總統副總統選舉罷免法》，並推動完成立法程序。

・十二月，辦理第三屆立法委員選舉。

西元一九九六年（民國八十五年）六十歲

・三月，辦理首次總統副總統全民直選暨第三屆國民代表大會代表選舉，圓滿成功。

・六月，任總統府國策顧問。

・八月，任總統府祕書長。

・十二月，奉總統指派，負責籌備國家發展會議，擔任籌備委員會執行長，國家發展會議經過近四個月的密集籌備，圓滿舉行。

・十二月，任財團法人李連教育基金會董事長。

西元一九九七年（民國八十六年）六十一歲

・三月，協調政府相關部門及宗教團體，邀請諾貝爾和平獎得主、西藏精神領袖達賴喇嘛來台訪問，並陪同李總統於台北賓館接見。

・四月，奉示研擬並推廣「心靈改革」實施方案。

・八月，奉示負責「社會治安諮詢會議」籌備工作，針對當時社會治安問題，提出一百零九項因應策略與八十項行動方案。

・十一月，李總統接受建議，成立「兩岸關係策略小組」。

西元一九九八年（民國八十七年）六十二歲

‧二月，奉派率「中華民國官方慶賀觀禮團」前往梵諦岡，代表政府參加候任樞機主教單國璽的冊封大典。

‧八月，奉派為中華民國慶賀巴拉圭共和國總統就職典禮特使，率團前往慶賀顧巴斯總統就職。

西元一九九九年（民國八十八年）六十三歲

‧十一月，李總統親授一等景星勳章，表彰對國家、社會的貢獻，勳章頌辭指出：黃祕書長「志慮忠純，才識卓越，輔弼股肱，奧略精遠，籌辦國家發展會議，凝聚共識，籌劃社會治安諮詢會議，致力社會改造工作，勳猷並懋」。

‧十一月，任中國國民黨祕書長至二〇〇〇年三月二十四日請辭獲准。

西元二〇〇〇年（民國八十九年）六十四歲

‧三月，應聘總統府資政，至五月十九日李總統卸任為止。

‧八月，應聘國立台灣師範大學教育學系兼任教授。

西元二〇〇一年（民國九十年）六十五歲

‧二月，擔任中國廣播公司董事長至二〇〇一年九月七日請辭獲准。

‧九月，應美國北科羅拉多大學邀請，赴該校任訪問研究學者。

‧九月，母親張忍女士安詳辭世，享壽九十歲。

西元二〇〇二年（民國九十一年）六十六歲

‧二月，應聘國立中正大學教育研究所兼任教授。

‧三月，完成「群策會」法定登記程序。

‧五月，應聘總統府資政。

‧六月，膺選國立台灣師範大學首屆傑出校友。

‧六月，「財團法人群策會」正式運作，擔任副董事長兼祕書長。

西元二〇〇五年（民國九十四年）六十九歲

‧十月，主辦並陪同李前總統赴美國進行為期兩週之「台灣民主之旅」。

西元二〇〇七年（民國九十六年）七十一歲

‧一月，出任第三任台聯黨主席。

•五月，發起「預算不過 人民難過」立院靜坐抗議活動。

西元二〇〇九年（民國九十八年）七十三歲

•一月，台聯黨與民進黨共同發起民間國是會議。

•六月，公布一百四十六位教育界人士反對「承認中國學歷及開放中生來台就學」連署成果，十一月十九日再公布一百一十一位名單。

西元二〇一〇年（民國九十九年）七十四歲

•二月，宣告推動ECFA公投，三月十四日台聯和五十個共同發起ECFA公投連署的團體舉行誓師大會。

西元二〇一一年（民國一〇〇年）七十五歲

•四月，「棄馬保台」宣講起跑。

西元二〇一二年（民國一〇一年）七十六歲

•一月，台聯獲三席不分區立委席次。

•四月，啓動「反併呑顧台灣」宣講活動。

•六月，最高行政法院的判決公審會駁回ECFA公投違法，中選會應重新審查ECFA公投一事。

西元二〇一三年（民國一〇二年）七十七歲

•六月，號召十六位教育界重量級人士，在立法院議場前召開記者會，公開向馬英九總統喊話「暫緩十二年國教」。

西元二〇一四年（民國一〇三年）七十八歲

•八月，台聯黨團舉辦「緩辦掛羊頭賣狗肉的十二年國教」修法公聽會。

西元二〇一五年（民國一〇四年）七十九歲

•八月，印行《翻轉台灣教育，重建台灣生機》教育政策白皮書。

•九月，「就愛台灣走倡團」起鼓，推「有線一百，無線免費」政策。

主要著作

- 〈克伯屈教育思想之研究〉，載於國立台灣師範大學《教育研究所集刊》，第十輯，一九六八。
- 〈學校制度〉，收於田培林博士主編，《教育學新論》第十五版，一九六九。
- 〈教育計劃的經濟基礎〉，載於國立台灣師範大學《教育研究所集刊》，第十二輯，一九七〇。
- 〈教育計劃的社會基礎〉，載於國立台灣師範大學《教育研究所集刊》，第十五輯，一九七三。
- 〈教育計劃中教育投資論之分析〉，載於國立台灣師範大學《教育研究所集刊》，第十六輯，一九七四。
- 《教育計劃的方法》，教育部教育計劃小組教育叢書之五，一九七五。
- 〈教育行政決定理論之分析〉，載於國立台灣師範大學《教育研究所集刊》，第十七輯，一九七五。
- 〈我國地方教育經費問題之調查分析：教育部教育計劃研究報告之三〉，專題研究主持人，教育部教育計劃小組委託並印行，一九七五。
- 《克伯屈教育方法》，台灣省教育廳叢書，教育廳印行，一九七五。
- 〈教育計劃的新趨勢〉，載於林本教授主編之《教育論叢》，幼獅書局，一九七五。
- 《教育投資問題研究》，國家安全會議國家建設委員會，一九七七。
- 〈教育計劃的兩種主要發展趨勢〉，載於《昨日今日明日的教育》，開明書局，一九七七。
- 〈國民中學教育實施成效之調查分析〉，專案研究主持人，行政院研究發展考核委員會委託並印行，並載於國立台灣師範大學《教育研究所集刊》，第十九輯，一九七七。
- 〈台灣省未來六年國小教師需求量之推估研究：六十六～七十一學年度〉，專題研究主持人，國立台灣師範大學《教育研究所集刊》，第十九輯，一九七七。

- 〈我國大學入學考試報考者與錄取者家庭社經背景之調查分析〉，國立台灣師範大學《教育研究所集刊》，第十九輯，專題研究主持人，教育部大學入學考試委員委託研究，一九七七。
- 〈國中數理科教師需求量推估研究：六十六～七十一學年度〉，專題研究主持人，國立台灣師範大學《教育研究所集刊》，第二十輯，一九七八。
- 《教育行政與教育問題》，台北五南圖書出版公司，初版，一九八〇；五版，一九八六。
- 《中外教育行政制度》，主編，並與謝文全等十一位作者合著，中央文物供應社，一九八四。
- 《教育行政原理》，主譯，與吳清基等九位作者合譯，台北三民書局印行，一九八五。

- 《教育行政學》，台北東華書局印行，初版，一九八八；二版六刷，一九九六。
- 〈學校組織領導策略〉，載於邱文忠教授主編之《教育理念與行政實踐》，心理出版社，二〇〇四。
- 〈教育行政決定的藝術〉，載於《教育資料與研究》雙月刊，第六十五期，二〇〇五。
- 〈十二年國教應暫緩 幼教技職先改革〉，刊載於《自由時報》星期專訪，記者黃以敬，二〇一三年六月十七日。
- 〈假改革沒目標 十二年國教荒腔走板〉，刊載於《自由時報》星期專訪，記者黃以敬，二〇一四年九月二十二日。
- 〈給弱勢孩子有翻轉的機會〉，刊載於《自由時報》星期專訪，記者鄒景雯，二〇一五年九月二十八日。

誠的力量

黃昆輝八十憶往

口述：黃昆輝
撰文：魏柔宜
主編：曾淑正
美術設計：Zero
企劃：叢昌瑜

發行人：王榮文
出版發行：遠流出版事業股份有限公司
地址：台北市南昌路二段八十一號六樓
郵撥：0189456-1
電話：（02）23926899
傳真：（02）23926658
著作權顧問：蕭雄淋律師
二〇一五年十二月二十五日　初版一刷
二〇一七年五月十六日　初版三刷
售價：新台幣四五〇元
缺頁或破損的書，請寄回更換

ISBN978-957-32-7756-9（平裝）
遠流博識網 http://www.ylib.com
E-mail: ylib@ylib.com

國家圖書館出版品預行編目（CIP）資料

誠的力量──黃昆輝八十憶往／黃昆輝
口述；魏柔宜撰文．-- 初版．--
臺北市：遠流，2015.12
面；　公分
ISBN 978-957-32-7756-9（平裝）

1. 黃昆輝　2. 回憶錄

783.3886　　104026072